Karin Pfolz
AutorInnen »Farbspiel«

Grün

Karina Publishing Vienna

Impressum:

www.karinaverlag.at
Texte © :
Karin Pfolz, AutorInnengruppe"Farbspiel«
Lektorat: Werner Diefenthal, Marianne Peternell
Layout, Textüberarbeitung © Karin Pfolz, Ilona Penna
Covergestaltung © Karin Pfolz, Nicole Bleck
© 2016, Karina Verlag, Vienna, Austria,
ISBN: 978-3-903161-12-2

Teil 6 der 12-teiligen Reihe »Farbspiel«

In memoriam **Oliver Reinbach**, der uns mit seinen Geschichten unter dem Pseudonym Alexander Urban begleitet hat.

BELJA Artur, BELLINDA Bibi, BERTRAM Sally, BIELA Karin, BIENEMANN Christiane, DELANEY Stella, DUTZ Veronika M, EMS T.B., ERDIC Christine, FINGER Dagmar, FOLTIN Sandra Karin, FRIEDRICH Jutta B., FRÖHLICH Leopold, GÖRLITZER Sebastian, GROSS Angelika, GRÜNEWEG Verena, HANELT Marlies, HAUPT Linda Marie, HERTTING Maria, JOVIC Marena, KAISER Michaela, KAUFMANN Bernadette Maria, KESSE Petra, KIDD Beate, KNISATSCHEK Florian, KOHLER Markus, KÜHNE Evelyn, LUCAS CF, MISS M, MICHELS Katja, MOSER Roland, NIKOLAI Sabrina, PEIN Luzie Irene, PENNA Ilona, PETERNELL Marianne, PETZ Andreas, PFOLZ Karin, PULLETZ Sandra, PULAND Sara, ROTH Gerhard, RÖTHLISBERGER Erich, SADEGHI Ansgar, SAUER Bo, SCHAEFER Marianne, SCHÖNBERG Michael, SCHREIBER Florian, SCHREIER Michaela, STEHLE Elfride, TEAR Asmodina, TREIBER Rudi, TRÄBING Denise, WEISE Petra, WIEGAND Tamara, ZAWREL Renate.

Inhalt

Grün

Wie Anfang und Ende

Ein Porträt im sinnlichen Grün

Sabrina Nikolai

In einem Meer aus Farben habe ich mich verloren.
Habe vergessen was einst mal war.
Still sitze ich vor meinem Bild,
nicht wissend welche Farbe ich nehmen soll.

Ich lasse meine Gedanken wandern,
stelle mir die Welt in Farben vor.
Nach einer gefühlten Ewigkeit
ist es geschehen.

Ich sehe die Welt und ihre Farbe.
Grün!!!

Mein Bild wird das Werk des Lebens sein.
Es soll Freude und Hoffnung vermitteln.
Grün ist das Kleeblatt.
Für viele ein Symbol des Glückes.

Die Wiese bringt die Blumen zum Vorschein,
lässt alles versinken, was unwichtig ist.
Diese Farbe soll unser Wissen werden,
soll unsere Hoffnung sein.

Ich setzte mich hin und fange an, zu malen.
Sehe das Meer in einem sachten Grün,
einem Grün erzeugt durch Algen.
Ich sehe den Himmel der Pole.
Die Polarlichter, ein Wunder und doch die Natur.
Ich sehe die Sonne in Grün,
doch nicht von normaler Natur.
So will ich mein Bild zeichnen.

In reinstem Grün soll es sein.
Stets mit Hoffnung in sich
wird es die Menschen erhellen.
Wird sein Weg in die Herzen finden.

Während ich so da sitze und male
vergesse ich die Welt.
Vergesse schreckliche Menschen
und deren schmerzhafte Worte.

Vergesse was einst war
und was sein könnte.
Ich lebe das Hier und Jetzt.
Das Bild ist meine Seele.

Das Grün meine Hoffnung.
Und doch gefolgt von einem Lächeln.
Einem Lächeln,
dessen Hoffnung nie sterben wird.

British Racing Green

CF Lucas

Was für ein beschissener Montag! Ellie hatte tatsächlich ihre Drohung wahrgemacht und war über das Wochenende, an dem ich angeblich geschäftlich verreist war, ausgezogen. Sie hatte alles mitgenommen, nicht nur die Sachen, die tatsächlich ihren Namen trugen, sondern auch die gemeinsamen. Aber wahrscheinlich hätte in den nächsten Tagen eh alles der Gerichtsvollzieher geholt und deswegen war ich ihr auch nicht böse, dass sie den Jaguar mitgenommen hatte. Die Leasinggesellschaftspiraten würden sie schon finden.

Da stand ich nun in unserer grün gestrichenen Wohnung. Wie sehr ich Grün hasste. Grün, wie die Hoffnung? Dass ich nicht lache! Sie zog einfach in mein Penthouse ein, strich alles in den verschiedensten Grüntönen und das, obwohl ich eher auf Gelb oder Rot stand. Sie zog ein und Glück und Hoffnung zeitgleich aus. Die größte Gemeinheit aber, die sie vollzog, war, dass sie meine mühsam über die Jahre und mit viel Fleiß und Geld zusammengetragene Sammlung von Miniaturrennwagen samt Vitrine in tausend Einzelteile zerlegt hatte. Sie hatte meine wertvolle Kollektion, auf die ich sehr stolz war, immer gehasst und mir vorgeworfen, dass erwachsene Männer nicht mit Autos spielen würden, sondern nur kleine Jungs. Was wusste sie schon, dieses einfältige Biest aus Indiana? Drei Anzüge hatte sie mir zurückgelassen, und zwar die, die ich bereits besaß, bevor wir zusammen waren und die, welche ihrer Aussage nach nicht nur geschmacklos und qualitativ minderwertig waren, sondern höchstens einem drittklassigen Finanzberater zu Gesicht stehen würden. Sie hatte sie nicht wegschmeißen wollen, so als Art Mahnmal sollten sie mich jedes Mal, wenn ich den Kleiderschrank öffnete, an meine erfolglose Zeit erinnern. Damals hatte sie gelacht und mir, während sie an meinem Ohrläppchen kaute, ermunternd zugehaucht, dass ich doch mindestens eine Klasse besser wäre, um sie zu beeindrucken, jedoch auch zweitklassig nicht gut genug war und ich besser ganz schnell erstklassig werden sollte.

Doch heute passte es gut, dass ich nur ein drittklassiger Finanzberater war und dafür auch kein Mahnmal brauchte. Mein Spiegelbild war Beweis genug. Mein heiß und innig geliebter Chef hatte mich rücksichtslos mit einem »Es ist mir scheißegal, wie du das jetzt hinbekommst Kyle! Fahr Taxi oder Bus oder Bahn oder reite meinetwegen da hin!«, daran erinnert, dass ich nicht nur weit hinter meinen Monatsvorgaben lag, sondern noch weiter hinter den Quartalszahlen hinterherhinkte und schleunigst etwas geschehen musste, wollte ich nicht zu allem Überfluss auch noch meinen Job verlieren. Und weil ich schon ganz unten war an diesem verregneten Montag, hatte es gar nicht anders kommen können, als dass ich von allen Besuchsterminen, die anstanden und die wir jährlich als Art Kundenpflege durchzuführen hatten, auch wenn keine Aussicht auf Erfolg bestand, die absolute Niete ziehen musste.

Francine Abigail Murphy. Sie war die Witwe des bereits vor Jahrzehnten verstorbenen Immobilienmagnaten Eamon Murphy Jr., damals bestimmt 30 Jahre jünger als er und heute selbst im Steinzeitalter. Keiner wollte sie besuchen, denn erstens wurde sie von einer angesehen New Yorker Kanzlei betreut, die sich um alle ihre Angelegenheiten bestens kümmerte, und zweitens saß sie in unserer Firma im Aufsichtsrat und tätigte vielleicht auch aus diesem Grund nie ein Investment. Es kam einem so vor, als brauchte sie die Besuche von so kleinen unnützen Kakerlaken wie mir, um von oben herabzuschauen und mit einem 500 Dollar Cognac in der Hand dem Schicksal zu danken, dass sie selbst mit einem goldenen Pisspott gesegnet war. Aber es half alles nichts. Teil meines Berufes war es nun einmal, solche Besuche abzuhalten und wann sonst, wenn nicht an so einem gebrauchten Tag wie heute, dachte ich mir. Besser als jetzt bei irgendeinem Anwalt zu sitzen, der tatsächlich fünfzigtausend Dollar anlegen wollte und diesen mit meiner miesen Verfassung zu vergraulen. So konnte mir auch die nervige Musik des indischen Taxifahrers, der mich raus in die Hamptons fuhr, die Laune nicht noch mehr verderben, auch nicht die Aussicht darauf, dass ich kein Geld mehr hatte, um irgendwie zurückzukommen. Auf 250 Dollar hatte sich der Typ von mir herunterhandeln lassen. 270 hatte ich noch in bar. Für ein kleines Mittagessen würde der Rest immerhin noch reichen. Mit einem süffisanten Nebensatz hatte unsere Reise begonnen.

»Los, steig ein. Bei dir sieht man gleich, dass du am Ende bist, kein Geld und keine Freunde hast, die dich fahren könnten. Bringe ich dich halt zu deiner reichen Tante, bei der du nun Abhilfe schaffen musst. Aber Vorkasse bitte.«

Da stand ich nun. In einer Einfahrt. So groß wie ein Fußballfeld, vor diesem monströsen dreistöckigen Anwesen und ich erinnerte mich, dass erfolgreiche Menschen große Dinge bevorzugen, um anderen Menschen allein durch diese Größe die eigene Überlegenheit zu vermitteln und dass sich das Gegenüber minderwertig und klein und verloren fühlen sollte. Und so fühlte ich mich. Minderwertig und klein und verloren in einem Labyrinth aus hundert Zimmern, in denen Heerscharen von Dienern und Helferinnen eifrig umher flitzten. In dem ehemaligen Arbeitszimmer des Hausherrn wurde ich empfangen, auf einen antiken Stuhl verfrachtet, der vor einem schweren massiven Holzschreibtisch stand und hinter dem Mrs. Eamon Murphy Jr. Platz genommen hatte, an einer Zigarettenspitze zog und mir herablassend den Rauch entgegen pustete. Aber ich hörte sie nicht, ließ ihren Monolog über mich ergehen und dachte stattdessen an das, was mir der Taxifahrer gesagt hatte. Er hatte Recht, ich hatte keine Freunde. Warum auch, sie belasteten einen mit ihren Problemen, wollten immer nur über sich selber reden, hörten nicht zu, wenn irgendjemand ihnen irgendetwas erzählen wollte, taten nichts ohne eine Gegenleistung zu erwarten. Kurzum, ich hatte keine Zeit für sie, denn ich wollte ja jemanden mit meinen Problemen belasten. Ich hatte schließlich genug davon. Ich wollte über mich selber reden. Ich wollte endlich mal eine Gegenleistung erhalten, wollte, dass jemand Zeit für mich hatte. Zugegeben, auch ich selbst war nicht der Umgänglichste und ließ selten jemanden zu Wort kommen und war eigentlich ebenso wie alle anderen in erster Linie mit mir selbst beschäftigt.

So wie unsere Francine hier. Redete und redete und redete darüber, wie schlecht die Welt zu ihr war. Was wusste sie schon? Sie hatte alles, was das Herz begehrt. Geld. Macht. Ansehen. Und während die Schallwellen immer mehr an meinem Ohr vorbeizogen, schweifte mein Blick im Raum umher. Ich wollte meinen Augen nicht trauen, als ich auf einmal ein Bild entdeckte, auf dem zwei Männer zu sehen waren. Der eine, offensichtlich Mr. Murphy – er musste es sein, denn von ihm hingen unzählige Bilder an der Wand - interessierte mich nur beiläufig, denn es war das Antlitz des anderen, das mich entzückte. Sollte es der sein, den ich vermutete?

»Sagen Sie, Francine. Ist das Rudolf Caracciola?«

Verdutzt hielt sie inne und schaute mich ungläubig an.

Ohne hinzusehen und ohne meine Frage zu beantworten, wollte sie von mir wissen, woher ich Rudolf Caracciola kannte. Auch ich antwortete nicht, sondern stellte gleich die nächste Frage.
»Ist das die Ruine der Brücke von Remagen, vor dem Ihr Mann und Caracciola stehen?«
Nun bekam ich eine Antwort.
»Sie erstaunen mich junger Mann. Wie war Ihr Name gleich nochmal?«
»Kyle. Kyle Johnston. Von Withers and Sons«, wiederholte ich meinen Eröffnungsspruch.
»Woher kennen Sie Rudolf Caracciola? Und woher kennen Sie die Brücke von Remagen?« Ihr Tonfall hatte sich schlagartig geändert. Aus dem herrischen Stakkato, das ein Kasernenkommandant seinen Rekruten entgegenschreien würde, war ein sanfter Singsang geworden, gleich so, als würde eine Großmutter ihren Enkelkindern eine Weihnachtsgeschichte am Kaminfeuer erzählen.
»Ich bin ein Rennenthusiast. Ich kenne jeden Rennfahrer, der jemals irgendein Rennen gewonnen hat und ganz besonders liebe ich die Jahre zwischen 1930 und 1960. Da bleibt es nicht aus, dass man Rudolf Caracciola kennt. Schließlich war er unter anderem der erste Sieger in der grünen Hölle, dem Nürburgring«, erwiderte ich und erzählte ihr ein wenig von meinem Wissen.
Was nun passierte, erstaunte mich zutiefst.
Francine Abigail Murphy, neunzigjährig und Milliardenerbin erhob sich und sah mich lange an, bevor sie sprach.
»Sie sehen aus, als hätten Sie in ihrem Anzug geschlafen, Kyle. Ich gehe davon aus, dass Sie heute auch noch nichts Anständiges gegessen haben. Es ist eine Frechheit, dass die Vermögensberatung, bei der ich im Aufsichtsrat sitze, mir so einen Lümmel wie Sie vorbeischickt. Aber ich will Ihnen etwas erzählen und bestehe darauf, dass Sie mit mir zu Mittag essen.«
Wie durch Geisterhand öffneten sich die Flügeltüren und ein Bediensteter trat ein, der sogleich mit einem Kopfnicken und einer Verbeugung verschwand, nachdem ihm der Auftrag gegeben wurde, für mich einzudecken.
So speisten wir also zu Mittag und ich aß von altem deutschem Porzellan mit Silberbesteck und trank sündhaft teuren Rotwein aus sündhaft

teurem Kristallglas. Ein Essen wie dieses hatte ich selten vorher erlebt und ich fühlte mich pudelwohl. Was mir aber noch mehr Freude bereitete als das erstklassige Drei - Gänge - Lunch war das Funkeln in den Augen der alten Dame. Sie erzählte mir, wie sie ihren Mann kennengelernt und wie sie während seines gesamten Lebens mit den Vorurteilen zu kämpfen hatten, weil sie fast dreißig Jahre jünger war als er. Niemand hatte ihnen geglaubt, dass es wahre Liebe war und sie zu diesem Mann aufschaute wie zu keinem anderen davor und auch nicht danach. Sie erzählte von der Hochzeit von Grace Kelly und Fürst Rainier in den Fünfzigern und dass sie auf allen Rennstrecken der Welt gewesen waren, weil ihr Mann verrückt nach Geschwindigkeit und besessen von allem gewesen war, was mit Rennen zu tun hatte. Sie hatten leider keine Kinder bekommen können, aber sie hatte jede Menge Neffen und Nichten, die alle wie die Geier über ihrem noch nicht ganz leblosen Kadaver kreisten und überhaupt hatte sie sich schon lange nicht mehr so amüsiert wie mit mir heute. Und ich hatte mich ebenfalls ewig nicht mehr so vergnügt wie heute. Ich erschrak.

Drei Stunden musste das Essen gedauert haben, drei Stunden, in dem mir das Leben zweier Menschen erzählt worden war, die mir heute Morgen noch egal gewesen waren und die mir jetzt vertrauter erschienen als alle meine Bekannten zusammen. Eamon schien in der Tat ein beeindruckend erfolgreicher Geschäftsmann gewesen sein, ein Gönner und Mäzen obendrein und wir liebten beide die gleiche Automarke: Jaguar.

Bei Francine konnte ich mir bildlich ausmalen, warum damals die ganze Männerwelt verrückt nach ihr gewesen sein musste und sie die Königin eines jeden Balls gewesen war. Ihr Lächeln war heute noch bezaubernd. Und diese grünen Augen!

»Ach, ich könnte noch so viel erzählen. Aber ich habe einen Termin, den ich unmöglich absagen kann«, seufzte sie.

Bevor ich etwas erwidern konnte, fuhr sie fort und sah mich mit durchdringendem Blick an.

»Wie ich das sehe, werden Sie Sonntag mit Sicherheit nichts Besseres vorhaben. Also, Kyle, kommen Sie um drei Uhr zum Tee und wir plaudern weiter.«

Früher hätte ich sie darauf aufmerksam gemacht, dass ich nicht in der finanziellen Lage war, vorbeizukommen, denn ich wusste ja nicht einmal, wie ich nach Hause kommen sollte. Meinen roten Jaguar hatte das arme Ding mitgenommen, das ich drei Jahre lang wie einen Fußabtreter behandelt hatte, aber jetzt in diesem Moment dachte ich nur, dass das eine Selbstverständlichkeit war und ich schon irgendwie herkommen würde. So sehr hatte mich die alte Dame beeindruckt.

Während des Essens war des Öfteren ein Diener zu ihr getreten, der ansonsten regungslos hinter ihr gestanden war und sie hatten etwas Hin und Her getuschelt und auch nun, da es offenbar Zeit war für mich zu gehen, sprachen sie leise miteinander. Sekunden später öffnete sich die Flügeltür, und eine junge Frau in der Uniform einer Krankenschwester schob einen Rollstuhl herein. Francine nahm darin Platz und ließ sich weder von mir oder der Frau noch von dem Diener assistieren. Allerdings bat sie mich, sie zu schieben, denn sie wolle mir etwas zeigen. Schier endlose Gänge schob ich sie entlang und sie erzählte mir weiter von ihrer Vergangenheit und ich bildete mir ein, zum wiederholten Male ein Tränchen über ihre Wangen laufen zu sehen, als wir über einen Zwischengang in der Garage ankamen. Mir blieb der Mund offenstehen. An die fünfzehn Auto standen da, alle vierzig Jahre alt oder sogar älter.

»Ich war schon lange nicht mehr hier.« Ihre Stimme zitterte. »Die Autos werden zwei- oder dreimal im Jahr bewegt, aber nicht durch mich. Ohne Eamon sind sie für mich nur Blechschrott. Aber ich habe gesagt bekommen, du hast gerade kein Auto. Du magst Jaguar? Wie gefällt dir der da? Du sollst ihn haben. Das hätte Eamon gefallen, dass ihn ein Rennverrückter, wie er es war, fährt. Ein Bewunderer von Caracciola.«

Sie zeigte auf einen E-Type Roadster aus der letzten Serie und ich musste schlucken.

»Es war sein letztes Auto, bevor er starb. Jackie Stewart persönlich schenkte es ihm. Es war am 09.11.1974. Vier Tage vor seinem Tod. Er hat ihn nie gefahren.«

Sie weinte nun laut und hemmungslos und selbst der Diener, der uns wie ein lautloser Schatten gefolgt war, schien sprach- und hilflos zu sein und zu allem Überfluss versuchte ich, mit einer ziemlich dummen Bemerkung die Situation zu retten.

»Aber Francine. Das kann ich unmöglich annehmen. Sie haben doch so viele Nichten und Neffen und die haben Kinder. Vielleicht würde sich einer von denen darüber freuen.«

Jetzt wandelte sich ihre Trauer in Zorn.
»Die werden genug bekommen, wenn ich unter die Erde komme. Aber den Jaguar bekommen sie nicht. Jackie Stewart, der Schotte, hat ihn meinem Mann geschenkt. Extra in British Racing Green. Und nicht in Rot. Wenn du weißt warum, kannst du ihn haben« Sie sah mir fest und tief in meine Augen, bevor sie lächelnd fortfuhr. »Und ich weiß, dass du die Antwort kennst.«
»Ich könnte mir vorstellen, dass Jackie Stewart, der ja Schotte ist, Eamon einen Jaguar in British Racing Green geschenkt hat, weil das englische Grün eigentlich das irische Grün ist und du mir ja erzählt hast, dass dein Mann sehr stolz auf seine irische Abstammung war.«
Nun lächelte sie wieder und griff nach meiner Hand.
»Du hast erstaunlich gut zugehört. Sonntag pünktlich um drei zum Tee.«
Bevor ich etwas erwidern konnte, schob sie der Diener fort und ließ mich alleine in dem Mausoleum der Automobile zurück, aber schon etwa drei Minuten später kam ein anderer Bediensteter und fuhr den Jaguar auf den großen, mit weißen Kieselsteinen belegten Platz vor der Garage.
»Gute Reise.«
Ich nahm Platz und er schloss die Tür hinter mir. Ich fühlte mich wie ein König in den Ledersitzen mit dem Holzlenkrad in der Hand und ich beschloss, ganz sanft zu sein zu dieser Göttin in Grün. Die blubbernden 4.2 Liter Hubraum trugen mich sanft vom Hof und während ich an der Einfahrt wartete, dass mich der Verkehr einfädeln ließ, sah ich, wie die Limousine unserer Firma auf das Anwesen fuhr. Ich wunderte mich kurz, aber beschloss, diesen beschissenen Montag zu genießen. Es hatte aufgehört zu regnen und ich roch die feuchte Luft, während der Fahrtwind an meinen Ohren zerrte.
Mein Mobiltelefon klingelte etwa zwanzig Minuten später, aber auch das konnte meine Laune nicht trüben. Mein heiß und innig geliebter Chef war am anderen Ende der Leitung und passend zu meiner extrem guten Laune flötete ich ihm ein: »Was kann ich dir Gutes tun?«, entgegen.
»Ich weiß nicht, wie du das gemacht hast, Johnston, aber ich bin beeindruckt. Unser aller Chef, der alte Withers persönlich, war gerade bei der alten Schrulle. Sie hat fünf Millionen Dollar angelegt und besteht darauf,

ab sofort von dir und nur von dir betreut zu werden. Glückwunsch! Diese verrückte alte Schachtel.«
»Nenn´ sie nicht so. Sie ist eine bezaubernde alte Dame und du könntest viel von ihr lernen«, ermahnte ich ihn.
»Wie hast du das gemacht?«, wollte er von mir wissen.
»Keine Ahnung. Ich war einfach nett zu ihr und habe ihr zugehört. Sie hat ja so viel zu erzählen.«
Und das stimmte. Ich war einfach einmal nett gewesen und hatte mit aufrichtigem Interesse zugehört. Ich hatte alle meine Sorgen und Probleme zurückgestellt und mich auch an diesem beschissenen Montag einfach mal um jemand anders gekümmert als um mich selbst und das Schicksal hatte es gut gemeint mit mir.
Meine Selbstsucht und die Egozentrik waren verflogen und ich wollte, dass der Fahrtwind sie weit, weit weg von mir trug. Und diese seltsame Begegnung ließ mich beschließen, fortan immer zu versuchen, nett zu sein, denn vielleicht war das der Schlüssel dazu, dass die anderen auch netter zu mir sein würden. Über mir schien mittlerweile die Sonne und unter mir schnurrte ein Raubkätzchen wohlwollend darüber, dass es endlich jemanden hatte, der es hegen und pflegen würde. Vielleicht stand grün ja tatsächlich für Hoffnung. Jeden Sonntag würde ich es polieren, mein Raubkätzchen in British Racing Green.

Der grüne Wald … des Jägers Freude

Rudi Treiber

Die ganze Pracht in saftigem Grün – still und entspannend, einladend für Erholungssuchende und Heimat vieler Tierarten. Dies ist das Bild unserer Wälder, wenn wir an sie denken.

Doch leider sieht die Wahrheit oft anders aus, wenn mancher Mensch seine Schritte dorthin bewegt – vor allem, wenn sie im Rudel auftauchen.

Sie versammeln sich in Scharen, zelebrieren mit uralten Bräuchen ihre Männlichkeit. Sie singen und grölen, saufen und lachen, wetteifern mit ihren teuer geschossenen Trophäen, die zu Hause an ihren Wänden hängen. Die Jäger, einst Heger und Pfleger von Wäldern, Wiesen und Bergen, mit all dem darin herumstreunenden Getier.

Sie entwickelten sich zu einer eigenen Menschengattung - eine Mischung zwischen Killer, Machtmensch und Dominanzneurotiker. Wer sonst empfindet noch Freude am Töten anderer Lebewesen nur zum Spaß?

Früher achteten sie darauf, dass die Tiere in einer perfekten Symbiose mit der Pflanzenwelt der heimischen Wälder leben können. Kranke Tiere konnten geschossen werden. Jetzt ist das nicht mehr die oberste Priorität. Die Zahl der Tiere in den Wäldern verringert sich und die der Jäger steigt permanent.

Sie jagen sich in sündteuren Jagdrevieren die Hasen gegenseitig vor ihre Büchsen. Sie lechzen nach Jagdeinladungen potenter Jagdbesitzer, die sich mit ihren Millionen ganze Gebiete unseres Landes für ihr schießendes Hobby erkaufen. Blättern für eine Jagdsaison unvorstellbare Summen hin, nur um an wenigen Wochenenden alles wegzuschießen.

Am wichtigsten sind ihnen dabei die guten Verbindungen zu den mitschießenden Geschäftspartnern.

Sie kommen aus dem Ausland, winken mit Aufträgen und ballern drauflos, was das Zeug hält. So mancher deutsche jagende Millionär schoss im Suff wie wild um sich, randalierte in Gasthäusern und Hotels, toleriert von devoten Nutznießern, die nachher alles ›zusammenflickten‹ und beschönigten.

Im Abstand von wenigen Metern durchforsten sie bei Treibjagden Wald und Feld. Alles, was aufgescheucht wird, hüpft oder rennt, wird erbar-

mungslos abgeknallt, eingesammelt, auf die obligaten Stangen der Lkw gehängt, gezählt und abtransportiert.
Die wenigsten Oberknaller essen ihre Beute selbst, sie wird an potente Betriebe des Handels verkauft. Nur die Trophäen, als Symbole eines erfolgreichen Jagdabenteuers, haben für sie Bedeutung.
Die Jäger kommen aus allen Schichten der Gesellschaft, doch die Mentalität ist durchgehend dieselbe. Individuen, an denen der Geruch von Blut, abgezogenem Fell, Bier, Schnaps und Trophäengeilheit haftet. Natürlich kann man nicht alle in einem Topf werfen, denn auch unter den Haien gibt es gemütliche.
Sie stehen an Rändern der Schutzgebiete, warten auf das Überfliegen der Wildgänse und bedauern das Abwandern des Wildes in andere Reviere. Wenn Österreich nicht genug ist, dann zieht es sie in die armen Länder des Ostblocks oder nach Afrika, wo sie noch ungefragt, aber gut bezahlt, Bären, Wölfe, Löwen, Elefanten und andere geschützte Tierarten jagen dürfen.
Sie schießen sich frei, geschützt von einer Männerdomäne, die sich schützend vor seine Mitglieder stellt. Die wenigen Heger und Pfleger bleiben in der Minderheit. Die meisten sind neurotische ›Ballerer‹, die ihr unterdrücktes Sexualleben am Phallus Gewehr ausleben müssen. Sie verkörpern die indirekten Wegbereiter der Gewalt am Tier, und letztlich auch am Menschen. Sie degradieren das Wesen Tier zum Objekt ihrer Tötungslust. Sie führen Kleinkriege mit der Natur - unter dem Vorwand der angeblichen Notwendigkeit, diese vor Überpopulation zu schützen. Nur die Waffengleichheit ist nicht gegeben, denn Hasen schießen nie zurück. Aber, wie sagt ein altes indianisches Sprichwort:
»Erst wenn der letzte Baum gerodet, der letzte Fluss vergiftet, der letzte Fisch gefangen ist, werdet ihr feststellen, dass man Geld nicht essen kann.«

Der grüne Daumen der Nachbarin
Michael Schönberg

Endlich hatte er die Umzugskartons ausgepackt. Eine Arbeit, die er früher seiner Freundin überlassen hatte. Mit ihr war er insgesamt dreimal umgezogen und immer hatte sie alles ein- und wieder ausgepackt.

Ja, dafür hatte sie Talent, das musste er neidlos anerkennen. Für Liebe und den Umgang mit Männern, insbesondere mit ihm, eher nicht.

Auch mit den Wohnungen konnte oder wollte sie sich nie anfreunden. Immer gab es etwas, das sie auszusetzen hatte, obwohl es bei der Besichtigung und dem daraus folgenden Mietvertrag immer die Traumwohnung war. Doch schon nach kurzer Zeit wurde dies und das bemängelt. Mal war der Nachbar zu laut oder das Treppenhaus roch zu stark nach ausländischer Küche. Dann war die fünfte Etage auf einmal zu hoch ohne Aufzug, den es aber auch schon bei der Besichtigung nicht gegeben hatte. Anfangs war es der morgendliche und abendliche Sport, den man so hatte. Am Ende dann nur noch lästig, so viele Stufen zu erklimmen. Dabei hatte er ihr immer den Einkauf abgenommen und alle Sachen nach oben getragen.

Den letzten Umzug oder eher Auszug hatten sie nun getrennt gestaltet. Allerdings hatte sie seine Sachen eingepackt. Außer seiner Kleidung war das jedoch nicht allzu viel. Ein wenig Haushaltswaren, Geschirr, Besteck und Dinge, die sie nicht benötigen würde. Über eine Pfanne und einen Kochtopf freute er sich genauso wie über die Handtücher, die sie ihm einpackte. Auch etwas Bettwäsche fand den Weg in den Karton. Die meisten Möbel überließ er ihr, klar, sie blieb ja auch noch. Im Gegensatz zu ihm hatte sie noch keine neue Wohnung gefunden.

Mit einem Kleintransporter waren die wenigen Habseligkeiten schnell in sein neues Heim transportiert worden. Hat ja auch was Gutes, wenn man nicht viel hat, das einem überlassen wird, um es von A nach B zu bringen, oder besser gesagt: von der Vergangenheit in die Zukunft. Und die sah definitiv ohne sie erstmal besser aus.

Denn die neue Wohnung hatte einen Südbalkon. Den Sonnenschirm der alten Wohnung hatte er bewusst nicht mitgenommen. Nein, hier durfte

und sollte die Sonne scheinen. Er hatte schließlich keine Sonnenallergie und konnte sein Schattenleben bei der Ex zurücklassen.
Die jetzige Wohnung lag im vierten Stock, klar, auch ohne Aufzug, aber er war jung, und weil es keinen Aufzug gab, waren auch weniger Bewerber da gewesen und erheblich billiger als vergleichbare Wohnungen war sie auch noch.
Den Zuschlag hatte er bekommen, weil eine gute Bekannte den Vermieter kannte. So konnte er sich schon bewerben, bevor die Wohnung überhaupt ausgeschrieben war. Vielleicht hatte ja auch die Bankauskunft geholfen, die er gleich mitgeschickt hatte. Schon bei dem Besichtigungstermin mit all den anderen Interessenten hatte der Vermieter durchblicken lassen, dass er die Wohnung so gut wie sicher schon vergeben hatte. Nur wenn der Besagte die Wohnung nicht nehmen würde, käme ein anderer in Betracht. Als Jost gehen wollte, bat ihn der Vermieter, doch einen Augenblick zu warten. Und nachdem alle anderen Bewerber gegangen waren, legte er ihm den Mietvertrag vor.
»Bitte lesen und unterschrieben an mich zurück. Die Kaution sollte dann auch auf das ausgewiesene Konto eingegangen sein. Dann steht Ihrem Einzug nichts mehr im Wege. Schöne Grüße an Frau Schrämse.«
»Danke, ja, mach ich. Ich meine Vertrag, Konto und Grüße. Vielen Dank.«
»Dann ist das eine Zusage?«
»Ja, vielen Dank, und wenn Sie einen Stift haben, dann unterschreibe ich es gleich hier.«
»Habe ich, guter Mann.«
Und nachdem Jost den unterschriebenen Vertrag wieder zurückgegeben hatte, lächelte ihn der Vermieter an.
»Gut, abgemacht. Eine Kopie des Vertrages sende ich Ihnen zu. Hier sind die Schlüssel, dann können Sie mit der Renovierung auch schon anfangen, wenn Sie möchten. So sparen Sie etwas Zeit und können früher einziehen. Frau Schrämse hat mir erzählt, dass es ein wenig pressiert. Die Kaution bitte dann noch überweisen.«
Jost bedankte sich zum wiederholten Male. Dann verließ der Vermieter die nun vermietete Wohnung. Jost schloss die Türe hinter ihm und ging auf den Balkon.

Der Balkon war nicht sonderlich groß, aber für einen kleinen Tisch und Gartenstuhl reichte er allemal. Als er sich eine Zigarette angezündet hatte, schaute er sich ein wenig um. Der Balkon war eigentlich viel größer. Doch eine Trennwand teilte ihn. Jost schaute dezent auf die andere Hälfte des Balkons. Dazu beugte er sich etwas über die Brüstung, um in den anderen Balkon Einsicht zu bekommen.

Was er sah, ließ ihn erstaunen. Grün, bunt und alles top gepflegt.

›Da hat aber einer einen besonders grünen Daumen‹, dachte er und rauchte seine Zigarette zu Ende.

Er hatte überhaupt keine Blumen für den Balkon.

Die Blumen- und Balkonpracht aus der alten Wohnung gehörten nicht zu den ›Spenden‹ von Jessica. Und für eine neue ›Deko‹ hatte er weder das Geld noch die Zeit, da jetzt viel wichtigere Dinge anstehen würden.

Dann ging er nach Hause.

Sein zweites Zuhause, denn hier war ab sofort seine ›Number One‹.

Schon am Wochenende war er in der Wohnung und richtete alles so her, wie er es wollte. Nun zahlte es sich aus, dem Vater hier und da auf die Finger geschaut zu haben. Auch bei Freunden hatte er schon tatkräftig gestrichen und Laminat verlegt. Die konnten sich nun revanchieren und Jost konnte sich relativ schnell auf die Suche nach ›Stuhl und Bett‹ machen.

Mitnahmemöbel sind dafür besonders geeignet, und so hatte er schnell das zusammen, was man als ›Neusingle‹ benötigt.

Viel Geld hatte er für die Nebensachen des Lebens ausgegeben. Toilettenpapier, Seife, Grundnahrungsmittel und was man sonst noch so benötigt.

Eine Erstanschaffung für einen Haushalt, auch wenn es nur für eine Person ist, wird schnell zu einem Einkaufswahn. Auch das Tragen nach oben ist dann nicht mehr so spaßig. Doch Jost freute sich über jeden Tragekorb, den er gefüllt nach oben tragen durfte.

Dinge, die er mochte; Dinge, die er wollte. Er!

Zum ersten Mal entschied er alleine, was gemacht oder gekauft wurde.

Schon nach der ersten Nacht in der Wohnung fühlte er sich zuhause.

Die wenigen Geräusche von Leuten, die um ihn herum wohnten, störten nicht, so wusste er, dass er nicht alleine im Haus war.

›Wer alleine sein möchte, sollte auf eine einsame Insel fahren oder sich auf den Mond schießen lassen‹ – Wie oft er das gedacht hatte, wenn Jessica, seine Ex, mal wieder etwas hörte, was sie natürlich störte.

In den sieben Jahren der Gemeinsamkeit waren die beiden nie wirklich zuhause gewesen. Und nun empfand er hier etwas, das er immer vermisst hatte.

Er fühlte, dass er angekommen war.

Die ersten Sonnenstrahlen halfen ihm dann auch über die Trennung hinweg. Ja, es schmerzte, dass sie nicht mehr an seiner Seite war. Er liebte sie; das merkte er schon, als sie seine Sachen zusammenpackte. Jedes Teil, das sie einpackte, war wie das Zerschneiden einer Bande. Und es tat ihm weh.

Doch größer als der Schmerz war die Erkenntnis, dass er nur Mittel zum Zweck gewesen war. Jessica hatte sich vorgestellt, dass sie Kinder bekommen würde, einen Jungen und ein Mädchen, dass sie dadurch zur Hausfrau würde, die mit den Kindern spazieren, spielen oder bummeln gehen sollte.

Der Mann verdient das Geld und sie führt den Haushalt.

Als sie feststellen musste, dass Jost überhaupt nicht daran dachte, Kinder in die Welt zu setzen, platzten nicht nur ihre Familienträume, sondern auch ihr ›Prinz‹ entpuppte sich als ungeeignet.

Trennung war so für sie unumgänglich. Mit dreißig war es für sie an der Zeit, die Welt zu bereichern. Wenn nicht mit ihm, dann mit jemand anderem, der den Zweck, Befruchtung, erfüllen würde.

Jost schauderte, als er daran dachte. So klar hatten sie nie darüber gesprochen. Er hatte nie darüber nachgedacht. Für ihn war die Welt in Ordnung. Sie machten Urlaub, wann andere nicht fuhren. Billiger, schöner und überhaupt ein unkomplizierteres Leben ohne Kinder.

Am Flugschalter, an dem er beschäftigt war, hatte er fast täglich vor Augen, was es hieß, mit Kindern in Urlaub zu fliegen.

Sein Bruder, vier Jahre älter als er, hatte schon drei Kinder. Urlaub war etwas, das sie nur noch aus dem Fernseher oder aus dem Schaufenster der Reisebüros kannten. Ständig hatten er und seine Schwägerin Streit, weil in der Kasse mal wieder Ebbe und der Monat noch nicht zu Ende war.

Nein, das wollte er nicht. Er hatte klare Vorstellungen vom Leben. Seinem Leben mit der Partnerin. Und nun stand er mit seinem Wunsch alleine da. Eine Umkehr würde es nicht geben. Und Jessica verfolgte ebenfalls ihren Plan. Somit gab es nur noch eine Vergangenheit der beiden.

Nach einem seiner Einkäufe begegnete er einer Nachbarin. Gesehen hatten sie sich schon einmal kurz. Doch nun sprach sie ihn an.

»Sagen Sie mal, Herr Heldmann, Sie kaufen immer so viel ein. Sie leben doch alleine, oder?«

Jost empfand es schon als etwas merkwürdig, wie sie ihn ausfragte.

»Ja, wissen Sie, ich bin schon alleine, aber deswegen koche ich trotzdem immer alles frisch. Und da benötigt man etwas mehr als nur eine Packung Kartoffelpüree.«

Ihre Augenbrauen zogen sich leicht nach oben.

»Ach, Sie können kochen?«

»Ja, und ich glaube, sogar ganz gut«, gab er ihr zur Antwort und ging in das Haus.

Die Frau folgte ihm und so standen sie beide am Treppenaufgang.

»Bitte, gehen Sie vor, Sie sehen ja, bei mir geht es nicht so schnell. Außerdem: Ladys first.«

Jost hatte drei Einkaufstaschen nach oben zu tragen. Je eine über seine Schultern gehängt und eine in der linken Hand. Mit der rechten wollte er sich am Geländer festhalten und ab der dritten Etage auch ein wenig hochziehen.

»Na, dann viel Spaß beim Kochen. Was gibt es denn heute, wenn ich mal fragen darf?«

»Bratkartoffeln, Spiegelei und gemischten Salat. Heute muss es etwas schneller gehen.«

»Oh, das hört sich ja lecker an. Bei mir gibt es Ravioli. Aus der Dose. Tschüss.«

Dann eilte sie nach oben.

Jost ging langsam hinterher. Als er die zweite Etage hinter sich gelassen hatte, hörte er eine Wohnungstüre, die geschlossen wurde.

»Wohnt jedenfalls auch etwas höher«, stellte er anhand des entfernt klingenden Geräusches für sich fest.

»Ravioli-Dose. Wer isst denn sowas? Nee, dann schleppe ich lieber«, spornte er sich selbst so etwas an, die Treppenstufen zu erklimmen.
In den nächsten Tagen begegnete man sich immer öfter. Schnell war beiden klar, dass sie Nachbarn waren und sie die Person war, die den grünen Daumen hatte.
Aus einem »Hallo« wurde auch schon mal ein kleiner Plausch im Treppenhaus.
Man hatte sich mittlerweile auch auf ein ›Du‹ geeinigt.
Schon zweimal hatte sie ihn um Hilfe gebeten. Hatte sie doch mitbekommen, was Jost so alles konnte.
Einmal war es der Wasserhahn in der Küche, der gewechselt werden musste, und einmal wurde seine Bohrmaschine gebraucht, um einen Haken für eine Lampe anzubringen, die er dann auch gleich anschloss.
»Sag mir Bescheid, wenn ich dir mal helfen kann. Ich arbeite in einem Reisebüro und habe schon mal ein Schnäppchen für einen schönen Urlaub. Allerdings muss es außerhalb der Ferien sein.«
Das waren Worte, die klangen wie Musik in seinen Ohren. Doch für eine Reise fehlte ihm im Moment das Geld. Allerdings wollte er die Gunst der Stunde nutzen, um ihr etwas näherzukommen. Er hatte mitbekommen, dass sie ihn immer intensiv anschaute, wenn man sich unterhielt. Ihre großen dunklen Augen hafteten dabei immer an seinen. Auch der Abstand beim Gespräch war schon sichtlich geschrumpft. Und doch war er sich noch nicht sicher, ob er eine neue Beziehung aufbauen wollte. Die Narben, die seine letzte Beziehung hinterlassen hatte, waren noch frisch. Dennoch …
Marianne hatte nicht nur dunkle, schöne Augen, sie hatte auch einen ansprechenden Körper. Sie sah sehr sportlich aus und war wohl auch in seinem Alter. Er beschloss, es auf einen Versuch ankommen zu lassen. Wenn es nicht klappte, so waren die Fronten geklärt und man blieb nette Nachbarn.
Doch wie sollte er es anstellen, um ihr näherzukommen, vorausgesetzt, sie ließ es überhaupt zu?
Sie einfach mal zum Essen einladen? Und wenn ja, was kocht man, was bietet man an? Gulaschsuppe, besser noch ungarische Gulaschsuppe und Brot. Beides natürlich selbst gemacht. Dazu ein Glas Wein, alles schön gemütlich auf dem Balkon.

Balkon?
Nee, das war etwas für später, wenn man sich schon etwas nähergekommen sein würde. Dann könnte man auf dem Balkon sitzen und anschließend es sich auf der Couch etwas gemütlich machen. Da fiel ihm wieder ihr schön bepflanzter Balkon ein, und er sah seinen öden Platz.
Hatte sie nicht gesagt, dass sie ihm auch mal helfen würde, sollte er Hilfe benötigen? Ja, das wäre es, wo sie ihm helfen könnte. Den Balkon herrichten.
›Wenn ich aber Blumen kaufe, dann ist da ja nicht allzu viel an Hilfe nötig‹, dachte er sich. Nein, das musste eine längerfristige Hilfe sein. Man will ja auch nichts überstürzen. Und die alten Wunden waren ja noch nicht verheilt. Doch die Idee mit dem hilfesuchenden Besitzer eines armseligen Balkons und unschöner Pflanzen hatte sich im Kopf verfestigt. Jetzt hieß es nur noch, den Ort der beginnenden Zweisamkeit so herzurichten, dass sie nicht umhinkam, ihm zu helfen.
Im Internet suchte er ein Portal über gebrauchte Sachen auf. Klar, im Netz wurden auch gebrauchte Pflanzen angeboten. Schnell wurde er fündig, und zusammen mit einem Freund sammelten sie die Gewächse ein.
»Die schönsten Blumen hast du dir da aber nicht ausgesucht«, bemerkte sein Freund, als sie die ›Blumenpracht‹ nach oben trugen.
»Weiß ich, aber das soll so sein. Ich habe einen grünen Daumen, der wird es schon richten.«
»Du hast einen grünen Daumen, seit wann das denn? Bisher hat doch wohl Jessica die Blumen in Ordnung gehalten, weil du keinen blassen Schimmer von Blumen hast. Wo also kommt die Wandlung her?«
Bewusst schaute er auf die Daumen seines Freundes, konnte aber keine wesentlichen Veränderungen erkennen.
»Ist doch nicht mein Daumen. Es ist der Daumen meiner Nachbarin. Die ist wirklich nett und es wird Zeit, dass ich das Singleleben etwas aufgebe.«
»Und deshalb kaufst du Balkonblumen? Ich kenn das nur als Blumenstrauß. Klingeln, Küsschen, überreichen und fertig.«
»Ja, du. Du bist so. Ich aber nicht. Ich will das nicht auf die plumpe Art.«

»Was bitte schön ist plump an der Überreichung eines schönen Blumenstraußes? Da hat sich bis jetzt jede Frau drüber gefreut.«
»Deine Frauen vielleicht, Aber sie ist anders. Viel zu natürlich und hat selbst genug Blumen. Nee, das muss und werde ich anders angehen.«
Jost bedankte sich bei Sascha und schob ihn zur Türe.
»Ist ja gut, habe ja verstanden.
Im Treppenhaus hörte er Marianne nach Hause kommen.
Schnell öffnete er die Tür und sprach sie an.
»Sag mal, Marianne, du hast doch gesagt, du würdest dich gern mal revanchieren, wenn ich mal Hilfe brauche, steht die Aussage noch?«
»Ja klar, was ist es denn, worin oder besser gesagt, womit kann ich dir helfen?«
»Es ist aber nicht einfach, das sage ich dir gleich.«
»Also, was ist es?«
»Ich brauch deinen Daumen?«
»Meinen Daumen?«
»Ja, komm mal rüber und sieh dir an, was ich meine.«
Marianne stellte ihre Sachen kurz ab und ging in seine Wohnung.
Dort sah sie, dass er alles ordentlich und sauber hatte. Ihr erster Freund war für alles, nur nicht für Sauberkeit und Aufräumen, zu gebrauchen gewesen. Doch das stimmte nicht ganz. Er war gegen Aufräumen und Putzen, wenn er es machen sollte, jedoch nicht, wenn es jemand anderes, sprich sie, es machte. Es gefiel ihr, was sie sah.
›Kann kochen, ist handwerklich begabt und hält die Wohnung in Schuss. Mal abwarten, was der noch so alles kann.‹ Aus den Augenwinkeln sah sie ein Bügelbrett, das neben dem großen Schrank stand und hatte damit schon die nächste gute Eigenschaft entdeckt.
Jost war durch den Wohnraum gegangen und hatte die Balkontüre geöffnet.
»Das ist mein Problem«, und zeigte auf die traurig aussehenden Pflanzen.
»Was ist denn mit denen geschehen?«
»Jessica, also meine Ex-Freundin, hat sie in der alten Wohnung gelassen. Wahrscheinlich beim Auszug vergessen. Ich weiß, dass sie in der neuen keinen Balkon hat. Vielleicht wollte sie aber auch die Blumen einfach

dem Nachmieter überlassen. Dass die Wohnung nicht direkt wiedervermietet wird, konnte sie wohl nicht wissen.
Der alte Vermieter hat mich angerufen und darum gebeten, dass ich die entsorge. In die braune Tonne konnte ich die aber nicht werfen. Nur weil sie nicht mehr so gut aussehen, wirft man die doch nicht gleich weg. Kannst du sie dir mal ansehen und mir sagen, wie ich die wieder auf die Beine, besser gesagt, zum Blühen bringe?«
»Das ist sicherlich nicht einfach. Vor allem braucht das sicherlich eine ganze Menge Zeit. Hol zuerst mal eine Gießkanne voll Wasser. Denn das ist das Erste, was diese armen Blumenseelen brauch. Viel, viel Wasser.«
Jost ging ins Bad und füllte die ebenfalls ersteigerte Kanne.
»Zeit! Sie hat gesagt, das wird eine Menge an Zeit brauchen. Ja, das ist es doch, was ich wollte, meine liebe Marianne«, murmelte er dabei. Jost freute sich, dass der erste Teil seines Plans funktionierte. Fast drei volle Kannen wurden verbraucht, bis Marianne der Meinung war, dass es reichte. Einige Blumen, nein, eigentlich alle, hatte sie umgestellt. Zu wenig Sonne für die einen, zu viel Sonne für die anderen.
»Morgen Früh bitte wieder gießen. Ich bringe morgen Abend mal etwas Dünger mit und wir wässern sie dann damit. Das machen wir jetzt jeden Tag so. Mit etwas Glück wird das dann auch was.«
Schon war sie auch wieder weg.
Pünktlich am nächsten Abend war sie wieder da und löste im Wasser die verschiedenen Düngemittel auf.
Am dritten Tag hatte Jost seine Suppe auf dem Herd und sein Brot im Ofen.
»Hier riecht es aber gut, was gibt es bei dir heute?«
Er wusste, dass sie ihn wieder ansprechen würde. So hatte er sie ja kennengelernt.
»Ungarische Gulaschsuppe und Brot. Und das nicht aus der Dose oder dem Supermarkt.«
»Hört sich sehr lecker an.«
»Wenn du möchtest, kannst du mitessen. Es ist genug da und ich habe dann kein schlechtes Gewissen, dass du mir so viel hilfst. Außerdem ist es ja schöner, wenn man zu zweit isst.«
Sie schaute ihn an und nickte mit dem Kopf.

»Sehr gern, ich mach mich nur etwas frisch und zieh mir etwas Einfaches an, wenn es dir recht ist.«
»Klar, ich esse auch nicht gern im Arbeitsdress.«
Beim gemeinsamen Abendessen wurde dann über vieles geredet. Alte Beziehungen, berufliche Aussichten und Werdegang, Zukunftsdenken.
»Sag mal, Jost, sollen wir nicht die Trennwand entfernen? Dann brauch ich nicht immer klingeln, und die Blumen brauchen bestimmt noch einige Zeit, bis sie wieder in Ordnung sind.«
»Da habe ich auch schon dran gedacht. Und es wäre schön, wenn du öfters bei mir zum Essen kommen würdest. Erstens, bitte verzeih mir, ist es gesünder, und zweitens, verzeih mir auch das, ist es für mich schöner, wenn ich wieder jemanden bekochen kann.«
»Nun, da ich jetzt weiß, dass du wirklich gut kochen kannst, werde ich bei dir sicherlich gesünder essen als bei mir drüben, und zweitens ist es herrlich, bekocht zu werden.«
»Muss ja nicht immer Gulaschsuppe sein, geht ja auch schon mal Salat. Den aber auch nicht aus der Tüte. Und das Dressing kommt auch nicht aus der Flasche.«
»Ja, mein großer Koch. Ich werde es mir merken und vor allem genießen.«
»Und ich werde zusehen, wie du alles zum Erblühen bringst.«
Marianne sagte dazu nichts, sondern fing an, gedanklich seinen Wohnraum in ein richtiges Schlafzimmer zu verwandeln.
Jost setzte sich zu ihr auf die Schlafcouch und dachte daran, wie schön es wäre, mal wieder in einem richtigen Bett zu schlafen.

Primelgrüner Frühling
Gerhard Roth

Ich fand den Brief zufällig im Frühling unter den rostbraunen Herbstblättern vom vergangenen Jahr auf unserer Veranda. Ich wollte ihn schon wegkehren, als mir die blau verwaschene Adresse auffiel.
›An Lea!‹
Ohne Briefmarke.
Wieso ohne Briefmarke?
Vielleicht hatte Lea den Brief vergessen oder ihn absichtsvoll, absichtslos liegen gelassen, damit ich ihn finden konnte.
Wie gerne hätte ich eine Briefmarke darauf gesehen. Vielleicht aus Italien. Vielleicht eine Briefmarke, auf der das Blau wie ein Kitschpostkartenblau aussieht, man von halber Höhe auf einen oberitalienischen See schaut und zwischen den Pinien weiße Segelboote sieht, die von einem Postkartenregisseur mit einem Megaphon genau in diese Aussparung dirigiert werden, damit der Fotograf just in diesem Moment auf den Auslöser drücken kann.
Das hätte ich mir gewünscht.
Die Adresse war so sachlich. Ohne Briefmarke.
Die steile Schrift – vielleicht eine Männerhandschrift?
Ich hatte einen Tag frei und musste nicht in die Uni. Einkaufen, das war ´s. Einfach nur gehen und reden und einkaufen, einen Korb füllen, einen Wein dazu und mit Lea reden. Einfach nur so.
Ich weiß noch, dass es klingelte.
Lea klingelte immer, obwohl sie einen Schlüssel besaß. Sie hatte einen Arm voller Primeln, die sie auf der Tischplatte verstreute.
»Es ist Frühling, mein Lieber«, rief sie und warf ihre Handtasche auf einen Küchenstuhl. »Guck nicht so dramatisch. Küss mich lieber! Ach, hier riecht es gut. Und diese Blumen mit ihrem Rot und Gelb und Grün und Blau!«
Und dann kramte sie aus der hintersten Ecke ihres Arbeitszimmers einen Zeichenblock hervor, wischte mit einer Armbewegung Teller und Besteck auf dem Küchentisch weg und begann, mit Buntstiften zu zeichnen.

»Dieses Hellgrün der Primelblätter«, sagte sie, »das lässt doch alles ahnen! Findest du nicht? Ich weiß, ich bin kitschig. Aber ich muss das jetzt festhalten, bevor es verwelkt. Es gibt nur dieses eine einzige Grün im Frühling.«
Sie plapperte immer weiter. Ihr Redefluss war kaum zu stoppen. Ich kann mich noch genau daran erinnern, dass ich ihre Mundwinkel betrachtete, ob ich vielleicht etwas entdecken konnte. Sie sahen genauso aus wie immer. Die Erinnerung fiel mich an wie peitschender Regen.
»Ich muss unvorhergesehen morgen in die Uni«, erzählte ich im Plauderton, während ich die Jakobsmuscheln briet, »ein Kollege ist ausgefallen.«
»Du kannst das Auto haben«, sagte sie, »ich brauche es nicht.«
Eventuell würde sie ein Taxi nehmen und anschließend mit Bargeld und nicht mit einer Kreditkarte bezahlen. Vielleicht wollte sie keine Spuren hinterlassen. Sie hatte zwei Primelblätter fertig gemalt und schraffierte den Hintergrund. Ihr Bleistiftgeräusch ging in meinem Pfannenkratzen unter. Die Jakobsmuscheln wurden goldbraun.
»Essen«, rief ich.
Lea kratzte sich mit dem Buntstiftende am Ohr.
»Schau nur, der Hintergrund. Ist der nicht grandios? Im Vordergrund aufblühende Primeln und dahinter der Frühlingswald mit seinen vorfrühlingshaften Ahnungen!«
»Wunderschön«, erwiderte ich und räumte die Teller in die Tischmitte.
»Ach, das sagst du nur so.«
»Nein. Wirklich!«, und gab ihr drei Jakobsmuscheln auf den Teller.
Sie schob den Teller ein wenig zur Seite, nahm sich den Wildreis und betrachtete wieder ihr Gemälde.
»Weißt du noch, wie die herabfliegenden Vögelchen goldene Lichtpünktchen vor dem Hintergrund waren?«, fragte sie leise.
In irgendeinem Frühjahr vor langer Zeit waren wir schweigend Hand in Hand auf einem ausgetrockneten Waldweg durch leopardengefleckte Buchenwälder gegangen, eingesponnen in das durchbrochene Licht der silbergrauen Hainbuchenstämme. Ich konnte nie unterscheiden, ob es Hainbuchen oder Weißbuchen waren. Und vor einem Abhang mit einem tannendunklen Hintergrund waren kleine Vögelchen wie messingfarbene Lichtpünktchen im späten Sonnenschein zur Erde geflogen,

hatten etwas aufgepickt und waren verschwunden, messingfarben geräuschlos im Dickicht. Wir waren stehengeblieben, völlig geräuschlos.
»Wie zauberhaft«, hatten wir später gesagt, weil wir uns dies erzählen mussten.
»Und diesen Weg, ein Stück weiter, weißt du noch?«, hatte sie gefragt, als wir uns die Buchenstämme beschrieben. »Die Buchenstämme auf der Westseite, wenn sie vom langen Winter genässt Moos angesetzt haben.«
»Wie ist das Grün?«, hatte sie laut nachgedacht und angefangen, selbst dieses Grün zu beschreiben. »Wie Flaschengrün. Oder, wie da drüben, dieses transparente Sylvanergrün. Oder wie Waschseidengrün. Oder, hier, wie das Stumpfgrün auf den Salzwiesen in der Bretagne. Und, da drüben in der Astgabel, dieses Blaugrün wie auf einem handgemalten Steinkrug. Und weiter noch, dieses Grün, fast wie brennendes Beige an der Ostseite des Baumes. Oder Gelbgrün mit schrägem, südlichem Sonneneinfall auf dem ausgestreckten Zweig einer Pinie.«
Und sie war unermüdlich im Erfinden der Grüns und der Vergleiche mit bekannten Grüns und wollte immer nur den einen Ton und den einen Vergleich treffen. Oder vielleicht Beweise, dass es so etwas Unvergleichliches überhaupt gibt.
Beweise. Es gibt nichts Unvergleichliches.
Ihr Blick hing übergangslos an den Küchenkacheln hinter mir.
»Der Brief«, sagte ich und wollte überhaupt nicht fragen. Wir stießen mit unseren Gläsern an.
»Der Brief? Welcher Brief?«, fragte sie.
Lea stand auf, wischte sich mit der Serviette den Mund ab und ging auf die Veranda. Im Gegenlicht der späten Vorfrühlingssonne sah ich ihre Körperkonturen unglaublich nah als Schattenriss. Sie wandte den Kopf und fuhr mit ihrer Zunge über ihre Mundwinkel.
»Der Brief? Welcher Brief?«
»Schon gut«, sagte ich, während ich die Teller abräumte.
Ich habe ihn nie gelesen seit unserer Trennung.

Fenster und Spiegel

Stella Delaney

»Und an welche Farbe hätten Sie gedacht?«

Wenn ich an ihm vorbeischaue, kann ich durch das Fenster die Bäume sehen. Die Zweige schwingen sanft im Wind, das Sonnenlicht blinzelt nur hin und wieder durch die dichten Blätter.

»Grün«, antworte ich.

»Grün«, wiederholt er.

Natürlich. Ich hätte es wissen müssen. Gleich wird er sagen, dass das leider keine Option ist und seine Möglichkeiten übersteigt.

Doch stattdessen rückt er seine Brille zurecht und sieht mich nachdenklich an. »Reines Grün ist die seltenste aller Augenfarben. Weniger als zwei Prozent. Nicht gerade unauffällig.«

»Und neunzig Prozent der Bevölkerung haben braune Augen. Ich weiß. Aber die beste Tarnung ist manchmal nicht die Unauffälligkeit, sondern das exakte Gegenteil. Jemand, der auffällt, kann unmöglich etwas zu verbergen haben.«

Er versteht mich. Da ist ein Leuchten in seinem Blick. »Manchmal ist das beste Versteck das in unmittelbarer Nähe des Suchenden. Weil man sich sicher ist, dort nicht nachsehen zu müssen.«

»Da es unmöglich sein kann, dass das Gesuchte so nah ist. Man hätte es doch gemerkt.«

Ein anerkennendes Nicken.

»Brillant, Mr Mercier.«

»Jaden. Nennen Sie mich bitte Jaden.«

Mein Blick schweift durch den Raum. Ein gewöhnliches Patientenzimmer. Niemand kann ahnen, dass sein Bewohner immer noch medizinische Eingriffe durchführt. Direkt unter den Augen derer, die ihn überwachen.

Ein Bett, ein Tisch, zwei Stühle, ein Bücherregal. Alles aus demselben weißen Material, das an Kunststoff erinnert. Einige persönliche Gegenstände, an der Wand neben dem Bett hängt ein einzelnes Foto. Es zeigt ihn, etliche Jahre jünger, mit einem kleinen Mädchen. Vier, höchstens fünf Jahre alt.

Während ich das Bild betrachte, verschwimmt es langsam vor meinen Augen. Das Zimmer verschwindet, ich befinde mich plötzlich wieder im Zug., auf dem Weg von der abgelegenen Kleinstadt, in der ich die letzten Monate verbracht habe, mitten ins Herz des Landes. In die Hauptstadt. Mein Weg führt mich zwar nur in einen der Außenbezirke, stellt aber trotzdem ein unvermeidbares Risiko dar.
Es ist eine lange Reise. Ich halte die Augen halb geschlossen und schaue starr aus dem Fenster, damit mich niemand anspricht. Im Rhythmus meines hämmernden Herzschlags wiederhole ich die Fakten. Wieder und immer wieder.
Mir gegenüber sitzt eine Mutter mit einem kleinen Jungen. Noch vor fünf Minuten turnte er auf dem Sitz herum, bis seine Mutter das mit scharfem Ton untersagt hat. Nun quengelt er vor sich hin, lauter und lauter. Dabei schüttelt er sein Stofftier so heftig, dass es schließlich zu Boden fällt. Das Gesicht der Mutter färbt sich rot unter den missbilligenden Blicken der anderen Reisenden. Wenn einem diese Gesellschaft eines beibringt, dann ist es, nicht aufzufallen. Vor allem nicht negativ.
Ich kann mich ohnehin nicht mehr konzentrieren. Mit einer schnellen Bewegung greife ich nach dem Stofftier, bevor es vom Schwanken des Zuges in den Gang befördert wird. Es ist blassgrün – wohl von zu vielen Wäschen sowie zu viel Liebe ausgebleicht – und ähnelt einem verformten Krokodil.
Dann wende ich mich mit einem verschwörerischen Lächeln dem Kleinen zu.
»Einen tollen Freund hast du da. Wie heißt der denn?«
Er strahlt mich an, glücklich über die Aufmerksamkeit. »Teddy«, antwortet er. »Er ist ein Dino-Sauri-A.«
Natürlich. Ich muss lachen, obwohl sich in meiner Brust ein dumpfer Schmerz breitmacht.
»Ich bin Ben. Ich bin schon fünf.« Er legt den Kopf schief. »Und wie heißt du?«
Ein feiner Stich, wie eine Warnung. *Mein Name ist Jaden Mercier.*
»Ich heiße Jaden.«
Der Satz kommt leicht von meinen Lippen, obwohl sich die Worte in meinem Mund immer noch fremd anfühlen, unförmig und kalt wie Kieselsteine.

Bevor ich mich versehe, ist der Kleine aufgesprungen und zu mir herüber-gerannt. Reflexartig strecke ich die Arme aus, um ihn aufzufangen. Die Mutter will etwas sagen, ihn zurückrufen, doch ihr Sohn ist bereits neben mir auf die Sitzbank geklettert. Stolz thront er da, sein Plüschtier fest im Arm, während er sich an mich lehnt und mit großen Augen fragt: »Erzählst du mir eine Geschichte, Jaden?«

Irgendwann ist er eingeschlafen, den angeblichen Dinosaurier immer noch an sich gedrückt. Sein kleiner Kopf berührt meinen Arm.

Ich sehe aus dem Fenster. Grüne Flächen ziehen vorbei.

Ich bin in Devon's Landing geboren. Direkt am Meer, nahe der alten Grenze. Die Familie meiner Mutter stammt aus Nevah, vom südlichen Teil der Halbinsel. Zu meinen Großeltern hatte ich fast keinen Kontakt, nur zu meinem Onkel Vincent, dem jüngeren Bruder meiner Mutter. Er - Halt!

Vincent ist der *ältere* Bruder. *Jonah* ist der jüngere.

Verflucht! Ich wiederhole die Fakten seit Monaten. Das ist nicht mehr Jadens Leben, sondern meines. Ich bin Jaden und mein Leben hängt davon ab, dass ich keinen Fehler mache. Nicht den geringsten. Ich bin Jaden Mercier. Niemand anderes, wenn ich überleben will. Ihr besorgter Blick fällt auf mich wie ein Schatten. Ich beeile mich, der Dame gegenüber zu versichern, dass alles in Ordnung ist und dass meine plötzliche Grimasse nichts mit ihrem Sohn zu tun hat.

»Ben stört mich nicht. Er ist ein großartiger Junge.«

Und dann lächelt sie zum ersten Mal, voller Dankbarkeit und Stolz.

»Sie machen das toll. Sicher nicht zum ersten Mal. Wie viele jüngere Geschwister haben Sie?«

Die Antwort liegt mir sofort auf der Zunge, doch es ist die falsche. Eine kalte Hand schließt sich um mein Herz, als ich die Worte im letzten Moment zurückhalte.

»Leider keine.« Ich zwinge ein Lächeln auf mein Gesicht. »Ich bin ein Einzelkind.«

»Jaden?«

Die Stimme holt mich in die Wirklichkeit zurück. Was habe ich mir nur dabei gedacht? Ablenkung, wenn auch nur für einen Moment, ist gefährlich.

»Ich muss Sie noch einmal darauf hinweisen, dass dieser Eingriff, wie jeder andere auch, nicht ohne Risiken ist.«
Im Glas des Fensters hinter ihm kann ich schemenhaft mein Spiegelbild erkennen.
»Blindheit, Schädigung des Sehvermögens, falsches Farbergebnis.« Ich habe mich informiert. »Und wie auch immer das Resultat ausfällt, es ist irreversibel.«
Man sagt, die Augen seien die Fenster zur Seele. Was aber, wenn sie nur eine Tarnung sind? Eine bunte Fassade, um die Dunkelheit, die Leere dahinter zu verstecken?
Er nimmt die Brille ab, dreht sie in den Händen. »Ursprünglich habe ich diese Methode für die Regierung entwickelt. Offiziell existiert sie nicht, und wenn sie es täte, so wäre sie ohnehin verboten. Man stelle sich vor, dass jeder einfach so seine Augenfarbe ändern könnte … Dann wären die Einträge auf der ID Karte und in der Datenbank vollkommen sinnlos.«
Ich nicke und versuche nicht daran zu denken, was mich schon eine geringfügige Manipulation dieser Datenbank gekostet hat.
»Ich wandte die Technik ausschließlich im Sinne der Regierung an. Diese und andere. Nicht viel Arbeit und gut bezahlt. Doch dann wurde ich eines Tages krank. Krebs. Weit fortgeschritten, nichts mehr zu machen. Es mag nicht danach aussehen, aber faktisch bin ich bereits ein toter Mann. Und so ließ man mich fallen. Plötzlich habe ich nie für die Regierung gearbeitet, also besteht auch kein Anspruch auf eine entsprechende Rente, die ich auf meine Tochter übertragen könnte.«
Eine Kopfbewegung in Richtung des Fotos.
»Sie tun das alles für sie, nicht wahr?«
Sein Ausdruck wird weich.
»Sie hat sonst niemanden. Ich will wenigstens, dass sie versorgt ist.«
Ich muss schlucken.
»Deswegen hat meine Behandlung auch ihren Preis. Aber ich will Ihnen nicht vorenthalten, dass es noch einen Bonus gibt, der sie bestimmt interessiert.«
Seine Hände drehen die Brille erneut, langsam und bedächtig, bevor er den Blick hebt und mich direkt ansieht.

»Sie sind mein letzter Kunde, Jaden. Danach werde ich mich zurückziehen, aus diesem Geschäft und aus diesem Leben. Man wird meinen Körper finden, in diesem Zimmer, in dieser Privatklinik, die ein ehemaliger Mitarbeiter von mir leitet. Offiziell ein kleines Zugeständnis der Regierung, inoffiziell ist es ihre Art, mich weiter zu überwachen. Weil sie glauben, dass jeder käuflich ist. Weil sie meinen, dass Freundschaft weniger wert ist als Geld.«

Ein Kopfschütteln, dann fährt er fort.

»Sie werden denken, dass ich aus Verzweiflung Selbstmord begangen habe. Dann werden sie die Akte schließen und meine Tochter in Ruhe lassen.«

Er setzt die Brille wieder auf.

»Von meiner Seite aus wäre also alles geregelt. Jetzt fehlt mir nur noch Ihre endgültige Entscheidung. Ich weiß, dass es keine einfache ist und dass Sie viele mögliche Konsequenzen zu bedenken haben. Aber ich hoffe, dass ich Ihnen zumindest eine Sorge nehmen konnte.«

Als ich hier ankam, war ich beladen von Zweifeln. Ich rannte, ohne zu wissen, wohin. Ohne einen Ausweg zu sehen. Es gab nur vorwärts, weil kein Zurück mehr existierte. Doch jetzt ist da das dichte Grün vor dem Fenster, das mich an meine Kindheit erinnert. Meine wirkliche Kindheit. Auch ein Meer, aber eines aus Blättern. Und da ist dieser Mann neben mir, der mehr Vater ist, als es meiner jemals war. Plötzlich fühle ich mich ganz ruhig. Ich renne nicht mehr. Ich bleibe stehen.

»Ich danke Ihnen, Doktor. Meine Entscheidung steht fest.«

Mein Name ist Jaden Mercier. Ich bin am 20. August in Devon's Landing geboren und dort aufgewachsen, nahe der alten Grenze, direkt am Meer.

Ich sehe das Meer vor mir. Tiefblau, gewaltig und rauschend. Eine endlose Wüste aus Wasser. Je deutlicher man die Dinge vor sich sieht, desto besser. Obwohl *sehen* im Moment nicht das richtige Wort ist. Vielleicht sind diese Stunden in völliger Dunkelheit ein kleiner Vorgeschmack auf mein zukünftiges Leben, falls der Eingriff schief gegangen ist … aber daran will ich jetzt nicht denken.

Meine Mutter hieß Ava Grace Mercier. Meinen Vater habe ich nie gekannt. Mit fünfzehn verlor ich meine Mutter, sie starb an einer Lungenembolie.

Drei Schritte nach vorne, eine Drehung, drei Schritte zurück.

Bewegung hat mir immer geholfen, mich zu konzentrieren. Und da das Zimmer nicht so groß ist, finde ich mich hier auch blind zurecht. Im wahrsten Sinne des Wortes.

Es gibt ohnehin nicht viel, was ich im Moment tun kann. Ich bin in dieser Dunkelheit alleine. Und wenn ich nicht nachdenken will, bleiben mir nur die Fakten.

Sie sind nicht alles, aber sie sind das Wichtigste. Das Innere einer Garnrolle, um das alle Fäden gewickelt sind. Das nachprüfbare Gerüst, mit weiteren Details kunstvoll verkleidet.

Ich habe die ›Allgemeine Schule‹ in Ashbourne besucht, bis zur zehnten Klasse. Mein Nutzen wurde als Arbeiter bestimmt, Kategorie 3, Klasse C. Anschließend habe ich mich freiwillig zur Zuteilung gemeldet, da ich keine Familie hatte, auf die ich Rücksicht nehmen musste. Meine erste Arbeitsstelle war in Port Devere, in der Militärkaserne, wo ich in der Wäscherei und in der Küche aushalf. Nach einem Jahr wurde ich versetzt, weil man dringend Arbeitskräfte in der Rüstungsindustrie brauchte. Ich verbrachte drei Monate in der Carson & Smith Munitionsfabrik, dann wurde ich erneut versetzt, diesmal nach Aurora Fields.

Die Worte kommen mit jedem Mal leichter. Noch vor kurzem musste ich mich auf jedes einzelne konzentrieren wie bei einem Zungenbrecher. Ein Gefühl von leichter Euphorie überkommt mich. Nochmal von vorne.

Ich heiße Jaden Mercier. Ich bin achtzehn Jahre alt und am 20. August geboren. Meine PID Nummer ist 09657- 302 -

Verdammt. 203, nicht 302. Warum müssen sich unsere Nummern auch so ähnlich sein? Was für ein bescheuerter Zufall ist das? In meinem Bauch macht sich Übelkeit breit. Einen so elementaren Fehler kann ich mir nicht erlauben. Auf gar keinen Fall.

Drehung nach rechts, zwei Schritte, dann sinke ich auf das Bett. Ich bin so müde. Und das liegt nicht nur an der Dunkelheit und an dem Verband, der meine Augen schonen soll.

Ich versuche, mich nochmals auf die Fakten zu konzentrieren. Aber eine andere Szene drängt sich dazwischen. Inzwischen kenne ich sie auswendig, wie einen Film, den man gefühlte hundertmal gesehen hat. Und dennoch kann man auch beim hundertersten Mal nicht wegschauen.

Ich nähere mich der Eingangsschranke, als ich hinter mir Geräusche höre. Rufen. Mein Herz schlägt automatisch schneller, aber ich lasse mir nichts anmerken. Meine Hand hebt das Ticket zum Eingangsscanner. Die Sekunden ziehen sich, zäh und unförmig wie geschmolzenes Gummi.
Dann ist da ein Schatten, gefolgt von einem harten und erbarmungslosen Griff an meinem Arm. Für einen Moment fürchte ich, in Ohnmacht zu fallen. Aber der Moment geht vorbei.
Verschwommen sehe ich die Marke, die mir der Mann hinhält. CTS – Capital Transport Security.
»Wir haben mehrmals gerufen.«
Nichts anmerken lassen. Ruhig bleiben. Ein zerknirschtes Lächeln.
»Es tut mir leid. Ich war in Gedanken und habe nichts gehört.«
»Routinekontrolle. Zur Seite treten.«
Innerlich sinke ich zusammen. Äußerlich nicke ich und folge ihm zum Rand des Durchgangsbereichs. Seine Hand ist immer noch um meinen Arm geschlossen.
Ein weiterer Beamter nähert sich von der anderen Seite. *Stanford* steht auf seinem Namenschild.
»ID Karte.«
Kein ›Bitte‹, keine Höflichkeiten. Ich krame in meiner Jackentasche und versuche krampfhaft, nicht auf den Chipscanner zu schauen, den Stanford in seinem Gürtel trägt. Wenn er den aktiviert … nicht daran denken. Bloß nicht daran denken. Mit einem höflichen Lächeln übergebe ich seinem Kollegen meine ID, die er kurz in sein Gerät einliest. Er studiert die Anzeige. Ruhig stehen. Weiter lächeln. Nicht an den Scanner denken.
»Jaden?«
»Jaden Mercier«, erwidere ich, obwohl das hier nicht zählt. Ein Nachname gilt in der Hauptstadt als Privileg, auf das jemand wie ich keinen Anspruch hat.
»Letzter Arbeitsort Aurora Fields Militärakademie.«
Ich nicke, obwohl mich im Moment keiner von beiden ansieht.
»Eine Eliteschule?« Stanford klingt eher belustigt als überrascht. »Nach militärischer Elite sieht das ja nicht gerade aus.«

Das. Obwohl er mich meint. Obwohl ich direkt vor ihm stehe. Ein Gefühl von Hitze steigt in mir auf, aber ich zwinge mich zu schlucken und unterwürfig auszusehen.
»Ich habe in der Küche gearbeitet.«
»Arbeiter Kategorie 3, Klasse C«, bestätigt der Beamte, der immer noch meine Daten durchgeht.
Doch Stanford scheint damit nicht zufrieden.
»Eine der führenden Militärakademien. Richtig streng und richtig vornehm. Die haben sogar so ein Motto …«
»Performance beyond expectation.«
Es war ein Reflex. Ein verdammter Reflex. Ich beiße mir auf die Lippe, bis ich Blut schmeckte, aber es ist zu spät. Worte kann man nicht zurückholen.
Stanford dreht den Kopf und schaut mich an. Seine Augen sind graubraun und ausdruckslos, aber sein Blick durchdringt mich mühelos wie eine Gewehrkugel. Sein Kollege scheint nichts gemerkt zu haben. Er nickt mir kurz zu, ein Zeichen, dass die Kontrolle für ihn abgeschlossen ist.
Ich lächele ein letztes Mal und wende mich dann ab. Zwinge mich, langsam auf die Eingangsschranke zuzugehen. Nicht rennen. Nicht umdrehen. In mir brodelt die wilde Panik eines Kaninchens, das den Atem des Wolfes bereits im Nacken fühlt.
Wie in Zeitlupe bewegt sich meine Hand mit dem Ticket.
»Halt!«
Ich habe es gewusst. Ich habe es verdammt nochmal gewusst! Die Panik lodert auf wie Feuer nach einem Windstoß, aber erlischt dann unter dem kalten Wasser der Erkenntnis: Ich kann nichts mehr tun. Nichts, außer mich umzudrehen und dem Schicksal ins Auge zu sehen. Ich bin schon so oft gestorben. Welchen Unterschied macht es, wenn es diesmal für immer ist?
Und wieder muss ich mich daran erinnern, dass der Sicherheitsbeamte keine Waffe in der Hand hielt, als ich mich ihm zuwandte. Dass er mir nur mit leicht verächtlicher Miene meine ID Karte entgegenstreckte, die ich vor lauter Aufregung vergessen hatte. Das kann doch mal passieren, oder? Aber mit jeder Erinnerung kommt die Panik zurück, Herzrasen, kalter Schweiß. Es ist ein verfluchter Albtraum.

Und wie kann ich aufwachen, wenn um mich herum nur Dunkelheit ist? Wenn ich nicht weiß, wie spät es ist, nicht einmal, ob Tag oder Nacht? Man sagt, Augen seien die Spiegel der Seele. Habe ich überhaupt noch eine Seele? Wenn ich das Alte nicht mehr bin, aber auch noch nicht das Neue, was bin ich dann? Was zeigt ein leerer Spiegel?
Ich bin nicht Jaden Mercier. Ich trage diese Identität wie einen Mantel, der mich vor der Kälte und vor den erbarmungslosen Blicken schützen soll. Doch der Mantel drückt schwer auf meine Schultern. Er passt nicht. Aber wenn ich ihn fallen lasse, habe ich gar nichts mehr. Dann bin ich nackt. Frierend, verwundbar. Diese behelfsmäßige Hülle ist alles, was ich habe. Dieses fremde Ich. Es gibt sonst nichts mehr. Mein eigenes Ich ist tot. Erschlagen, erfroren, verblutet.
Wer bin ich? Wer zur Hölle bin ich? Die Dunkelheit ergreift meine Gedanken mit dünnen knochigen Fingern. Ich kann nicht atmen. Blind werfe ich mich nach vorne. Meine Hände sind ausgestreckt, die Finger suchen hektisch, rutschen ab, greifen erneut zu. Ich reiße das Fenster auf. Das gleichmäßige Flüstern des Regens, das Rascheln der Blätter. Der Geruch. Ich atme tief ein.

»Jaden?«
Ich zucke zusammen, obwohl ich seine Schritte bereits hätte hören müssen. Da er weiß, dass ich nichts sehen kann, gibt er sich immer Mühe, mich nicht zu erschrecken.
»Es ist so weit.«
Es dauert eine Weile, bis die Worte einen Sinn ergeben. Die letzten Stunden habe ich auf dem Bett liegend verbracht. In Stille, in Dunkelheit, und mit absoluter Leere in meinen Gedanken.
Während er mir aufhilft, versuche ich, in mich hineinzuhören. Etwas zu fühlen. Angst, Spannung, Erleichterung - irgendetwas. Aber da ist nichts.
»Bereit?«
Ich nicke, obwohl ich es nicht bin.
Das grelle Licht sticht mir wie Messer in die Augen. Ich schließe sie, um sie dann erneut zu öffnen. Zunächst ist alles verschwommen, ein Meer aus Tränen, die so warm über meine Wangen laufen, als wären sie aus Blut.

Dann kommt die Welt plötzlich wieder in den Fokus. Ich sehe sein Gesicht, voller Konzentration. Nach einer kurzen Untersuchung rückt er zur Seite und gibt den Blick auf den Spiegel frei. Ich zögere. So lange man etwas nicht mit eigenen Augen gesehen hat, kann man immer noch so tun, als existiert es nicht. Mit eigenen Augen. Habe ich die überhaupt noch? Aber es gibt kein Zurück mehr. Ich kann mich nur dem stellen, was vor mir liegt.

Das Gesicht, das mir aus dem Spiegel entgegenblickt, ist fremd. Schmaler, Blasser. Und dann diese Augen. Sie leuchten in einem ungewöhnlichen hellen Grün, mit einem fast silbrigen Schimmer.

So anders. So perfekt. Da ist ein Funke, ein Glitzern, mehr als nur eine Reflexion des Lichts in den Resten der Tränen von vorhin. Habe ich nun eine neue Seele bekommen oder einen Teil der alten wiedergefunden?

»Zufrieden?«

Ich höre die Frage, aber sie kommt von weit weg.

Ich sehe in die grünen Augen. Und zum ersten Mal sehe ich mich.

Grünes Land voller Geheimnisse

Angelika Groß

Nebel lag über den grünen Hügeln von Schottland, die Luft roch würzig nach Erde und Weite. Stille in reinster Form umhüllte die Landschaft. Die Faszination der Geheimnisse aus vergangener Zeit bestimmten diesen ganzen Ort. Die Menschen gingen ihrem Tagwerk nach und machten sich keine Gedanken über das Morgen. Nichts verkündete das nahende Unheil.

Er stand versteckt zwischen den Bäumen des nahen Waldes und beobachtete ein kleines Häuschen am Rande des Dorfes. Seit Tagen wartete er auf eine Gelegenheit, um mit dem Mädchen zu sprechen, das hier wohnte. Die Tür des Häuschens öffnete sich und ein riesiger grauer Hund stürmte hindurch. Plötzlich nahm er Witterung auf und trabte in die Richtung des Fremden in dessen Versteck. Dieser tätschelte den Kopf des Tieres und flüsterte ihm etwas Beruhigendes zu. Der Hund schaute aufmerksam sein Gegenüber an und wartete. Patrick, wie der Mann hieß, holte aus seiner Hosentasche ein Stückchen Käse und schon war es im Maul des Hundes verschwunden. Ja, so hatten sie Freundschaft geschlossen, wenn auch etwas einseitig, wegen der Bestechung mit dem Käse.

»Herr Schröder, hierhin, komm her … wo steckst du?«

Ella, wie die Besitzerin von Herrn Schröder hieß, lief aus dem Haus auf den Wald zu.

»Aah, da steckst du. Oh …!« Erschrocken sah Ella auf den Mann, der inzwischen hinter ihrem Hund stand. »Hat mein Hund Sie belästigt?«

»Nein, nein ich wollte nur einen Spaziergang machen, alles in Ordnung.«

»Herr Schröder sieht nur so wild aus, er ist ein Wolfshund und spielt für sein Leben gerne, er tut niemandem etwas.«

»Ist schon gut, ich muss auch weiter.«

Grübelnd ging Ella in ihr kleines Häuschen. Was wollte der Fremde hier? Sie etwa auskundschaften, um etwas zu stehlen? Bei ihr gab es nichts, was sich zu stehlen lohnte, nur die Erinnerungen an ihre verstorbene Familie.

Sie war bei ihrer Großmutter aufgewachsen, da ihre Eltern vor Jahren bei einer Erkundung in Stonehenge verschwunden waren. Ella wusste

nicht viel darüber, ihre Großmutter wollte nicht darüber reden und irgendwann hatte sie sich damit abgefunden.
Jetzt, wo die Großmutter nicht mehr lebte, durchstöberte sie die hintersten Ecken des Hauses, um auf einen Hinweis über ihre Eltern zu stoßen. Auf dem Speicher wurde sie fündig, sie schleppte die Holzkiste in ihren kleinen Wohnraum und öffnete sie.
Es waren unter anderem Pläne und Karten über die Entstehung von Stonehenge und seine Mythen darin. Ganz unten lag ein Dolch mit einem grünen Smaragd sowie ein kleines Medaillon, das sich öffnen ließ. Voller Ehrfurcht betastete sie das Schmuckstück und schaute hinein, es waren ihre Eltern, deren Bilder darin verborgen waren. Sie schienen sehr glücklich zu sein.
So sahen sie also aus! Ella konnte sich nicht mehr an ihre Gesichter erinnern, es war einfach zu lange her, dass sie bei ihr gewesen waren. Sie drehte das Medaillon und sah verschiedene Zeichen darauf, es waren wohl alte Runen. Neugierig stöberte sie weiter in der Kiste und fand einen Brief. Sie faltete ihn auseinander und las:
›Unser liebes Kind, wenn Du diesen Brief liest, hast Du schon einen weiten Weg in Deinem Leben ohne uns zurückgelegt. Wir mussten Dich verlassen, um Dich zu schützen. Es ist uns nicht leichtgefallen, das musst Du uns glauben. Aber nun ist es an der Zeit, dass Du die Wahrheit erfährst. In der Kiste sind Papiere, die Dir dabei helfen werden. Wir wären niemals freiwillig gegangen. In Liebe Deine Eltern.‹
Ella legte den Brief beiseite und konnte es nicht fassen, so war das also. Sie waren gezwungen worden, aber warum? Wo, und vor allem, wer oder was waren ihre Eltern?
Fragen über Fragen …
Plötzlich hämmerte etwas gegen die Haustür. Herr Schröder fing an zu knurren, bellte und lief zur Tür.
»Wer ist da? Was wollen Sie? Verschwinden Sie auf der Stelle oder ich hetze meinen Hund auf Sie! Los, machen Sie, dass Sie wegkommen, oder ich rufe die Polizei!«
»Keine Angst, ich tue Ihnen nichts.«
Zitternd vor Angst rutschte Ella an der Tür herunter und drückte ihren Kopf an Herrn Schröder.

»Ich will nur mit Ihnen reden sonst nichts, Sie haben doch inzwischen den Nachlass von Ihrer Großmutter gefunden, habe ich recht?«
Woher wusste der Mann von der Kiste? Trieb er sich schon lange im Dorf herum und hatte sie beobachtet? Was sollte sie jetzt tun?
»Nein ich mache die Tür nicht auf, außerdem kommt mein Mann gleich von der Arbeit nach Hause.«
»Ella, du hast keinen Mann und auch keine anderen Verwandten. Warte, ich schiebe dir meinen Ausweis unter der Tür hindurch, damit du sehen kannst, wer ich bin, einverstanden?«
Herr Schröder lag jetzt bequem neben Ellas Beinen und rührte sich nicht vom Fleck. Das war schon seltsam, da er doch Fremden gegenüber eigentlich immer sehr vorsichtig war und sie beschützte, wenn er eine Gefahr witterte. Sie nahm den Ausweis und las. Patrick Douglas, geboren in Schottland im Jahr …
»So, hast du jetzt alles gelesen und machst die Tür auf?« »Nein, was bedeutet schon so ein Stück Plastik? Sie könnten genauso gut ein Massenmörder sein. Ich rufe jetzt die Polizei.«
»Das wirst du nicht tun, sonst werde ich denen erzählen, dass du wertvolle Gegenstände aus Stonehenge entwendet hast und sie in deinem Haus versteckst.«
Schnell sprang Ella auf ihre Beine und raste die Treppe hinauf, Herr Schröder fand das toll und raste mit.
»Du dummer Hund«, flüsterte Ella. »Das ist kein Spiel, wir müssen uns verstecken.«
Sie hastete zu einer kleinen Kammer, die noch eine zweite Tür besaß, durch die man zum Dach gelangte. Mit einem lauten Knall flog die Haustür an die Wand. Laute Schritte bewegten sich durch ihren Wohnraum, dann wurde es still. Ella lauschte angestrengt, nichts war von unten zu hören. Die Kiste! Sie hatte die Kiste vergessen, die stand noch in ihrem Wohnraum, der Fremde hatte sie bestimmt gefunden. Eiskalter Schweiß rann Ella über die Stirn. Wenn er die Kiste hatte, brauchte er sie ja nicht mehr, dann konnte er sie umbringen und im nahen Wald verscharren. Ihre Gedanken rasten, dass würde niemandem so schnell auffallen, da sie ja nur manchmal Besuch von ihrer Freundin bekam. Die war gestern in den Urlaub gefahren, Mist … Mist … Mist. Ganz leise

bewegte sich Ella zur Treppe und blieb auf der obersten Stufe stehen, lugte ins Wohnzimmer.

»Ellaaaa …!«

Ella hielt die Luft an, da sprang Herr Schröder an ihr vorbei und lief zu dem Fremden, der es sich auf ihrem Sofa bequem gemacht hatte. Der Hund legte sich zu dem Fremden aufs Sofa, Ella konnte es nicht fassen. Sie gab auf, was sollte ihr schon passieren, mehr als umbringen konnte er sie nicht. Wenn ihr Hund schon so ein Verräter war, was sollte die Polizei dann glauben, woher sie die Kiste hatte. Also schlich sie mit hängendem Kopf nach unten und setzte sich auf den Sessel.

»Und war das jetzt so schlimm? Ich tue dir wirklich nichts.«

»Aber ich …!«

Erschrocken drehten Ella und Patrick sich um.

»Gib mir die Papiere und den Dolch, Patrick, dann passiert der Kleinen nichts. Sonst …«

Ella hatte nicht bemerkt, dass sich noch jemand im Zimmer befand, er war ihr kein Unbekannter. Es war Gregor, ein Freund von der Uni. Er ergriff Ella und drückte ein Messer an ihren Hals, ein kleines rotes Rinnsal floss herunter und tropfte auf ihren Pulli.

»Gregor, was machst du? Was habe ich dir getan? Warum?«, krächzte sie.

»Gib mir den Inhalt der Kiste und ich verschwinde wieder. Und du, Patrick, lass den Revolver fallen und geh dort zu dem Stuhl, ich habe lange genug auf diesen Moment gewartet.«

»Ihr kennt euch?«

»Ja, wir sind verwandt, Cousins«, gab Gregor zähneknirschend zu. »Wir sind auf die Idee gekommen, dass die Kiste mit den verschollenen Schätzen von Stonehenge nur hier im Haus sein könnte, da deine Eltern vor ihrem Verschwinden die Letzten waren, die sie besaßen.«

»Lass sie los, Gregor, sie hat dir nichts getan, nimm die Sachen und verschwinde.«

»Oh, so freundlich heute, Patrick, womit habe ich das nur verdient?«

Er zog einige Kabelbinder aus der Hosentasche und fesselte Patrick an den Stuhl. Ella war ganz langsam auf den Boden geglitten und rührte sich nicht. Gregor schnappte sich die Karten und den Dolch und verschwand durch das Loch, wo einmal eine Tür gewesen war.

»Ella, Ella geht es dir gut?«

»Ja doch, was ist mit Herrn Schröder?«
»Keine Ahnung, bevor Gregor hier hereinkam, lag er noch auf dem Sofa neben mir. Hol ein Messer und schneide die Kabelbinder los, dann werden wir ihn suchen.«
Da es schon dämmerte, konnten sie nicht mehr viel sehen, als sie zum Waldrand kamen.
»Hilfe … Hiiiilfe … die Bestie bringt mich um. Hier … hier bin ich!«
Schnell hatten sie die Stelle erreicht, aus der die Hilferufe kamen. Knurrend, die Lefzen hochgezogen, stand Herr Schröder unter einem Baum und bewegte sich nicht.
»Nimm, deinen Köter da weg … sonst …«
»Ja, was sonst, Gregor, so ein kleines liebes Hündchen macht dir Angst?«
Schnell hatte Patrick Gregor am Bein gepackt und zog ihn vom Baum. Dabei schlug er sich den Kopf am Stamm auf und heulte laut.
»Das war dafür, dass du Ella wehgetan hast, du Idiot.«
»Brav, Herr Schröder bist doch der Beste.« Glücklich schloss Ella ihren Hund in die Arme.
»Hier entlang, los!« Damit schubste Patrick ihn in die Richtung, wo Ellas Häuschen stand. Er band ihn an den Stuhl, wo er vorher gefesselt war, und setzte sich zufrieden auf das Sofa.
»Bekomme ich jetzt meine Antworten?«, schrie Ella die beiden Männer an.
»Also Ella, du hast mir selbst erzählt, dass deine Eltern verschwunden sind, als sie in Stonehenge etwas erforschen wollten. Später musste ich annehmen, deine Großmutter hätte dich in das Geheimnis eingeweiht, da du bei ihr aufgewachsen bist. Als du nicht mehr in der Uni erschienst, hab ich mir gedacht, dass du es gelöst hast. Ist das so?«
»Gregor, was für ein Geheimnis, wovon redest du eigentlich, ist das so wichtig, dass du mich deshalb umbringen wolltest?«
Ella war jetzt völlig verwirrt.
»Nein Ella, ich wollte …«
»Gregor, halt dein Maul, du machst es nur schlimmer.«
»Ella, deine Eltern sind verschwunden, weil sie durch ihre Hochzeit einen Schwur gebrochen haben. Sie sind beide aus verschiedenen Clans, die verfeindet sind und niemals eine Ehe miteinander eingehen durften.

Du bist das Ergebnis aus dieser Verbindung und zu deinem Schutz haben deine Eltern den Beweis, die Papiere und den Dolch, bei deiner Großmutter versteckt.«
»Das kann doch alles nicht stimmen, ich heiße doch … Mackenzie!«
»Ja, und Gregor ist ein Douglas, genau wie ich. Sie haben damals Blutrache geschworen, als deine Eltern verschwanden. Es wurde vermutet, dass sie verraten wurden … und getötet. Nur die Papiere würden ihre Existenz nachweisen und ob sie vielleicht noch leben. Der Dolch ist ein weiterer Beweis für diese Hochzeit, denn er gehörte deinem Vater, wie das Medaillon, das deiner Mutter vererbt wurde. Gregor wollte auch in den Besitz kommen, um …« Er verstummte.
»Patrick, nun erzähl ihr schon alles, was du weißt, sie muss dann selbst entscheiden«, mischte Gregor sich ein.
»Was denn noch?«, fauchte Ella. »Ich möchte das gar nicht hören, macht, was ihr wollt. Nehmt die Kiste mit oder nicht. Ich gehe jetzt nach oben und in fünf Minuten will ich niemanden mehr in meinem Haus sehen.«
Sie ging ganz langsam die Treppe zu ihrem Schlafzimmer nach oben und verschloss die Tür. Herr Schröder sprang aufs Bett und rollte sich zusammen als Aufforderung, es ihm gleichzutun.
»Na bist du jetzt zufrieden, musstest du Ella verletzten, das war gar nicht nötig, ich hätte ihr schon alles erklärt.«
»Das glaubst du doch wohl selbst nicht, außerdem haben wir nicht viel Zeit, nach der Sommersonnenwende passiert es und dann ist es zu spät für das ganze Dorf.«
Patrick stand auf, löste Gregors Fesseln und stapfte durch den Raum. Die schweren Schritte hallten dumpf durch das Haus bis nach oben.
»Ja, ja, die Zeit, ich weiß, aber lassen wir ihr noch eine kleine Weile, dann geh ich zu ihr.«
Gregor ging zu der Kiste und blätterte in den Papieren.
»Ah, ja da steht es, jetzt wird mir einiges Klarer, na, wer hätte das gedacht, dieses Schlitzohr.«
»Mann, du sprichst in Rätseln, werde etwas deutlicher.«
Ella hatte an der Tür gelauscht und wollte natürlich genau wissen, was in dem Brief stand, so platzte sie wieder ins Zimmer.

»Hier steht, dass Ella Mackenzie, also du, die alleinige Erbin von einem Stück Land bist, das in der Nähe dieses Dorfes liegt. Es ist Land von den Mackenzie und den Douglas, welches durch die Hochzeit deiner Eltern vereinigt wurde. Damit niemand dieses Land wieder trennen kann, wurde festgelegt, dass …«, laut lachend klopfte sich Gregor auf die Schenkel. »Ja, pruuust … dass du einen Douglas heiraten musst. Ansonsten fällt das gesamte Land mitsamt diesem kleinen Dorf zurück an die Browdies. Ella, kennst du die Browdies?«
Ella hörte nicht mehr zu, das war alles zu viel für sie, sie sollte heiraten, einen Fremden. Entweder sie suchte sich einen Douglas oder sie und die anderen Dorfbewohner mussten das Land verlassen. Das konnten ihre Eltern nicht bestimmt haben.
»Wer hat das bestimmt Gregor? Das würden meine Eltern mir niemals antun, raus mit der Sprache.«
»Das war dein Großvater, der alte Douglas, es war die einzige Bedingung, die er gestellt hat, damit deine Eltern heiraten konnten. Niemand sonst wusste davon. Außerdem hat er deinen Bräutigam auch schon bestimmt … ist das nicht wunderbar … so brauchst du nicht lange zu suchen.«
Gregor las noch einmal und lachte dann laut auf.
»Hier steht genau, dass der erste Nachfahre von den Mackenzie einen Douglas heiraten muss, um nicht den Anspruch auf das Land zu verlieren.«
»Warum lachst du eigentlich die ganze Zeit Gregor, wir finden das nicht komisch.«
»Überleg doch einmal Patrick, Ella, ist eine Mackenzie und du bist …«
Ja, ihr Großvater war schon ein Schlitzohr, deswegen sollte er Ella bespitzeln, damit er sie sich schon einmal anschauen konnte. Was würde er wohl dazu sagen, wenn sie ihm einen Strich durch die Rechnung machen würden?
Nein, das ging nicht, er musste sich um Ella bemühen … es würde ihm nicht schwerfallen, sie war so ein wunderbares Mädchen, allerdings etwas störrisch, eine Schottin eben. Anders wollte er es gar nicht, bis zur Sommersonnenwende blieb nicht mehr viel Zeit.
Ellas Eltern blieben verschwunden und niemand fand eine Spur von ihnen, als wenn sie niemals existiert hätten. Viele Jahre später fand ein

Archäologe in einem Steinspalt eine kleine silberne Dose mit einem Zettel darin, worauf stand: »Uns geht es gut, macht euch keine Sorgen.«

Grün, Bananenlikör, die Liebe und ein Lied
Ansgar Sadeghi

Es gab etwas, was Patricks Beet von allen anderen auf dem Bauwagenplatz unterschied. Die Größe war es nicht. Alle Beete maßen ungefähr einen mal zwei Meter. Sie lagen am hinteren Rand des Platzes, neun kleine Beete, angelegt von neun ›JuMiPros‹ - Jugendlichen mit Problemen im Alter zwischen sechzehn und neunzehn -, vereint in einer Gardening-Gruppe, die den ›JuMiPros‹ Spaß machen sollte und ihnen zugleich Verantwortung für ihren Kleinstgarten abverlangte. Das gehörte zum pädagogischen Konzept.

Auf den bunten Beeten wuchsen Blumen wie gelbes Mädchenauge, oranger Nelkenwurz, blaue Flockenblumen und roter Storchschnabel. Auf einem der Beete standen wetterfeste Modellbauhäuschen in einer modellierten Miniatur-Landschaft, ein anderes hatte Steinfiguren zwischen einzelnen floralen Farbtupfern.

Nur Patricks Beet hatte nichts davon. Es war einfach grün, mit grünen Gräsern bepflanzt, wenngleich in unterschiedlichen Nuancen. Es schien einer ganz eigenen Ordnung zu folgen, hatte etwas Meditatives und die Komposition der einzelnen Grüntöne bewies durchaus gestalterisches Geschick, obwohl einige es für zu eintönig, für zu Grün hielten.

Befragt, warum er auf seinem Beet nur Gräser gesetzt habe, antwortete er, dass Farben wie Rot, Orange oder Gelb ihm zu eitel seien und die unterschiedlichen Grüntöne Abwechslung genug für ihn seien. Die anderen machten sich lustig über Patricks Grünfimmel. Aber Patrick war ganz in Ordnung. Er konnte witzig sein, fanden sie. Er war blond, hatte lange Haare, war relativ schlank. Rockstar, nannten die Mädchen ihn, obwohl er kein Instrument spielte und auch nicht singen konnte, aber er sah aus wie einer, der auf große Bühnen gehörte. Früher hatte Patrick Fußball gespielt und als Verteidiger geglänzt, aber das war Teil eines vergangenen Lebens und der Beweis dafür, dass auch Jugendliche von verpassten Chancen und gescheiterten Karrieren erzählen können.

Wer ihn kennenlernte, beschrieb ihn als ziemlich gesellig und offenherzig. War man bereit, näher hinzusehen, merkte man jedoch schnell, dass er gewisse Bereiche seines Lebens hermetisch vor allen anderen abriegelte. Die neun ›JuMiPros‹ in der Gardening-Gruppe wussten

voneinander, weshalb sie hier waren: Drogen, Schlägereien, Diebstahl, Abzocke. Nur Patricks Geschichte blieb ein Geheimnis.
Niemand musste erzählen, warum er ein ›JuMiPro‹ und nicht irgendein Jugendlicher war, und Patrick schwieg beharrlich, wenn es um seine Geschichte ging. Auch das war etwas, was die anderen irgendwann akzeptiert hatten. Die Mädchen fanden es sogar sexy, dass Patrick ein Geheimnis aus seinem früheren Leben machte.

»Echt fleißig«, sagte Sarah.
Patrick hockte auf dem Boden, eine kleine Schaufel in der Hand. Er blickte auf und sah Sarah, die erst seit zwei Wochen in der Gardening-Gruppe war und schon das bunteste aller Beete besaß. Sarah hatte schwarze Haare und trug immer Schwarz. Schwarze Boots, schwarze Hosen, schwarze Blusen, schwarze Fingernägel. Ihre Haut war so blass, als hätte diese noch nie ein Sonnenstrahl berührt. Nur ihre Lippen bedeckte sie mit einem blutroten Lippenstift, genauso rot wie die Dahlie, die sie in der Hand hielt.
Patrick mochte Sarah. Er kannte einige Gruftis aus der Stadt, aber die meisten wirkten wie Modepüppchen vom Friedhof, die ›The Cure‹ hörten und ›Baudelaire‹ lasen, um sich vom gewöhnlichen Geschmeiß der Jugendlichen abzuheben. Sarah war anders. Sie wollte niemandem gefallen. An ihr war alles echt und was Patrick für sie empfand, war auch echt. Jetzt stand Sarah da und lächelte ihn an.
»Voll das Arbeitstier«, sagte sie. »Respekt!«
»Stimmt. Ich bin ein sehr, sehr fleißiger Mensch«, sagte Patrick.
»Gar nicht von sich eingenommen, das Arbeitstier«, sagte Sarah und gab ihm die Dahlie.
»Eine Blume? Für mich? Du weißt schon, dass ich männlich bin, oder?«
»Ich habe es vermutet. Aber eigentlich bist du ein Neandertaler, weil nur Neandertaler sich nicht vorstellen können, dass eine Frau einem Mann Blumen schenkt.«
»1:0 für die Frau vom Friedhof«, sagte Patrick.
»Ich dachte, die Blume bringt vielleicht ein bisschen Kontrast in dein grünes Leben.«
»Sag nichts gegen Grün«, sagte Patrick. »Du mit deinem Schwarz. Aber trotzdem, danke.«

»Kommt vielleicht von schwarzem Herzen«, sagte Sarah. »Wenn mir danach ist, trage ich aber auch was Buntes. Ich habe da so ein grünes Kleid …«
»Sieht bestimmt toll aus«, sagte Patrick, nahm die Blume und tat so, als würde er daran riechen.
»Die schönste Blume der Welt«, sagte Sarah. »Eine Dahlie.«
»Du schenkst mir also deine Lieblingsblume, damit ich weiß, wie deine Lieblingsblume heißt, wenn ich dir welche schenke?«
»Genau. Manchmal sind Neandertaler gar nicht so doof. An meiner Lieblingsblume hängt übrigens noch ein Zettel mit meiner Handynummer, schwarze Tinte und so. Wenn du gelernt hast, mit Messer und Gabel zu essen, kannst du mich ja mal anrufen. Ich zahl auch selbst. Aber nicht zu lange warten, sonst wandert das kleine Grüne in die Tonne.«
Patrick blieb äußerlich cool. Das hoffte er zumindest. Wenn es Zweifel gegeben hatte, so waren sie jetzt ausgeräumt: Er war verliebt. Aber er wusste nicht, ob es ihm noch zustand, verliebt zu sein.

Bud saß im Bauwagen gegenüber der Beete und beobachtete den Platz. Er sah Sarah, die Patrick die Blume reichte, und Patrick, der sie nahm. Und obwohl er kein Wort verstand, wusste er, worum es ging. Da bahnte sich etwas an. Bud war sich nicht sicher, ob ihm das gefiel. Eifersüchtig war er nicht. Er war über 30, glücklich verheiratet mit einer Frau, die er nach sieben Jahren Ehe noch immer sehr liebte, und Vater eines neun Monate alten Babys.
Bud hieß eigentlich Rolf, ein ehemaliger Gärtner, der als Erzieher arbeitete und die Leitung der Gardening-Gruppe übernommen hatte. Seinen Spitznamen verdankte er einer gewissen Ähnlichkeit mit Bud Spencer: Ein brummiger, aber herzensguter Riesenteddy, der selten laut wurde, dann aber ziemlich unangenehm werden konnte. Bud mochte Patrick nicht. Er war ihm einfach zu cool für jemanden, der mit fünfzehn jemanden totgeprügelt hatte. Körperverletzung mit Todesfolge. Zwei Jahren mit Bewährung.
Ein banaler Streit, der mit dem Tod des anderen Jungen endete. Er hatte Patrick aufgezogen, abends auf dem Platz vor den Hochhäusern, an dem sich die Jungs zum Trinken trafen. Patrick hatte als einziger Green

Banana Likör getrunken, während die anderen Bier und eine Flasche Whiskey kreisen ließen. Patrick liebte Green Banana und als der andere ihn verspottete, dass er ein Mädchengesöff trinken würde, hatte er anfangs kaum reagiert. Aber der andere, so besoffen wie Patrick, hatte weiter und weitergemacht, bis Patrick der Kragen geplatzt war. Wieder und wieder hatte er auf ihn eingeschlagen. Koma. Tot.

Er würde nie die Schule beenden, nie in einen Beruf einsteigen, nie heiraten …

Die Welt drehte sich weiter, wenn auch mit einem Toten mehr und einer Handvoll Menschen, die wegen ihm nie mehr leben würden wie zuvor.

Bud hatte versucht, mit Patrick über jenen Abend zu sprechen. Er hatte versucht, Reue in seinem Verhalten zu finden, aber da war nichts, oder aber Bud konnte es nicht sehen. Genau deshalb mochte er Patrick nicht, aber er schämte sich dafür, weil es aus seiner Sicht professionelle Distanz vermissen ließ.

Bud war beliebt bei den Jugendlichen wie bei den Kollegen und Kolleginnen. Sie hielten ihn für einen guten Erzieher und er ahnte, dass Patrick seine Abneigung nicht spürte, aber er wusste dennoch nicht, ob er ewig in dem Beruf weiterarbeiten wollte. Vielleicht würde es nochmals Zeit für einen Wechsel werden. Irgendwann. Aber das wäre dann eine andere Geschichte. Bud steuerte die Kaffeemaschine im Bauwagen an, um seinen Becher mit einem starken, schwarzen Kaffee zu füllen. Er verschwand vom Fenster mit dem Blick auf die Beete. Und er verschwand aus dieser Geschichte.

Patrick lag auf dem Bett. Trotz der Kopfhörer hörte er den Fernseher von nebenan. Seine Mutter sah oft lange fern. Sehr lange. Er hörte ›Greensleeves‹ von ›Celtic Woman‹. Dabei hielt er die Dahlie in der Hand. Sarah wurde für ihn zur Frau im grünen Kleid und seine Verliebtheit zu unerfüllter Liebe, die er nicht leben konnte. Er hatte getötet. Solche Menschen verdienen keine Liebe. Patrick tat sich leid dafür. Er wusste genau, was er damals empfunden hatte. Der Richter unterstellte ihm bei der Verhandlung, dass er den Tod des Anderen nicht gewollt hatte, aber er wusste, dass das nicht die ganze Wahrheit war.

Es hatte an jenem Abend zumindest Augenblicke gegeben, an dem er den Tod des anderen in Kauf genommen hatte. Nach der Tat mieden ihn seine Freunde, seine Freundin hatte ihn verlassen, die zweite in seinem jungen Leben, die heißbegehrte, wunderbare. Ihm kam es vor wie ein Verrat.

»Du musst immer besser sein als andere, Junge. Immer.«

Sein Vater redete so, ein Buchhalter, kein reicher Mensch, aber keineswegs ein armer. Sei ein Mann, war ein anderer seiner Sprüche. Und noch einer:

»Die Anderen sind Unkraut, Junge, nur Grünzeug. Vergiss das nie!«

Er fand das alles ziemlich lächerlich, aber sein Vater meinte es ernst. Er hatte schon immer die Stärke von seinem einzigen Sohn gefordert, die er selbst nur vorgab zu haben, eine Stärke, die erst in der Kapitulation des Gegners Befriedigung fand. Er hatte nie jemanden geschlagen, weder seine Mutter, noch ihn. Er verletzte mit Worten, und das tat er gern. Nach der Trennung seiner Eltern war Patrick bei der Mutter geblieben, sah seinen Vater nur noch selten. Er mochte weder ihn noch seine Mutter wirklich.

Seit dem Tod des Jungen hatte sich Patrick aus der Umklammerung seines Vaters gelöst. Er wollte kein eitles Rot inmitten grauer Eintönigkeit mehr sein, nur noch Grün unter Grünem, Gleicher unter Gleichen und trotzdem er selbst. Herausragend waren nur Frauen in Schwarz oder in grünen Kleidern. Patrick hörte ›Greensleeves‹ und dachte an Sarah. Er steigerte sich in das Gefühl hinein, zu lieben und nicht lieben zu dürfen. Zugleich empfand er echten Schmerz, den er ansonsten nie zeigte.

Es war der Schmerz des Schuldigen, der vielleicht lernen konnte, besser mit der Schuld zu leben, der diese Schuld aber nie mehr loswerden wollte. Fast hätte er die Dahlie weggeworfen und den Zettel mit der Handynummer in Fetzen gerissen. Fast. Er hatte keine Liebe verdient.

»Könnte ich alles rückgängig machen und an seiner Stelle sterben, ich würde es tun«, hatte er einmal gesagt.

Aber das sagt sich leicht, wenn niemand da ist, der einfordert, was man verspricht. Das wusste Patrick auch. Und weinte.

»Spanisch oder griechisch?«

»Es geht jetzt nicht um Sex, oder?«, sagte Sarah.

»Wenn dich Gyros und Paella scharfmachen, schon.«

»Keine einfache Entscheidung.«
»Was wäre mit chinesisch? Ginge auch«, sagte Patrick.
»Griechisch«, sagte Sarah. »Der Grieche am Hanseplatz? Um acht! Ich glaube, da kommt man auch in Grün rein. Es soll Leute geben, die auf Grün stehen.«
»Echt?«, erwiderte Patrick. »Ich kenne keinen.«
Beide lachten.

Und nun: Ein Happy End? Sollten wir es Patrick wünschen? Irgendwie schon. Wenn aus ihm und Sarah ein Paar wird, wird es dann ein glückliches Paar? Wird er ihr alles erzählen? Wie wird sie reagieren? Wird er irgendwann wütend sein und versuchen, sie zu schlagen? Wir wissen es nicht.
Jede Geschichte hat ihr Ende, aber jedem Ende folgt eine neue Geschichte. Vielleicht wird dann ein Thriller aus der Story, vielleicht die Geschichte einer tiefen Liebe oder einer tiefen Liebe und einer ebenso tiefen Schuld, an der zwei Menschen schließlich zerbrechen. Vielleicht entsteht alles auf einmal, und es wäre tragisch und banal zugleich.

Grüner Daumen

Evelyn Kühne

Karin fixierte die Uhr, die gegenüber von ihr an der Wand hing. Der Tag war einfach wie festgenagelt. Wie sehr hasste sie diese Arbeit, wie sehr ödete sie es an, hier jeden Tag hinzumüssen. Doch von irgendetwas musste man schließlich leben.

Sie erledigte die Buchhaltung in einem kleinen Betrieb, eine zutiefst trockene Arbeit. Wenn sie ehrlich war, fand sie Zahlen furchtbar, es gab nichts Schlimmeres für sie. Immer wieder wanderte ihr Blick zu den Bäumen vor ihrem Fenster, deren grünes Blätterkleid sich sanft im Wind wiegte.

Endlich war es vier Uhr. Sie fuhr ihren Computer herunter, schloss die Akten weg, an denen sie gerade arbeitete, und verließ das Büro.

Wie von allein schlug sie den Weg zum Stadtpark ein. Unzählige Menschen lagen auf den grünen Wiesen oder saßen in den Biergärten und genossen das herrliche Wetter. Karin lief weiter, bis hinunter zu dem kleinen Gondelteich.

Unmittelbar daneben lag der Rosengarten. Hier konnte sie Stunden verbringen, sie schritt die einzelnen Beete ab und beobachtete das Aufblühen oder Verblühen der Königin der Blumen. Tief beugte sie sich über den Lavendel und atmete seinen intensiven Duft nach Süden und Urlaub ein.

Es gab für sie nichts Schöneres, als von Pflanzen umgeben zu sein. Früher war es ihr größter Wunsch gewesen, Gärtnerin zu werden. Doch leider war es anders gekommen.

Ihre Freunde sagten über sie, sie hätte einen grünen Daumen, denn sie brachte fast jedes Pflänzlein zum Blühen. Und so war ihr winziger Balkon ein grünes Paradies, ihr Wohnzimmer wirkte wie ein Dschungel.

Auf dem Heimweg stand sie wie fast jeden Tag vor dem kleinen Blumenladen in ihrer Straße. Das Schaufenster war immer wieder ein Ort der Freude für sie. Als sie nach drinnen spähte, sah sie ein paar Beine auf dem Boden liegen. Karin beugte sich vor und erkannte die Besitzerin des Geschäftes, die alte Frau Müller. Hastig lief sie zur Ladentür und stürmte hinein. Im ersten Augenblick dachte sie, die Blumenhändlerin wäre tot, denn sie erkannte nur eine große Blutlache. Dann sah sie,

dass die alte Frau stoßweise atmete. Sie holte das Handy aus ihrer Tasche und wählte den Notruf. Während sie warteten, hielt Karin die Hand der alten Frau und versuchte, sie zu beruhigen.
»Machen Sie sich keine Sorgen, Frau Müller, Hilfe ist schon unterwegs.«
»Oh Gott Frau Trapp, mir wurde schwindlig und dann bin ich gestürzt. Mein Kopf tut so furchtbar weh. Was soll denn jetzt werden, draußen stehen ja noch die ganzen Pflanzen.«
»Ich räume alles nach drinnen und schließe dann ab, wo ist denn der Schlüssel?«
Stöhnend richtete sich Frau Müller auf und zeigte auf eine Schublade.
»Aber die Blumen, was soll nur damit werden? Ich muss meine Rechnungen bezahlen.«
Karin blickte auf das bunte Blumenmeer.
»Haben Sie denn niemanden, der sich um den Laden kümmern kann?«
Bekümmert schüttelte die Blumenhändlerin den Kopf. Da ertönten von draußen auch schon Sirenen und der Krankenwagen fuhr vor. Der Notarzt untersuchte die alte Frau und entschied, sie ins Krankenhaus mitzunehmen. Sekunden später wurde die Trage ins Fahrzeug geschoben und Karin stand allein mitten im Geschäft.
Etwas hilflos sah sie sich um und beschloss, als Erstes die Pflanzen vom Bürgersteig nach drinnen zu räumen.
»Guten Tag.«
Erschrocken fuhr sie herum. Hinter ihr stand ein Mann und sah sie beschwichtigend an.
»Ich wollte Sie nicht erschrecken, Verzeihung. Ich hätte gern einen bunten Blumenstrauß für meine Mutter, so für 25 Euro.«
»Ähm«, verwirrt sah sie ihn an. »Also, ich bin …, ähm … ich arbeite hier nicht. Ich habe die Besitzerin gefunden, sie hatte einen Unfall. Ich bin nur eine normale Kundin, tut mir leid.«
»Heißt das, ich bekomme jetzt hier bei Ihnen gar keinen Blumenstrauß? Meine Mutter bekommt seit vielen Jahren ihre Blumen und Pflanzen von hier. Immer, wenn ich sie besuche, hole ich hier den Strauß. Können Sie mir nicht ein bisschen was zurechtmachen? Bitte …«
Karin war hin- und hergerissen, im Grunde ging sie die ganze Sache doch gar nichts an. Aber was hatte Frau Müller gesagt: ›*Was soll nur aus den Blumen werden und wovon soll ich die Rechnungen bezahlen?*‹ Sicher war

nichts dabei, schnell einen Strauß zu binden, und ganz sicher hätte die Blumenhändlerin auch nichts dagegen. Lächelnd sah sie den Mann an.
»Gut, einverstanden, was mag Ihre Mutter denn für Blumen?«
Etwas unsicher zeigte der Mann auf verschiedene Pflanzen und Karin griff zu. Sie stellte Farben zusammen, schaute um die Ecke in die hinteren Räume und ergänzte alles mit grünem Beiwerk, welches dort lag. Was den Preis betraf, war sie unsicher. Hatte sie zu wenig oder zu viel verarbeitet, ach egal, der Strauß sah aus ihrer Sicht gut aus. Zögernd präsentierte sie ihr fertiges Werk.
»Wow, das sieht toll aus. Ganz anders als sonst, aber mir gefällt es gut.«
Er schob dreißig Euro über den Tisch und verließ zufrieden das Geschäft. Karin packte das Geld in einen Umschlag und begann wieder aufzuräumen, doch diesmal riss sie das Telefon aus ihrer Arbeit.
»Hallo Frau Müller, hier ist Schmidt, ich wollte nur noch einmal fragen, ob mit den Blumen für morgen alles klargeht? Frau Müller, hallo?«
Karin hatte sich noch nicht mal mit ihrem Namen gemeldet, der Mann am anderen Ende, war sichtlich aufgeregt.
»Hier ist nicht Frau Müller, die ist leider im Krankenhaus, tut mir leid.«
»Was?« Der Mann schrie durch den Hörer. »Oh Gott, ich heirate morgen, ich habe den Brautstrauß und den Tischschmuck und alles bei ihr bestellt. Das darf doch nicht wahr sein, jetzt ist es kurz vor sechs, ich finde doch bis morgen keinen Blumenhändler. Können Sie das nicht machen?«
Wieder wollte Karin brav ihr Sprüchlein aufsagen, da fiel ihr das Bestellbuch ins Auge. Sie blätterte darin und fand die genaue Beschreibung des Blumenschmucks für die Feier. Ohne, dass sie genau wusste, was sie eigentlich tat, hörte sie sich sagen.
»Ich kümmere mich darum, machen Sie sich keine Gedanken.«
Nach dem Telefonat musste sich Karin erstmal setzen. In was hatte sie sich da bloß wieder hineingeritten? Frau Müller hatte exakt die Wünsche des Brautpaares notiert, es ging, neben dem Brautstrauß, noch um die Blumen für das Auto, die Tische und die Ausschmückung des Standesamtes. Das zu schaffen war schon eine reife Leistung, aber auf keinen Fall würde sie das Hauruck schaffen. Karin rief kurzentschlossen ihren Chef an und bat um einen freien Tag. Dieser wurde ihr problemlos genehmigt, da momentan nicht so viel zu tun war. Dann betrat sie

den Kühlraum, in dem die Blumen und Pflanzen lagerten. Wie sie feststellte, hatte Frau Müller anscheinend mit der Bestellung schon angefangen.

Karin schleppte die Blumen in den Vorbereitungsraum und begann mit der Arbeit. Vier Stunden später war sie erschöpft, aber mit allem fertig geworden. Sie verschloss das Geschäft, fuhr nach Hause und rief von dort noch einmal im Krankenhaus an. Doch man konnte ihr nichts Näheres sagen.

Am nächsten Morgen stand sie in aller Herrgottsfrühe auf und fuhr in den Blumenladen. Noch bevor sie öffnete, suchte sie Lieferscheine heraus und versuchte, die fälligen Rechnungen zu ermitteln. Die Buchhaltung war ein einziges Chaos. Dem Geschäft schien es finanziell nicht gut zu gehen.

Vorn an der Tür klopfte der heute heiratende Kunde und holte seine Bestellung ab. Verblüfft schaute er auf die Arrangements.

»Das sieht super aus, anders, als wir es eigentlich wollten, aber Klasse. Das ist gut geworden.«

Er bezahlte den Blumenschmuck in bar und gab noch ein stattliches Trinkgeld. Wieder konnte Karin etwas in den Umschlag packen.

Dann setzte sie sich in ihr Auto und fuhr ins Krankenhaus. Eine Schwester brachte sie zu Frau Müller. Diese lag ganz klein und blass in ihrem Bett. Angsterfüllt schaute die Frau sie an.

»Danke, dass sie die Blumen in den Laden geräumt haben. Ich habe die ganze Nacht nicht geschlafen, heute hätte ich eigentlich den Blumenschmuck für eine Hochzeit machen müssen und nun das.«

Karin lachte sie stolz an.

»Ich habe die Bestellung fertiggemacht, sicher nicht so gut wie Sie, aber der Kunde war sehr zufrieden.«

Ungläubig sah die Frau sie an.

»Aber Sie sind doch gar keine Blumenbinderin, oder?«

»Nein, aber ich habe einen grünen Daumen und liebe Pflanzen über alles. Ich hoffe, es war Ihnen recht, ich wollte mich nicht einmischen.«

»Recht, na hören Sie mal, es ist mir sogar sehr recht. Meinen Sie, also denken Sie … ach, ich habe für morgen noch eine große Lieferung an ein Hotel. Ich mache für die seit Jahren schon die Gestecke und werde wohl so bald hier nicht herauskommen.«

Später hätte Karin nicht sagen können, was in sie gefahren war. Sie hatte Frau Müller versprochen, sich um den Laden zu kümmern, zumindest für eine Woche. In dieser Zeit nahm sie Urlaub.
Sie blühte förmlich auf. Als der Blumenhändler kam, wählte sie mit großer Sorgfalt Pflanzen und Blumen aus, die ihr gefielen. Am liebsten wäre sie sogar über Nacht geblieben, nichts zog sie mehr nach Hause. Die Kunden kamen, waren begeistert und aus dem Umschlag mit Geld war mittlerweile ein Pappkarton geworden. Sie zahlte die fälligen Rechnungen und notierte peinlich alle Einnahmen und Ausgaben. Noch nie war Karin so glücklich gewesen, umgeben von Pflanzen, von frischem Grün, von duftenden Blumen.
Nach zehn Tagen war Frau Müller wieder fit und übernahm die Geschäfte. Angesichts des Gewinnes, den Karin erzielt hatte, staunte sie nicht schlecht.
»Ich weiß gar nicht, wie ich mich bedanken soll, dafür gibt es keine Worte.«
Schweren Herzens ging Karin am nächsten Tag wieder in ihre Arbeit. Sie versank in Rechnungen, Buchungen und Zahlungen. Immer wieder wanderte ihr Blick zu der Fensterbank ihres Büros. Drei prächtige Grünpflanzen standen dort. Frau Müller hatte sie ihr als kleines Dankeschön geschenkt und zu Hause war einfach kein Platz mehr.
Vier Wochen waren seit ihrem überraschenden Ausflug in einen anderen Arbeitsbereich vergangen, als es eines Abends klingelte. Zu ihrer Überraschung stand Frau Müller vor ihrer Tür.
»Ach, was soll ich sagen. Die Leute fragen nach Ihnen, das Hotel wünscht sich genau solche Gestecke, wie Sie sie gemacht haben, moderner, pfiffiger. Könnten Sie sich vorstellen, bei mir mit einzusteigen? Also sozusagen als Teilhaberin? Was sagen Sie?«

An einem warmen Sommermorgen schloss Karin die Tür zu ihrem Geschäft auf. Die Wände waren in einem zarten Grün gestrichen und die gesamte Einrichtung war modernisiert worden. Ihr schlug ein betörender Blütenduft entgegen.
Ja, es war ihr eigenes Geschäft, vor zwei Monaten war Frau Müller verstorben und hatte ihr den Laden hinterlassen. Sie hatte es nicht einen Moment bereut, dass sie zu ihrem Chef gegangen war und einfach

gekündigt hatte. Dies war die beste Entscheidung in ihrem Leben gewesen.

Sie räumte die Pflanzen nach draußen und schaute stolz auf das neue Schild über ihrer Eingangstür. Dort stand:

Grüner Daumen

Grün

Wie der Tod

Der grüne Mann
Marianne Peternell

Da war ein Mann. Voll Freude war er und voll Dankbarkeit. Zart und innig waren seine Zuneigung und blütenweiß sein Duft. Er gemahnte an stille Klostergärten, an Kinderunschuld und an Tod. Abermals und unvermeidbar war ich verurteilt zu lieben, ohne Vor- und Rücksicht und sagte du und Geliebter und gab mich ganz.

Er aber war leicht und heiter und naschte verzückt, ging viel, ging oft fort, ging seiner Wege und kam fröhlich zurück. Er liebte die Kunst über alles, verlor sich an die Dinge und lebte in ihnen. Ich, ich im Käfig will nicht mehr unter meinen Sinnen leiden, sie sollen besiegt sein. Augen habe ich nicht, sie sind meist geschlossen und träumen vom Wiederkommen des Geliebten. Tausend Dinge gibt es zwischen Gut und Leid. Dieses Tausendfache lebt in mir, wird grau und treibt Tränen aus. Kommt er dann, ist es hell und seine Worte haben kein Gewicht. Mit der Schaukel fliege ich mit und lache. In solcher Zeit war ich fähig, das Unsinnigste zu tun oder auch das Selbstverständlichste. Ja und Nein waren Eins.

Manchmal versuchte ich es mit Beten. Oder ich las einen russischen Schriftsteller.

Er kam, leichtfüßig, Frühlingsduft, Morgenhauch und war fort. Meine Liebe, die unbewegliche, schwere tat weh. Ich stürzte mich auf sie, zerriss, zerstückelte sie und warf sie ins Meer. Es sollte nur Leichtes in mir sein, nur Lichtes.

Das enge Aneinandergeschmiegtsein, stundenlanges sich Fühlen. Verbundensein der Körper, ohne sich zu geben, Fühlen und Verschmolzensein in eine Seele, ohne sich wirklich zu gehören. Ein Erbeben nach dem anderen. Angst? Mit ihm? Alles mit ihm. Was wirklich ist, ganz gleich gültig. Ob treu, untreu, verlässlich, aufrichtig, gut.

»Morgen werde ich sehr traurig sein.« »Und übermorgen?«

»Das weiß ich noch nicht.«

Das war es, morgen, übermorgen, wer kann das wissen?

Diese paar Stunden hingegeben an seinen Körper konnten höchstes Glück und tiefstes Unglück bergen. Sie konnten aber auch vorübergegangen sein wie jener glühende Streifen am Himmel, ein Komet für ein paar Sekunden sichtbar, der das ganze Firmament in Licht tauchte und mit seinem Rauschen etwas Unheimliches, ein Ewigkeitsgefühl und zugleich Vernichtungsgefühl in mein Denken pflanzte und dann - ein paar Sekunden später erlosch und der Himmel erstrahlte wieder rein und unberührt und friedlich und vertraut mit seinen zahllosen Sternen. Nichts blieb zurück.

Einmal konnte ich mir gut vorstellen ihn zu verlassen, ohne den geringsten Schmerz zu verspüren. Oder in eine völlig ungewisse Zukunft, in die denkbar unsicherste mit diesem Mann zu gehen. Ich wusste, er betete an vielen Altären, liebte viele Blüten und Farben, wob riesenhafte Teppiche, was scherte es mich, er kniete vor der Liebe. Es war gut. Wir sangen Lieder und erfanden Gedichte, die längst erfunden waren. Grün, grün, grün ist alles, was ich hab.

Ich bin stark und ich habe Kraft. Sie fließt mir zu aus den Erden und den Himmeln. Klein, wie ein Grashalm wachse ich, armlos, arglos, verwurzelt in die Sonne. Ich atme ein und aus. Blau umspült mich. Stark mein Halm, sicher, ich. Goldfarben sprüht über mich hin. Der Tau glitzert. Ich werde getreten und richte mich auf. Ein Schutzkreis umhüllt mich. Sie machen einen Bogen. Ich werde vergessen. Ein und aus atme ich, aus und ein, grün in grün.

Grüner Mann in der Asche zerstäubt im Fluss. Die braunen Augen, die Samthaut, der scheue Körper mit all seinen Liedern zerstäubt, verpulvert. Ich sehe ihn nicht mehr, Nichts spüre ich, er ist fort, der Frühling, der atmete, Tag um Tag.

Ein Fest jede Sekunde, die du da warst. Rubinrot und grün und weiß auch. Oh ja, Lilien. Verwunschen und still und deine Lieder. Wir hielten uns fest, wir träumten uns fort, in den Äther schleuderten wir. Im Pfirsich holten wir ein Wesen. Doch dann zerbrach es zwischen uns wie feines Glas. Die Zigeunerlieder höhnten über mich. Die Flüsse, sie fließen nicht aufwärts, der Regen regnet nicht zum Himmel, sagte ein Freund. Doch das Gift sank in die Erde. Grün starb. Ein blutiger Klumpen, das Wesen ging zu den Sternen zurück, der Kristall leer. Er tanzte wieder, er flötete, sang.

Blei blieb taub. Tod. Nie wieder. Geh fort, grüner Mann, du wolltest kein Bär werden. Immer nur Biene und Ziege, immer nur jung, immer nur Frühling. Wir verloren einander.

Ich wurde zum Schwert und zertrennte die Fäden seiner Netze, ich streute Dornen in sein Bett. Auf allen Märkten, aus allen Gassen der Stadt machten sich Rächer auf. Die Flüsse, sie fließen nicht aufwärts, der Regen regnet nicht zum Himmel, tobten sie, während ich träumte. In der Nacht sprachen Stimmen auf mein weißes Papier »Aus frischen Gräbern weht der Atem des Göttlichen.«

Wehe, grüner Mann, wehe.

Er lief noch zehn Jahre über die Wiesen. Gehetzt, gehetzter. Dann fiel er in einer Stadt am Meer beim Kaffee, als er in die Augen seiner neuen Liebsten sah vom Stuhl und war tot. Das Herz schwieg. Er wurde Asche, zerstäubt über dem Fluss. Die Blumen klagten und die Rächer spuckten ihm nach. Als das Klingen wieder durch die Lüfte zog, das kühne, törichte lächelte ich voll stechender Schmerzen. Es schleuderte mich ins Dornige, raubte mir das dämmernde Starren ins Weite. Und ich hörte das Toben, Brüllen, Klatschen, Zirpen, Summen, Erzittern und demütig sich Beugen vor Pan, dem gehörnten Gott und atmete nicht.

Ketzele, ich trage heute Bernstein. Der Grashalm auf der Wiese ist nun vergessen und lebt sein Leben rund. Einen Kiesel habe ich ausgelegt für dich im Garten.

Die grüne Fee

Sally Bertram und Florian Knisatschek

Irgendwo in einer Gegend, in der die Gassen gelangweilt und bedeutsam enger werden, wo von den Laternen nur noch ein dottrig - gelber Schimmer vom Straßenpflaster sich tauspiegelnd dem nächtlichen Dunkel entgegen räkelt, irgendwo dort steht eine kleine hölzerne Tür, fast unmerklich in die steinerne Fassade gebaut, das Innere eines Inneren öffnend. Steinerne Treppen führen hinab in eine dunkle, feuchtummantelte, angenehme Tiefe, wo ein kleines gelbes Lichtlein die Richtigkeit des gegangenen Weges anzuzeigen vermag, und einmal um den Gewölbepfeiler herumgegangen, eröffnet sich eine lange Theke aus schwerem, guten alten Holz, gesäumt von einem aus seltsamen Bücherregalen architektierten Raum. Ober Hans steht hinter der Theke, üblich bedacht in seiner Art, poliert hochstielige Gläser, die er mehrmals kritisch gegen ein Licht hält, ohne dabei gläserne Becher, welche behutsam an der Bar aufgereiht stehen, außer Acht zu lassen. Gläserne Becher, halb gefüllt mit glückverheißender grüner Flüssigkeit, und je ein gelochter Löffel quer darüber.

Voitzec: »Es wird heut nicht mein Letzter sein, aber frisch zubereitet sans am besten.«

Voitzec steht hochgeistig konzentriert, durchaus aber gelassen, an der Theke. Schuberth steht drei Meter weiter südlich an selbiger.

Schuberth: »Das ist jetzt eh das, was ich brauche. Es war wieder so ein Tag, also das glaubt mir keiner. So ein Tag, sage ich dir. Das brauche ich jetzt deshalb …«

Hans verteilt gemütlich bedacht Hütchen, gepresst aus Kristallzucker, über die gelochten Löffel.

Voitzec stützt sich mit dem Ellenbogen an der Bar ab, wischt sich über seine trockene Stirn.

»Oidaaa! Des woa wieda notwendig! Des brauch i so dringend wia an nossn Fetzn.«

Voitzec greift zu einem der Becher an der Bar.

»HALT!«

Hans blickt streng zu Voitzec. Und wenn Hans etwas kann, dann streng blicken. Voitzec arretiert und Hans poliert weiter. Gewohnte Stille. Nur

von draußen hört man leise das Rattern und Rumpeln des J-Wagens, einige Meter darüber. Der letzte J-Wagen fährt ein, Richtung Remise.
Schuberth: »Wieso hat man eigentlich solche Tage? Ich habe das noch nie verstanden. Und ich verstehe auch nicht, warum ich noch nichts habe? HAAANS! Bitte! Mach mir noch einen! Was schaust so streng?«
Unbeeindruckt gießt Hans etwas von dieser grünen Flüssigkeit über die Zuckerhütchen.
Voitzec: »Wie kann ma nur LORE heissn … Mir hätt ja glei wos spanisch vuakumma miassn … oba dass dann glei da Dings, der depperte, na des woa dann echt stoak …«
Schuberth: »Das Leben spielt manchmal verrückt. Das muss man schon mögen. Ich liebe ja mein Leben. Nur verstehen tu ich es nicht. Also nicht immer. Und dann sitze ich halt da und muss alles erstmal verarbeiten. Ja so ist mein Leben.«
Voitzec: »Und dann wollt ma dea ane auflegn! Vastehst?! Der Heini, mit sein seidernen Gwand sein depperten. ›LORE‹ hab i nur gsagt, ›LOREE!‹ aber sie is scho hingrennt zu eam. Na da hab i scho gschaut …«
Voitzec dreht sich etwas Richtung Lokalinneres, wischt sich über die trockene Stirn.
»Genau des hab i braucht …«
Schuberth: »Da komme ich nach Wien, und dann sowas. Da steht der Chef plötzlich vor mir und grinst. Dann verschwindet das Grinsen und er streckt mir die Kündigung entgegen. Die Kündigung nach zwanzig Jahren. Als sei ich irgendein Trottel. Und das nur, weil ich seine Frau … Ich mein, ich wusste ja nicht, dass es seine Frau war …«
Schuberth beobachtet sehnsüchtig Hans' schnelle Hände, die erneut fleißig polieren, stützt sich seufzend auf den leeren Barhocker neben ihm. Umständlich wandert sein Blick umher. Hans entzündet mit einem Streichholz die Zuckerhüte auf den Bechern. Voitzec blickt verschwommen in die Flammen.
Voitzec: »Sieben Wochen! Und du hast ma nix von dem Heini gsagt!!«
Schuberth: »Es war ja eh nichts Ernstes. Wir wollten nur Spaß. Daher haben wir es geheim gehalten. Du kannst mir glauben, ich bin kein schlechter Mensch. Oh nein, das hat sich einfach nur ergeben.«

Schuberth starrt in die Flammen und imitiert verträumt ein Zischen und Flammenknistern. Der alkoholgetränkte Zucker tropft brennend und schmelzend wie er soll.
Voitzec: »Vergiss es! Vergiss es!! Dabei wollt i ja eh scho längst nix mehr von dem Ganzen. LOREEE!!«
Schuberth: »Ich wollte es ja auch nicht, also die Alte vom Chef. Naja, wurst … äähhh wuascht. Nun sitze ich da. Wie erzähle ich das meiner lieben Claudia?«
Der Zucker ist geschmolzen! Hans stellt Voitzec einen von diesen Bechern vor ihn auf die Theke. »Ein Absinth, Herr Voitzec.«
Hans geht gute drei Schritte weiter Richtung Süden, zu Schuberth.
»Va bene, eine Erfrischung, Herr Schuberth?«
Schuberth: »So eine Wohltat nach so einem Tag. Ein frischer Absinth. Was für ein Tag! Wie erzähle ich das Claudia? Zwanzig Jahre und dann gekündigt.«
Schuberth nimmt einen tiefen Schluck und schließt die Augen genüsslich. Hans bereitet eine weitere Reihe aus gläsernen Bechern, Voitzec trinkt sein Glas in einem Zug. Etwas krötenaugig wendet sich Voitzec wieder Richtung Lokalinnerem.
»Na seawas!«
Schuberth: »Weißt, dieses Leben zu packen ist gar nicht so leicht. Da kommt die Alte vom Chef und zerstört alles. Diese Schlampe! Was soll ich bloß tun?«
Voitzec stierdelt etwas in seinem Hosensack, legt einen gutmütigen Geldschein auf die Theke und wandert konzentriert in Richtung der steilen schweren Stiege, die aus dem Lokal auf die Gasse führen sollte. Schuberth leert sein Glas in einem Zug. Er schmeißt irgendeinen Schein auf die Theke in eine Lake Absinth. Er wankt zur Stiege und will ebenfalls zum Ausgang. Voitzec steigt schnaufend die steinernen Stiegen Richtung Ausgang hinauf.
Schuberth folgt ihm schwitzend. Er wischt sich mit seinem Hemdärmel den Schweiß von der Stirn.
Schuberth: »Claudia, es tut mir leid. Ich komme heim zu dir. Oh Claudia!«
Draußen regnet es. Voitzec steht mitten auf der Straße. Schuberth kommt soeben nach mit einer nassen Zigarette im Mund.

Schuberth: »Haben Sie Feuer?«
Voitzec kramt umständlich in einer zusehends durchnässten Hosentasche. Leicht torkelnd entzündet er das Feuerzeug, ein Taxi nähert sich mit weit überhöhter Geschwindigkeit. KRAWUMMS!
Über all dem flackert die Lokal-Leuchtschrift: DIE GRÜNE FEE

Das Geheimnis

Verena Grüneweg

Wie jedes Jahr ist es derselbe Ort und der gleiche Tag, an welchem ich an unserem Treffpunkt stehe und auf sie warte. Es ist mein Geburtstag, der zweiundzwanzigste März, und ich bin mir sicher, sie wird kommen. Nie verpasst sie diesen für sie besonderen Tag. Es ist ihr egal, ob die Sonne scheint, es regnet oder sogar gewittert. Nichts hält sie davon ab, mich zu besuchen. Diese ganz besondere Frau, für die ich mehr als Liebe empfinde. Heute ist sie allerdings spät dran. Wahrscheinlich muss sie länger arbeiten. Ich sehe sie vor mir, wie sie ihre Pflicht erfüllt. Zu niemandem sagt, was in ihr vorgeht. Die dunklen Gedanken, die das sonst stets vorhandene Lächeln auf ihrem Gesicht verschwinden lassen. Sie will kein Mitleid, keine tröstenden Worte, welche am heutigen Tag wie leere Phrasen für sie klingen. Vielleicht werden sich ihre Arbeitskollegen über das Schweigen wundern, nachfragen, aber keine ehrliche Antwort erhalten. Aber ich weiß auch ohne Worte, was in ihr vorgeht. Ich höre ihre Gedanken. Sie muss sie nicht aussprechen, damit ich sie verstehe. Mir reicht das Herz, in welches ich schaue, sowie die Seele, in der ich ihre Gefühle lese.

Meine Geduld wird endlich belohnt. Sie kommt! Ich entdecke ihr Auto, das jetzt auf dem Parkplatz ganz in meiner Nähe anhält. Sehe, wie sie aus dem Wagen steigt und den schmalen, sandigen Weg, welcher zu unserem Treffpunkt führt, hochläuft. Heimlich beobachte ich jeden ihrer Schritte, ohne dass sie mich sieht. Wie gerne würde ich aus meinem Versteck hervortreten, meine wahre Gestalt zeigen. Doch damit würde ich eine Regel brechen. Denn es ist mir verboten. So schwer es mir fällt, halte ich mich doch an die Vorschrift. Es hat ja einen Grund, dass sie für jemanden wie mich besteht. Dennoch habe ich Sehnsucht nach der Nähe ihres Körpers. Wünsche mir, den Kopf an ihre Brust zu legen und das Herz schlagen zu hören, der zärtlichen, liebkosenden Stimme zu lauschen und fröhlich mit ihr zu lachen. Ein Wunsch, der vorerst unerfüllt bleiben wird.

Langsam kommt sie näher und neugierig mustere ich ihre Erscheinung. Freue mich über die Veränderungen seit dem letzten Besuch. Für Fremde kaum sichtbar, sind sie umso bedeutender für mich. Die langen

Haare, die Kleidung und auch das Make-up sind wie immer in tiefstem Schwarz. Es ist ihre Farbe, ein Schutz, eine Rebellion gegen das Anpassen an die Gesellschaft. Wenn sie bunte Farben trägt, fühlt es sich für sie wie eine Verkleidung an. Ein Kostüm, eine Maske, die sie lange aufgesetzt hatte, weil jemand anders es so wollte. Heute ist sie ganz sie selbst und passt sich niemandem an. Sie weiß, dass sie das viel zu lange getan hat. Das Schwarz ist nebensächlich für mich. Ich sehe die wertvollen Fortschritte. Die aufrechte Haltung und den befreiten Gesichtsausdruck, die zeigen, dass die alten Wunden langsam heilen. Noch vor wenigen Jahren hielt sie den Rücken gebeugt, so, als ob sie eine schwere Last mit sich herumtrug. Tiefe Schatten lagen unter den Augen und das Lächeln wirkte aufgesetzt und verkrampft. Ja, so kannte ich sie. Aber jetzt scheint das endlich vorbei zu sein.
Aber die Traurigkeit in ihren Augen ist geblieben. Auch die Sorgenfalten in ihrem Gesicht scheinen unwiderruflich. Tiefe Linien, gezeichnet von einem zerbrechenden Herz. Jedoch gesellten sich zu diesen im Laufe der Zeit kleine Lachfältchen, die mir zeigen, dass ich damals alles richtig gemacht habe. Dass die einst von mir gefällte, schwere Entscheidung ihr Leben zum Guten veränderte.
Nur wenige Meter von mir entfernt zögert sie. Sie bleibt stehen und ich befürchte, dass sie heute umdreht. Vor mir und den eigenen Gefühlen fortläuft. Doch dann geht sie entschlossen weiter, bis sie das Ziel erreicht. Dort angekommen kniet sie auf dem Boden nieder. Ich entdecke Tränen, die über ihre Wangen laufen. Ein leises Schluchzen ist aus dem Mund zu hören. Rasch senkt sie den Kopf, verbirgt die Perlen der Seele hinter den langen Haaren, welche das Gesicht wie ein Schleier umhüllen. Sie will keine neugierigen Blicke.
Niemand Fremdem den Schmerz zeigen. Er gehört nur uns beiden. Nur mir allein macht sie das Geschenk, ihn zuzulassen. Doch eigentlich möchte ich dieses Präsent nicht. Ich würde lieber ein glückliches Lachen sehen. Und dennoch weiß ich die Ehrlichkeit mir gegenüber zu schätzen. Es ist ein Beweis ihres Vertrauens. Etwas, das sie nur wenigen Menschen schenkt.
Mein Blick wendet sich von ihrem Gesicht ab und ich sehe, dass sie es wieder dabei hat. Wie jedes Jahr an diesem Tag trägt sie es in der Hand. Das Herz, liebevoll mit grünen Efeublättern gesteckt, in der Mitte

prangt leuchtend eine große gelbe Sonnenblume. Niemals würde sie es in irgendeinem Blumenladen kaufen. Sie macht es lieber selber und ganz speziell für mich. Es ist ein Ritual. Eines, das nur sie allein vollziehen kann. In jeden Handgriff legt sie ihre Gedanken und Gefühle. Diese sind wie besondere Zutaten, die, den einzelnen grünen Blättern zugefügt, alles erst perfekt machen.
Eine ungewöhnliche Zusammenstellung von Blumen und Beiwerk für das Symbol der Liebe. Normalerweise nimmt ein Florist für ein Herz rote Rosen. Vielleicht etwas Pistaziengrün und ein wenig Schleierkraut. Aber nur einfache grüne Efeublätter und dann auch noch eine viel zu große Sonnenblume? Kein wirklich schöner Anblick! Aber ich kenne den sich dahinter verbergenden Gedanken. Der sie das Herz genau so anfertigen lässt. Für sie und mich haben diese Blätter und auch die Blume in der Mitte eine Symbolik. Eine besondere Bedeutung, die nur jemand versteht, der unsere Geschichte kennt. Nicht einmal sie ahnt die komplette Wahrheit, als sie jetzt das Herz auf den Boden legt. Nur ein kleiner, unwesentlicher Teil ist ihr bekannt. Es sind einerseits die in ihrem Kopf verankerten, schönen Erlebnisse, die sie wie in einer Schatzkiste aufbewahrt, die sie öffnet, herausholt und anschaut, wenn es ihr schlecht geht. Andererseits gibt es auch die traurigen Momente, die sie versucht wegzusperren. Aber immer wieder brechen sie aus dem von ihr errichteten Gefängnis aus. Unkontrolliert übernehmen sie ihren Verstand und quälen sie. Füllen ihn mit einem unerträglichen Schmerz aus, gegen den sie machtlos ist. Dabei würde er für immer verschwinden, wenn es mir erlaubt wäre, ihr das Geheimnis zu verraten. Wie ich den Tag herbeisehne, an dem ich ihr erzähle, wer und was ich bin. Warum ich eine Weile ihr Leben begleitete und sie, als ich mir ihrer Liebe sicher war, wieder verließ. Sie glauben machte, ich wäre für immer fort, ohne dass sie wusste, dass ich ihr wie ein Schatten folge. Dieser Moment liegt in weiter Ferne. Aber es wird ihn geben und ich freue mich auf den Augenblick, wenn er gekommen ist. Doch bis dahin darf ich es wenigstens euch verraten, indem ich jetzt das Geheimnis erzähle. In der Hoffnung und dem Glauben, ihr könnt es für euch behalten. Ich vertraue auf euer Wort und darauf, dass ihr nichts verratet, wenn diese ganz besondere Frau euch eines Tages begegnet!

Der Moment, als ich in ihr Leben trat, ist eine halbe Ewigkeit her. So jedenfalls kommt es mir heute vor. Damals begegnete ich einer vollkommen anderen Frau als die, die ihr heute kennt. Wäre sie euch über den Weg gelaufen, höchstwahrscheinlich hätte niemand von euch sie überhaupt bemerkt. Aber wenn doch, so hättet ihr bestenfalls Mitleid mit der traurigen Gestalt empfunden. Eine junge Frau, die durch Kummer und Sorgen viel zu schnell alterte. Enttäuschungen und Angst zerrten an dem Körper und sogen jegliche Lebensfreude aus ihrer Seele. Sie versuchte krampfhaft zu verbergen, wie schlecht es ihr in Wirklichkeit ging. Sie lächelte. Aber mit jedem weiteren Tag, den sie erlebte, fiel es ihr immer schwerer. Man sah es ihr an und niemand hätte vermutet, dass sich hinter dem angstvollen Blick das heutige strahlende Lächeln versteckte.

Unser Aufeinandertreffen löste zuerst eine Abwehrreaktion aus. Ein ungewollter Gast, der sich, ohne zu fragen, in ihrem Leben Zutritt verschaffte.

Es jagte ihr Angst ein, dass es mich gab. Dass ich sie bald auf Schritt und Tritt begleitete. Sie suchte nach einem Fluchtweg, mir zu entkommen. Aber ich ließ ihr keine Wahl. Ich wollte an ihrer Seite sein, ihr meine Liebe geben. Und ich setzte meinen Willen durch. In dem Moment, als sie meinen Körper das erste Mal spürte, sich seiner Existenz bewusst war, gab sie mir die Erlaubnis zu bleiben. Mehr noch, sie verliebte sich in mich!

Es fällt mir schwer, die Frau, von welcher ich euch gerade erzähle, zu beschreiben. Aber eines wusste ich damals wie heute mit Sicherheit: Sie brauchte meine Hilfe! Nach außen schien alles in Ordnung zu sein. Keiner schaute hinter die Fassade, das Theaterstück, welches sie der Umwelt meisterhaft vorspielte. Die Welt einer heilen Familie, welche kaum kaputter hätte sein können. Ein Mann, der Vater ihrer Töchter, welcher sie seine Ehefrau nannte, hatte einst versprochen, sie für immer zu lieben. Gut zu ihr zu sein, sie liebevoll zu behandeln. Und sie hatte ihm ihr Vertrauen geschenkt. Aber die Wirklichkeit sah anders aus. Nach einer sehr kurzen glücklichen gemeinsamen Zeit begann er sie zu benutzen. Seine Lügen schlichen sich in ihr Leben und vergifteten es mit dem Bösen, das er in sich trug. Das Schlechte, das ihm half, in ihr den perfekten Sündenbock für sein eigenes Versagen zu finden. Er fand in ihr jemanden, der blind vor Liebe die Zerstörung der eigenen Persönlichkeit zuließ. Dieser Mann misshandelte sie körperlich wie auch seelisch und es bereitete ihm Freude. Stück für Stück nahm er ihr das Selbstbewusstsein und ersetzte es durch Selbstzweifel. Seine Worte ließen sie glauben, wertlos zu sein. Ein Nichts, ein Niemand, dem keiner Aufmerksamkeit zu schenken brauchte. Sie schämte sich für jeden blauen Fleck und für die Schreie, die ihre Kinder nachts mit anhörten. Sie behielt es als ein schmutziges Geheimnis für sich und bat niemanden um Hilfe. Aber wen hätte sie denn auch bitten sollen? Es gab keine Freunde mehr, seit er in ihr Leben getreten war. Dabei war sie doch früher beliebt gewesen und niemals einsam. Sie hatte immer alles ausgesprochen. Die Freunde schätzten sie als einen ehrlichen Menschen, sowohl anderen, als auch gegenüber sich selbst. Er aber lehrte sie mit seiner Gewalt den Mund zu halten, zu lächeln, wenn sie doch eigentlich weinen wollte. Lange schaute ich zu, war ich doch selber schwach und hilflos. Neu in dieser Welt beherrschte ich ja nicht einmal die Sprache. Ich bemühte mich, die richtigen Worte mit dem Mund zu formen, sie verständlich auszusprechen, aber es misslang mir. Sie wollten einfach nicht über meine Lippen kommen. Jedoch brachten meine verzweifelten Versuche die Frau zum Lächeln. Einer der wenigen Augenblicke, in denen wir beide gemeinsam fröhlich waren.

Nach dem anfänglichen Bedenken, was sein würde, wenn ich bei ihnen lebte, genossen auch ihre beiden Töchter meine Anwesenheit. Die Mädchen übten das Sprechen mit mir und waren begeistert über ihre Erfolge. Als ich die ersten Worte richtig aussprach, freuten sie sich. Der Stolz auf sich verdrängte für einen Moment das Leben, welches aus Sorgen um die Mutter bestand. Eine Mutter, schwach und hilflos, die zuließ, dass der Vater ihnen die Kindheit raubte.

Manchmal zauberte ich kostbare Augenblicke herbei, mit denen ich uns alle für einige Stunden von ihm befreite. Uns das Gefühl gab, ein völlig normales Leben wie alle anderen Familien zu haben. Es war jedes Mal ein schwerer Kampf, aus dem Gefängnis, das uns umgab, auszubrechen. Still und heimlich, wenn er fort war oder schlief, schlichen wir uns davon. Das waren Nachmittage, an welchen wir wie befreit auf den grünen Wiesen herumtollten, in dem hohen Gras lagen und nach oben schauten, die Wolken betrachteten und zusahen, wie sie Tiere und Fabelwesen in den Himmel malten. Oder im Wald spazieren gingen und mit den Füßen die Blätter vom Boden aufwirbelten. Wie junge Fohlen tobten wir herum und vergaßen dabei, wer und was uns zuhause erwartete. Mich faszinierten am meisten die Farben der Natur. Das saftige Grün der Blätter des Efeus. Wie gerne berührte ich ihre Oberfläche. Glatt, manchmal rau oder samtig, liebte ich es, mit meinen Fingern über das Laub zu streichen. All das kostete nicht einen Cent. Aber für uns war es weitaus mehr wert als aller Reichtum der Erde.

Es gibt einen unvergesslichen Tag für mich. Ein besonderes Erlebnis, für das ich ihr heute noch dankbar bin. Es war eine Überraschung, welche sie an meinem Geburtstag für mich vorbereitet hatte. Sie hatte uns einen Picknickkorb gepackt und mit dem Bus fuhren wir raus aufs Land. Nur sie und ich! Niemand anders begleitete uns auf unserem Ausflug. Von der Haltestelle bis zum Ziel dauerte es nicht lange, bis ich es entdeckte: Das große bepflanzte Feld, bestehend aus riesigen leuchtenden Sonnenblumen. Wie ein Wunderland, welches ich betrat, kam es mir vor. Umgeben von Schönheit und Kraft wanderten wir zwischen den Blumen umher. Mitten auf dem Feld stoppten wir unseren Spaziergang. Sie breitete eine Decke auf den Boden aus, nahm einen kleinen Kuchen mit einer Kerze und Efeublätter aus dem Korb. Den Kuchen stellte sie auf den Boden vor mich und aus den Blättern legte sie ein Herz um ihn herum. Nachdem wir uns hingesetzt hatten, zündete sie die Kerze an und ergriff meine Hand. Ganz fest hielt sie diese in ihrer und schaute mir dabei in die Augen. Leise begann sie zu sprechen und auch heute noch höre ich die Worte.

»Wenn irgendwann die Sonne nicht mehr in deinem Leben zu scheinen vermag, dann nimm eine Sonnenblume und schau sie an. Egal, wie traurig du bist, mit ihrem Leuchten bringt sie die Wärme einer Sonne in dein Herz zurück. Für mich bist du wie diese Sonnenblume. Du bringst mit deinem Strahlen das Glück in mein Leben zurück. Und wenn sich auch eines Tages unsere Wege trennen, so werde ich immer, wenn ich eine Sonnenblume sehe, an dich denken!«

Wie oft mir diese Worte Trost spendeten! Selbst dann noch, nachdem ihre Stimme zu einem Teil meiner Erinnerung wurde. Ich öffne die Schatztruhe in meinen Kopf, sehe die Sonnenblumen vor mir, bin wieder mit ihr dort, an diesen Ort des gemeinsamen Glücks. Diese

Bilder bringen mich zum Lächeln, wärmen mich, wie es sonst nichts anderes vermag.
Sie zahlte den Preis für das Geschenk, das sie mir an diesem Tag machte. Er hatte auf uns gewartet und konnte es nicht ertragen, sie lächeln zu sehen. Er wollte ihre Tränen besitzen und tat alles, um sie zu bekommen. Ihre Seele zerbrach und der Wille ebenso. Natürlich wusste sie, dass er sie schlecht behandelte und es besser für sie wäre, sich von ihm zu trennen. Aber meine Existenz hielt sie zurück. Der Gedanke, allein mit mir und ihren Töchtern neu anzufangen, ängstigte sie mehr als der Schmerz, den er ihr zufügte.
Nachts eskalierte die Situation. Er hörte nicht auf, sie zu schlagen. Selbst als sie blutend am Boden lag, trommelten seine Fäuste weiter auf sie ein. Dass sie es überlebte, war ein Wunder und ich musste schleunigst etwas gegen ihn unternehmen. So traf ich die Entscheidung fortzugehen, sie zu verlassen. Ich wusste, manchmal ist es der Schmerz des Verlustes, der zwar zuerst schwächt, aber auch etwas in uns wieder zu neuen Leben erwecken kann, eine nie vermutete Stärke hervorruft, die uns antreibt, aufzustehen und zu kämpfen.
Es gab keine Vorwarnungen für meinen Abschied. Ich kündigte ihn nicht an. An einem ruhigen Sonntag beschloss ich, dass die Zeit gekommen war. Ohne ihr Auf Wiedersehen zu sagen, ging ich fort. Ließ sie weinend und mit dem Wissen, dass sie mich nie wieder sehen würde, zurück. Der Schmerz, mich niemals mehr in den Armen zu halten, nie wieder meine Stimme zu hören, ließ sie zusammenbrechen. Schreiend, unter Tränen flehend, dass es nicht sein konnte und durfte, dass ich zurückkommen sollte.
Dabei war ich nicht wirklich fort. Ich beobachtete sie. Es brach mir das Herz, sie so leiden zu sehen, ihre Trauer mit zu erleben und nichts dagegen tun zu können. Lange Zeit erschien es mir sogar, als ob ich die falsche Wahl getroffen hätte. Statt besser wurde es schlimmer. Sie baute eine Mauer des Schweigens um sich. Vergrub sich in die Traurigkeit, und als sie beschloss, mir zu folgen, griff ich ein. Ich musste sie lenken und auf den richtigen Weg führen. Kein einfaches Unterfangen, musste ich doch aus dem Verborgenen heraus handeln.
Eines Abends begann ich, ihr Worte zuzuflüstern, kroch in ihre Gedanken und manipulierte sie. Sie ahnte nicht, dass ich die warnende

Stimme in ihrem Kopf war, die ihr mit grausamen Worten zuraunte, dass sie das Leben ihrer Kinder zerstörte. Ich malte Bilder mit dunklen Farben in ihren Verstand, die die Hoffnungslosigkeit der Zukunft ihrer beiden Mädchen zeigten. Wie er sie und ihre Träume zerstörte, wenn sie bei ihm blieb. Schonungslos zeigte ich jedes einzelne Jahr des Lebens ihrer Kinder. Das Zerbrechen und das Sterben ihrer Seelen. Natürlich spürte ich die Angst, ihr Zaudern. Doch etwas veränderte sich tief in ihr drin. Als das Lied von R. Kelly ›I believe, I can fly‹ im Radio spielte, hörte sie aufmerksam zu. Und mit jedem Vers, den er sang, fand sie sich selbst in dem Text wieder. Es kam ihr vor, als ob das Lied für sie geschrieben worden war.

Der Glaube, die Tür des Gefängnisses zu öffnen, fortzufliegen und endlich frei zu sein, manifestierte sich in ihrem Herzen und vertrieb die Schwäche. Ihre Kraft, der Kampfgeist erwachte. Sie verstand endlich, dass es nicht schlimmer werden konnte, würde sie ein neues Leben beginnen. Und dass sie, wenn sie nicht endlich den Mut fasste, ihn zu verlassen, alles, was sie liebte, verlor. Endlich wachte sie auf und sie plante mit meiner Unterstützung ein neues Leben.

Erst waren es nur kleine Schritte, die sie tat. Doch aus ihnen wurden größere. Sie wusste, sie musste schlau sein, um von ihm fortzukommen. Er würde sie nicht so einfach gehen lassen. Aber ich nahm sie an die Hand und führte sie auf den Weg in die Freiheit. Meine Ideen, die sie für die eigenen hielt, verbannten das Böse aus ihrem Leben! Sie gewann den Kampf gegen ihn. Aus ihr und ihren beiden Mädchen wurde eine Familie, die das Leben wieder willkommen hieß. Um das Glück vollkommen zu machen, brachte ich ihr die Liebe zurück. Einen Mann, der dafür sorgte, dass sie wieder vertraute, der gemeinsam mit mir die kleine Familie beschützt und glücklich macht. Jemand der sie so liebt, wie ich es einst tat!

Ja, sie ist glücklich. Meistens jedenfalls. Aber es gibt Tage, wie den heutigen, an denen der Schmerz sie wieder erfasst, die Pflaster sich von ihren alten Wunden lösen und die Erinnerungen neu aufleben. Dass ich fortging, auf eine Reise, bei der sie mich nicht begleiten konnte, dafür gibt sie sich die Schuld. Und sie hasst sich für ihre damalige Schwäche und Hilflosigkeit. Sie vermisst mich und ihr einziger Wunsch ist, dass ich wieder bei ihr bin. Dabei war es unser gemeinsames Schicksal, das es geschehen ließ. Sie trägt keine Schuld, es musste so kommen. Ich war bei ihr, um sie zu retten. Allein das war meine Aufgabe.

Wie gerne würde ich ihr heute sagen, dass sie nicht traurig sein muss. Ich bin doch immer noch bei ihr. Dass sie mich hier, an dem Ort, an dem sie das Herz auf die Erde legt, nicht zu besuchen braucht. Denn ich verweile nicht hier. Es ist nur unser Treffpunkt und nicht mein Zuhause. Ich lebe jedes Mal aufs Neue, wenn sie über mich spricht oder an mich denkt. Das, was sie für den Wind hält, welcher durch ihre Haare streicht, ist meine Hand, die sie streichelt. Wenn sie schläft, begleite ich sie in ihren Träumen und auch dort bin ich ihr nahe. Augenblicke, in denen ich sie besuche und mich ihr zeigen darf.

Ich weiß, eines Tages werde ich ihr alles erklären dürfen. Ihr, wie euch, mein Geheimnis verraten. An diesem Tag werde ich wieder die sein, die sie einst glaubte, verloren zu haben. Ich werde zu ihr gehen, sie an die Hand nehmen und gemeinsam werden wir die Welt betreten, in der ich jetzt existiere. Wir werden über ein Sonnenblumenfeld laufen, grüne Blätter aufsammeln und glücklich sein. Sie wird endlich verstehen, warum ich tat, was ich tun musste. Und ich werde endlich die vier Worte aussprechen. Worte, die ich ihr niemals sagen konnte und die sie sich so wünschte zu hören.

Ich werde sie in die Arme nehmen und sagen »Ich hab dich lieb, Mami.«

Denn ich bin der Engel, der sie beschützt. Doch ich bin auch ihre Tochter, die zwei Jahre lang mit ihr leben durfte.

In Erinnerung an meine Tochter Coralita.

Der Abschied
Sandra Karin Foltin

»Bald liege ich auch da drüben«, sagst du und deutest auf die andere Straßenseite, wo der Friedhof liegt. Direkt gegenüber dem Krankenhaus. Ich sehe schnell aus dem Fenster, damit du meinen Gesichtsausdruck nicht siehst. Tränen stehen in meinen Augen, denn ich möchte dich nicht gehen lassen. Du hattest mir immer versprochen, dass ich zuerst gehen darf. Eigentlich war es als Scherz gedacht, aber jetzt wird immer deutlicher, dass du vollkommen recht hattest. Ich werde alleine nicht klarkommen. Die ersten Tränen bahnen sich ihren Weg und ich drehe mich noch weiter zum Fenster. Aber ich kann dir nichts vormachen. Du hast deine Hand in meine gelegt und drückst sie, obwohl es dir Schmerzen bereitet. Mit dem Daumen streichele ich ganz vorsichtig über deinen Handrücken, zumindest da, wo keine Braunüle steckt.

»Hey!« Ganz sanft ist deine Stimme. »Wir wollten uns doch einen schönen Tag machen«.

Ich sehe dich an und du versuchst, deine Hand zu heben, um meine Tränen wegzuwischen, schaffst es aber nicht. Auf halbem Weg fällt sie zurück auf die hellgrüne Krankenhausbettwäsche. Einige Tränen bahnen sich den Weg durch mein Gesicht, sie Kitzeln in meinem Bart.

Ich bin der Mann, ich sollte dir Kraft geben, also verziehe ich mein Gesicht und versuche ein Lächeln. Du musst lachen, schwach, weil es weh tut, wenn du richtig lachst, aber immerhin. Schon seit dem zweiten Jahr unserer Ehe weiß ich, das du die Starke von uns bist. Auf eben diesem Friedhof da drüben hast du mir wahre Stärke gezeigt und mich Demut gelehrt. Damals starb unsere Sophie am plötzlichen Kindstod. Ich war wie paralysiert, völlig handlungsunfähig. Ein Gefangener meines Kummers, einsam in der Leere. Tagelang konnte ich nicht aufstehen, alles war mir egal. Am Tag der Beerdigung kamst du ins Schlafzimmer, legtest mir meinen schwarzen Anzug aufs Bett und sagtest:

»Du stehst jetzt auf, machst dich fertig und kommst mit mir auf diesen Friedhof.«

»Ich kann nicht, ich kann das einfach nicht«, sagte ich mit brüchiger Stimme.

»Du hast versprochen, immer für mich da zu sein. Sie war auch meine Tochter! Ich brauche dich heute!«, dann drehtest du dich um und gingst runter.
Ich habe mich so sehr geschämt, völlig allein gelassen hatte ich dich. Du hast mich gerettet und unsere Ehe. Nach dieser Beerdigung hast du mich aufgefangen, mir geholfen, meine Trauer zu verarbeiten; einfach indem du für mich da warst, auch wenn ich das nicht für dich sein konnte. Du brachtest mich dazu, darüber zu reden, sonst hätte ich das nie überwunden. Als ich in deine Augen sehe, merke ich, dass du auch an Sophie denkst, du hast ein leises, verträumtes Lächeln.
»Bald sehe ich sie wieder«, dabei ist dein Blick schon halb im Jenseits.
Ich mache ein merkwürdiges Geräusch, halb Stöhnen, halb Schluchzen. Wieder bist du es, die mich tröstet, du drückst meine Hand, obwohl es dir so schwerfällt.
Ganz vorsichtig, um dir nicht noch mehr Schmerzen zu bereiten, lege ich mich neben dich ins Bett. Am liebsten würde ich mich an dich klammern, dich nie wieder loslassen. Das Wissen, das ich dich bald für immer gehen lassen muss, macht es nur noch schlimmer. Wie immer ahnst du meine Gedanken, und ich höre ein Lächeln in deiner Stimme.
»Schatz, alles wird gut. Es soll so sein. Es wird dir wieder gut gehen. Ich verspreche es.«
Ich schüttele den Kopf. »Nie wieder!«
In diesem Moment spritzt frisch gemähtes Gras durch das geöffnete Fenster, alles wird grün. Joseph, der Krankenhausgärtner hat nicht bemerkt, das der Grasfangkorb von seinem Aufsitzmäher abgefallen ist, und jetzt verspritzt er überall den Grasschnitt.
Ich zuckte zusammen und will verärgert aufstehen, aber du hältst mich zurück. Als ich dich ansehe, bemerke ich dein Lächeln. Es ist fast so strahlend wie früher.
Du liebst den Geruch von frisch gemähtem Rasen, immer sagst du, es riecht so lebendig.
Wieder schweifen meine Gedanken in die Vergangenheit.
Wir hatten uns erst vor ein paar Wochen kennengelernt, du studiertest genau wie ich Medizin. Du musstest in der Kantine jobben, um über die Runden zu kommen, deine Eltern zahlten, was sie konnten, aber es reichte nicht. Was mir an dir am meisten auffiel, war deine Heiterkeit.

Du warst immer so fröhlich. Meine Eltern waren ziemlich wohlhabend, mein Vater hatte seine eigene Zahnarztpraxis. Geldmäßig ging es mir gut und ich baute jede Menge Mist. Irgendwann traf ich dich in der Bibliothek, wir mussten uns auf eine Prüfung vorbereiten. Mann, du hast schnell gemerkt, dass ich wirklich Hilfe brauchte, und hast dich meiner angenommen. Dabei blieb es. Bei unserer ersten richtigen Verabredung wollten wir im Unipark picknicken. Ich hatte einen großen Korb gepackt, weil ich dich beeindrucken wollte. Ein rotweiß-kariertes Tischtuch, wie in den Filmen, eine Flasche Wein, Kerzen und etwas zu essen. Sogar einen kleinen Strauß rosa Rosen. Es war früh am Abend und die größte Hitze war vorbei. Wir hatten schon gegessen, hielten jeder ein Glas Wein in der Hand und sahen uns tief in die Augen. Grade wollte ich dir sagen, dass ich mich in dich verliebt hatte, als ein Rasenmäher in unserer Nähe anfing zu rattern. Ich war wütend, weil es so laut war, dass du kein Wort verstehen konntest. So hatte ich mir den romantischen Abend nicht vorgestellt. Aber du lachtest und zogst den Duft tief ein, mit geschlossenen Augen und erhobener Nase. Ich konnte meinen Blick nicht von dir abwenden. In meinem ganzen Leben hatte ich noch nie etwas so Schönes gesehen. Mir wurde in diesem Moment klar, dass ich den Rest meines Lebens mit dir verbringen wollte.

Als du die Augen wieder aufmachtest, bemerktest du, dass ich dich anstarrte. Den Kopf schief gelegt, betrachtest du mich mit einem Lächeln, das nicht nur in meinem Bauch ein Kribbeln entfachte. Während du immer näher kamst, erzähltest du mir, dass Grün deine Lieblingsfarbe sei und dass du das Grün riechen kannst, wenn jemand den Rasen schneidet. Wieder machtest du die Augen zu und atmetest tief ein, immer noch mit einem Lächeln auf den Lippen. Ich musste dich einfach küssen. Du erwidertest den Kuss, und zusammen sanken wir auf das Tischtuch. Die Zeit schien stehen zu bleiben, wir waren so vertieft, dass wir von der Umwelt nichts mehr mitbekamen.

Nach einer Weile stand der Gärtner mit laufendem Rasenmäher neben uns und versuchte, unsere Aufmerksamkeit auf sich zu lenken. Es dauerte eine Weile, aber schließlich bemerkten wir ihn doch. Du warst peinlich berührt, ich verärgert.

»Was wollen Sie?«, fragte ich nicht gerade freundlich.

Der Gärtner lächelte mich wissend an, zuckte mit den Schultern und sagte schlicht: »Na Rasenmähen.«
Also packten wir den Picknickkorb zusammen und verließen Hand in Hand den Park.
»Ich hatte mir das Ganze etwas romantischer vorgestellt«, murmelte ich.
Das Strahlen deiner Augen traf mich mitten ins Herz, als du sagtest: »Das war unser romantisch ratternder Rasenmäher. Diese Geschichte werden wir irgendwann unseren Kindern erzählen.«
Wir sahen uns in die Augen mit der Gewissheit, dass es genau so sein würde. Es war, als wären wir füreinander bestimmt. Wir verbrachten die Nacht zusammen in deiner Studentenbude und es war wunderbar. Noch nie hatte ich so für eine Frau empfunden. Ich wusste, ich würde dich für den Rest meines Lebens lieben. Am nächsten Tag ging ich zu meinen Eltern, um mir Geld zu leihen, damit ich dir einen Ring kaufen konnte. Als meine Mutter hörte für was, gab sie mir ihren Verlobungsring. Den steckte ich dir gleich am nächsten Tag an, und da ist er bis heute.
Dein tiefes Ein- und Ausatmen holt mich in die Gegenwart zurück. Ich sehe, dass mein Besuch anfängt, dich anzustrengen.
»Gehts dir gut?«, frage ich wie ein Trottel.
Du lächelst.
»Nicht wirklich, aber bald!«
Ich verziehe das Gesicht, aber ich will versuchen stark zu sein. Ein jämmerlicher Versuch, den du sofort durchschaust.
»Du hast mich immer glücklich gemacht, selbst jetzt«, flüsterst du.
»Du mich auch, selbst jetzt«, antworte ich.
Du lächelst wissend.
»Lügner!«
Aber so war es, bis zu deiner Diagnose und dem Wissen, dass man dir nicht mehr helfen kann. Auch ich als Arzt nicht.
Deine Atmung wird angestrengt, fragend sehe ich dich an. Du nickst mir aufmunternd zu.
Ich zünde die Kerzen auf deiner Geburtstagstorte an, dann drehe ich mich um.
»Herzlichen Glückwunsch zum Geburtstag! Ich liebe Dich!«
»Ich liebe dich auch! Und ich danke dir!« Wieder lächelst du und nickst mir zu.

Ich spritze das überdosierte Narkosemittel direkt durch die Braunüle in deine Vene. Als ich sicher bin, dass du fort bist, blase ich die Kerzen auf der Geburtstagstorte aus, alle sechsunddreißig, und überlasse mich der Leere.

Der letzte Grashalm

Markus Kohler

Peter stand an der riesigen Fensterfront, die fast den gesamten rückwärtigen Teil des Gebäudes einnahm und sah nach draußen. Er blickte über die verdorrten Felder bis hin zu den Bäumen am Horizont, die ohne Laub wie Skelettfinger in den Himmel ragten. Man schrieb das Jahr sechs nach null. Peters Gedanken kehrten in die Vergangenheit zurück.

Vor sechs Jahren hatte alles begonnen. Zuerst blieb der Regen aus. Der Winter mit zwölf Grad plus war kein Winter mehr im üblichen Sinne. Natürlich gab es auch keinen Schnee. Der Sommer mit bis zu 36 Grad war für diese Breitengrade viel zu heiß. Kleine Bachläufe trockneten vollständig aus. Das erste Fischsterben begann. Im Frühjahr des darauffolgenden Jahres starben die Bienen aus, andere Insekten folgten und Regen war immer noch nicht zu erwarten. Die Felder und Wiesen verbrannten und verdorrten, die Bäume bildeten kein Laub mehr.

Kluge Leute wollten per Flugzeug die Getreidefelder mit Wasser besprengen, doch inzwischen waren die Kosten für das lebensnotwendige Nass explosionsartig gestiegen. Alle Lebensmittel wurden teurer und andere ›Gescheite‹ entwickelten Tabletten, um die Nahrung zu ersetzen. Alte Menschen und Kinder erkrankten und starben.

Peter hatte seine Eltern und seine Frau verloren. Er seufzte und wandte sich vom Fenster ab., ging langsam zu dem Schrank, in dem sein Schutzanzug hing. Mit leicht zitternden Händen nahm er ihn vom Bügel., legte ihn über einen Stuhl und zog sich bis auf die Unterhose aus. Das perfekte Verschnüren und Verschließen der einzelnen Vorrichtungen an dem Schutzanzug war ihm inzwischen in Fleisch und Blut übergegangen.

Doch jedes Mal befiel ihn eine tiefe Traurigkeit. Wieder hing er seinen Gedanken nach. Es kam das Jahr, an dem sich die Meere so weit erwärmt hatten, dass dadurch das endgültige Fischsterben einsetzte. Aus Hunger und Verzweiflung schlachteten die Menschen ihre Haustiere. Angeblich soll es sogar zu Kannibalismus gekommen sein. Aggressivität machte sich breit und die Bevölkerung drohte ihren Machthabern mit einem Bürgerkrieg. Doch auch die Politiker antworteten mit Gewalt und erstickten das Aufbegehren im Keim. Resignation bis hin zur voll-

kommenen Lebensaufgabe war die Folge. Jeder blieb nun mit sich und seiner Familie alleine. Keiner hielt mehr Kontakt zu dem anderen.
L830 – die Ersatztabletten für Nahrungsmittel – wurden an die Bevölkerung verteilt. Es war auch das Jahr, in welchem sämtliche Tiere von der Erde verschwanden. Die Trostlosigkeit war grenzenlos.
Er hob den Zwanzig-Liter-Kanister mit seiner wöchentlichen Wasserration an und schüttelte ihn ein wenig, um feststellen zu können, ob er sich heute noch ein wenig waschen konnte. Sehr viel schien darin nicht mehr enthalten zu sein, denn er hörte nur ein leises Gluckern und auch das Gewicht des Kanisters verriet ihm, dass er doch lieber auf die ›Körperpflege‹ verzichten sollte. Wissenschaftler hatten es zwar geschafft, aus Meerwasser Trinkwasser herzustellen. Allerdings kostete so ein Kanister mit zwanzig Litern Inhalt, wie ihn Peter in den Händen hielt, inzwischen fünfzig Euro. Außerdem benötigte er immer noch einen kleinen Rest für seinen ›Schützling‹.
Vor gut vier Monaten hatte Peter das Gebäude verlassen, um einfach mal aus seinem Alltagstrott zu entfliehen. Er ging rund um den Laborkomplex und fand sich auf den Feldern wieder, die er sonst nur wehmütig durch die Glasfront betrachtete. Ziellos streifte er durch die Gegend, bis er wie von selbst den toten Wald erreicht hatte. Viele Bäume hatten ihre Äste verloren und es gestaltete sich schwierig, weiter zwischen den Hölzern voranzukommen. Gerade als Peter aufgeben wollte, wurde sein Blick von einer Farbe angezogen, die er jetzt schon beinahe sieben Jahre nicht mehr in der sterbenden Natur gesehen hatte. Ein zartes, helles Grün versuchte sich zwischen ein paar aufgetürmten Ästen hervorzuschieben. Er bückte sich und stieß ein überraschtes »Oh« aus. Tatsächlich war es einem Grasbüschel gelungen, sich aus der toten Erde zu erheben. Peter schlüpfte aus seinen Schuhen, zog seine Strümpfe aus und benutze diese als Handschuhe. Ganz vorsichtig grub er unter dem Halm her. Als er ihn gelockert hatte, verwendete er die Socken als Transportmittel und zog seine Schuhe an die nackten Füße.
Aufgeregt war er wieder nach Hause zurückgekehrt. Sofort machte er sich auf den Weg in sein Labor und reinigte ein Terrarium, welches einmal Mäuse beherbergt hatte mit einem Teil des Wassers, das ihm zu diesem Zeitpunkt noch zur Verfügung stand. Als würde er einen aus dem Nest gefallenen Jungvogel in den Händen halten, ließ er das Gras-

büschel auf dem Boden des Terrariums nieder. Mit dem letzten ihm noch zur Verfügung stehenden Wasser besprühte er seinen kostbaren Fund und schloss den Deckel des Glaskastens.
Schon am nächsten Tag hatte er es sich angewöhnt, sich seinem Fund nur noch im Schutzanzug zu nähern. Peter hatte Sorge, er könnte Krankheiten weitergeben, die seinem Schützling schaden könnten. Er holte Erde aus dem toten Wald, die er vorher siebte und dann stark erhitzte. Diese häufelte er rund um die Pflanze und gab auch hier Wasser hinzu. Jetzt – vier Monate später – hatte sich aus dem winzigen Grashalm eine fast zehn mal zehn Zentimeter große Fläche gebildet.
Peter hatte seinen Schutzanzug komplett geschlossen und setzte seine Atemmaske auf. Er nahm den Kanister und ging in das Labor. Zufrieden mit dem, was er dort sah, überprüfte er die UV-Lampen, dann schob er langsam den Deckel des Terrariums zu Seite und sprühte etwas Feuchtigkeit hinein. Ebenso behutsam schloss er den Behälter wieder. Er bückte sich hinab und betrachtete die kleine Wiese en Miniature nicht ohne gewissen Stolz.
Fast zärtlich strichen seine in Handschuhen steckenden Finger über den Glaskasten. Den Kanister mit dem restlichen Wasser ließ er im Labor stehen, er würde ihn erst morgen wieder benötigen.
Der winzige Haarriss, der sich an der Seite des Terrariums gebildet hatte, war von Peter bei seiner heutigen Inspektion übersehen worden.

Psalm 23 in der Großstadt
Sara Puland

»Der Herr ist mein Hirte; mir wird nichts mangeln. Er weidet mich auf einer grünen Aue und führet mich zum frischen Wasser. Er erquicket meine Seele.«

›Warum muss eigentlich jeder Priester davon erzählen?‹, dachte Hanna. ›Wo finde ich das in meinem Leben? Überall sind graue Häuserschluchten, kein bisschen Grün, eher verkrüppelte Holzstücke, die als Toilette dienen für die verwöhnten Hündchen, mehr Kinderersatz als Haustier. Frisches Wasser kommt nicht einmal mehr aus der Leitung. Da soll meine Seele jubeln und erquickt werden? Nein!‹

Absolut deprimiert verschloss die Frau die Ohren gegenüber den Worten, die weiterhin monoton aus den Lautsprechern dröhnten. Die Bänke der kleinen Kirche waren kaum besetzt. Wofür auch? Für die meisten Menschen in diesem Viertel gab es keinen Gott, der hier wohnte. Deren Götter waren in den Konsumtempeln zu finden, in Büros und auf teuren Luxusreisen, die sich ansonsten kaum jemand leisten konnte. Die Banken gaben gerne, nahmen dennoch umso lieber mehr zurück. Alles für die kurzweiligen Dinge im Leben. Beständigkeit hatte den Sinn verloren, hier in der Großstadt.

Hanna verließ mit gesenktem Haupt das Gotteshaus, das schon bessere Tage gesehen hatte. Nichts von der Bibel passte mehr auf die heutige Zeit.

Ihre kleine Wohnung empfing sie mit dem ungemütlichen Licht der Energiesparlampen. Kein Grün auf den nicht vorhandenen Fensterbänken, nicht einmal aus Plastik. Zweckmäßig und einfach. Schließlich fehlte die Zeit für Pflanzen. In Hannas Augen nicht nur Dekoration, sondern Lebewesen, die umsorgt sein wollten. Die ständige Macht des Geldes: zum Leben, zum Überleben, dafür arbeiten ohne Ende.

Seit Marcel sie vor einem halben Jahr verlassen hatte, war die Welt grauer geworden, als sie es ohnehin schon war. Sein Selbstfindungstrip konnte nicht mit ihr stattfinden, so seine Worte. Hanna arrangierte sich damit, vertiefte sich in ihre Arbeit. Die Wohnung in dem Hochhaus am Rande der Stadt war nur zum Schlafen da und für die Wochenenden, in denen sie ihre E-Books verschlang. Die Nachbarn kannte sie nicht. Sie waren lediglich Namen auf den Schildern und Geräusche hinter der Wand.

Aber trotzdem, die Worte des Priesters waren mit einem Nachhall verbunden. Wie war sie so geworden, so gefühllos und kalt? Wann war der Beginn dieser Phase der Gleichgültigkeit gegenüber ihrer Umwelt gewesen? Das war doch nicht sie.

Das erste Mal, seit sie in dem Hochbunker lebte, wollte sie mehr entdecken als ihre eigenen vier Wände. Den Schlüssel in die Hosentasche gesteckt, eilten ihre Schritte aus der Tür. Ein Knall, und der düstere Flur lag vor ihr. Ein paar Lampen flackerten oder flimmerten. Die von ihr selten benutzte Treppe zog sie magisch an und ihre Beine nahmen die Stufen, als wären sie diese täglich gewohnt.

Stufe um Stufe erklomm Hanna die Geschoße, bis sie vor der Tür für das Dach stand. Die Geräuschkulisse änderte sich beim Öffnen der schweren Eisentür. Sie wurde lauter, zugleich aber auch ruhiger. Im Hintergrund atmete die Stadt, leise, wie ein Surren und Brummen. Einen tiefen Atemzug später stand sie auf den Kieselsteinen, die das Dach ausfüllten.

Das erwartete Nichts erschlug sie mit einem Wunder. Hier oben gab es einen Garten. Auf dem Dach. Das war unmöglich! Die Hände rieben ihre Augen, die sich erneut öffneten und ein kleines grünes Paradies offenbarten. Verwundert ging sie näher heran. Kleine Hochbeete säumten ihren Weg. Darin Möhren, Kohlrabi, Erdbeeren, Lauch, Bohnen … Ein Garten auf einem Dach.

War das überhaupt erlaubt? Würde dadurch nicht das Dach undicht werden? Da war es wieder, dieses vernünftige Denken. Anstatt sich der Vielfalt zu erfreuen.

»Hallo.« Eine tiefe Stimme schreckte Hanna aus ihren Gedanken. »Oh, Entschuldigung, ich wollte Sie nicht erschrecken.«

»Ist schon in Ordnung«, stammelte Hanna.

»Hierher kommt so selten jemand, wissen Sie.«

»Ich war auch noch nie hier oben. Eigentlich weiß ich gar nicht, wieso ich hier heraufgekommen bin.«

»Das ging mir auch einmal so. Aber ich habe mich noch gar nicht vorgestellt. Ich heiße August und wohne in der dritten Etage.«

»Freut mich, Sie kennenzulernen, August. Ich heiße Hanna und wohne im zehnten Stock.«
Während die beiden sich weiter unterhielten, spazierten sie durch diesen Garten. Hanna wurde ihr Herz leichter, als würde eine Last von ihr abfallen.
»Wollen Sie mit mir noch ein wenig die Stadt ansehen? Dort drüben habe ich eine Gartenbank, recht gemütlich. Die stelle ich immer dorthin, wohin ich gerade schauen will.«
»Sagen wir doch du, August. Für diese kleine Freiheit hier oben ist ein Sie viel zu steif. »
»Gerne doch Hanna.«
August erzählte von sich, seinem Leben. Und dass er seinen kleinen Schrebergarten so sehr vermisst hatte. Nach einem Brief an die Hausverwaltung bekam er die Erlaubnis, an ausgewählten Stellen ›Urban Farming‹ zu betreiben. So wuchs sein Garten immer weiter und er versorgte sich weitestgehend selbst damit.
Nur die Geschichte mit den Hühnern hatte nicht gelingen wollen, irgendwie waren diese immer wieder verschwunden, bis er es aufgegeben hatte. Dafür surrten Bienen um die beiden herum. Leben inmitten der eigentlich doch feindlich anmutenden Umwelt.
»Eine so wunderbare Idee, August. Jetzt bekommen die Worte des Pfarrers heute Morgen eine ganz andere Bedeutung. So, als wären sie ein Omen gewesen, dich heute hier zu treffen. Eine grüne Au, ein kleiner Garten. Ich fühle mich gleich so viel fröhlicher. »
Hannas Augen blitzten in der Sonne. August kam nicht umhin, ihr einen Kuss auf die Wange zu drücken.
»Danke, Hanna. Wenn du willst, komm so oft, wie du möchtest, hierher. Genieße es.«
Und Hanna kam. Jede freie Minute. August brachte ihr bei, wie man mit den Pflanzen umzugehen hatte. Sie genossen ihre kleinen Ernten. Kochten, aßen und lachten ganz viel miteinander, bis der Winter kam.
Der Garten schlief.
Auch August schlief. Einen ewigen Schlaf.
»Der Herr ist mein Hirte; mir wird nichts mangeln. Er weidet mich auf einer grünen Aue und führet mich zum frischen Wasser. Er erquicket meine Seele.«

Hannas Augen waren rot und brannten. Sie war die Einzige, die August auf seinem letzten Weg ein Stück begleitete.

»Leb wohl, August. Auf Wiedersehen. Ich werde dir irgendwann folgen, zu deinem neuen Garten. Bis dahin kümmere ich mich um den auf dem Dach. Gute Reise, ich werde dich vermissen.«

Trotz ihrer Traurigkeit umschloss ein Lächeln ihre Lippen, denn Hanna hatte dank August gefunden, was sie suchte. Ihre grüne Au inmitten der Großstadt.

Der Garten
Karin Pfolz

Düster legt sich bereits das erste Dunkel der kommenden Nacht zwischen die Bäume. Die Nebelschwaden der kalten Winterluft streifen zwischen den aufgerichteten Steinen herum und lassen die Besucher des Gartens die Krägen ihrer Mäntel aufstellen und die Hände in den Taschen vergraben. Trotz des unangenehmen Wetters wirkt alles sehr gepflegt, viele kleine Beete säumen die Wege, jedes davon eine eigene grüne Welt. Es scheint still zu sein an diesem Ort, zu still. Doch wenn man genau hinhört, dem zarten Klang des Windes lauscht, dann kann man sie vernehmen - die Worte. Ein Rauschen und Säuseln, das aus Versäumtem besteht. Aus dem niemals Gesagten, dem nicht Getanen.
Die Besucher des Gartens gehen langsam, niemals schnell. Denn sie sind es, die diese Gedanken haben, die im Wind getragen werden. Die Trauer lässt die Menschen nicht aus ihrem Bann. Die Schuld am Versäumen der Stunden, die glücklich hätten sein können, die Scham über die Ausreden der nicht genutzten Zeit der Gemeinsamkeit. Die Feigheit, Gefühle nicht auszusprechen.
Doch trotzdem ist ein wenig Hoffnung, denn sie wünschen, dass der Wind die Worte zu denen trägt, die sie geliebt haben.
Doch es ist zu spät. Es ist vorbei. Denn wenn der Weg des Lebens einen Menschen auf seine letzte Abzweigung führt, hinein in ein kleines Beet im letzten grünen Garten, dann gibt es keine Wiedergutmachung des Versäumten mehr. Und die, die zurückbleiben – im Leben – die werden ewig traurig sein darüber, dass ihnen alles andere wichtiger war als der Mensch, der ihnen am meisten bedeutete.
Der Garten, er wird mit seinen geflüsterten Gedanken die Menschen nicht aus ihrer Feigheit holen. Der düstere Gesang des Windes macht traurig, aber er lehrt uns nichts. So wird der Garten unserer Kinder, der Park unserer Eltern, all die stillen Worte vermischen und neue werden hinzukommen.
Wir wissen niemals, wann die Zeit gekommen ist, dass jemand, den wir lieben, diesen Garten nicht mehr verlassen kann und wir ein kleines Beet über ihm anlegen. Wir sollten lernen, die Worte - die wichtig sind, die ausdrücken, was wir fühlen, worüber wir uns freuen, oder einfach nur

Freude machen – zu sagen. Dann können wir lächelnd in diesen Garten gehen, eine Kerze anzünden und danken dafür, dass wir mit den hiergebliebenen Menschen eine Weile unseres Lebens verbringen durften.

Süße Beeren

Bernadette Maria Kaufmann

Gwendolein packte fröhlich den Picknickkorb. Heute würden alle Mühen und das Herumärgern ein seliges Ende finden. Harald hatte sie jetzt lange genug genervt. Nun musste einmal Schluss sein! Ihr Nervenkostüm hatte beschlossen, dass das Fass längst voll war.

Und bevor ›dirty Harry‹ es wieder einmal mit seinen ausgefallenen Wünschen und all den korrupten Ideen, die in ihm steckten, zum Überlaufen bringen konnte, wollte, nein, musste(!) die Frau des Hauses diese leidige Angelegenheit auf ihre Weise in Angriff nehmen.

Lächelnd legte sie noch ein Fläschchen von dem guten Wein in den Korb. Weißwein.

›Wie passend‹, dachte sie. ›Weißer Wein, je nach Lichteinfall fast grünlich - so wie die Farbe in meinem Gesicht - wenn du, liebster Harald, es wieder einmal geschafft hast. Mir den sogenannten Rest zu geben.‹

Denn Harald war eine ganz besondere Marke.

Harald hatte die vergangenen drei Jahre seit der Eheschließung mit ihrem Geld spekuliert. Einen großen Teil desselben hatte er verspielt - im wahrsten Sinn des Wortes.

Und wenn es um materielle Werte ging - dann hatte Gwendoleins Humor wahrlich ein Ende. Sie hatte keine Lust mehr auf diesen unfähigen Möchtegerninvestmentbanker und seine flauen Ideen. Es galt ihn loszuwerden.

Ehebaldigst. Bevor auch noch ihr Elternhaus, ihre geliebte Villa Rosalinde, Geschichte war. Lächelnd blickte sie die kleinen Küchlein an, die sie für das Picknick gebacken hatte.

Extra für Harald.

Küchlein aus Biskuit, und der besondere Kick waren die selbst gepflückten Beeren darin. Vor allem Haralds heißgeliebten Stachelbeeren, die sie stets noch unreif von den Zweigen des Strauchs reißen musste, um sie dann in einem aufwändigen Verfahren mit Puderzucker zu versehen. Er liebte dieses ›süß-sauer‹. Möglicherweise erinnerte ihn das daran, wie verkorkst er selber war.

Wie auch immer. Beeren.

Ganz besondere, selbst gepflückte, giftgrüne Beeren.

Glücklicherweise hatte Harald keine Ahnung von Beeren. Erdbeeren erkannte er ja gerade noch – das wusste Gwendolein. Aber ansonsten herrschte Tristesse in seinen botanischen und sonstigen Kenntnissen.
Und praktischerweise liebte Harald Gewndoleins Kuchenkreationen – ironischerweise vor allem jene mit Beeren.
Gwendolein fühlte sich ganz ruhig. Sie freute sich auf einen wundervollen Nachmittag mit ihrem nicht-mehr-lange-Mann. Sicherlich gab er eine hübsche Leiche ab, der gute Harald. Darauf freute sie sich. Als sie eben noch zwei gefaltete Stoffservietten in den Korb legte, kam Harald in den Raum.
Ein gutaussehender dunkelhaariger Mann mit glänzenden dunkelgrünen Augen und brünettem Haar, das er so gern in einer Art ›lässige Föhnwelle‹ trug. Wann war das nochmal modern gewesen - überlegte Gwendolein – in den 1980ern? Oh Hilfe!
Sie schmunzelte.
Sie nahm den Korb unter den rechten Arm, legte noch ihren ausgefallenen Strohhut darauf, und ging nach draußen zu Haralds altem Cabriolet. Ein grüner Mercedes, der wohl schon bessere Zeiten erlebt hatte. Aber nun ja. Was diesen Wagen anging, kannte Harald nichts – dieser oder keiner, sagte er oft. In den Sommermonaten war ihr das ja durchaus recht. Aber sobald die Temperaturen wieder kühler wurden, hörte der Spaß für sie auf.
Sie saßen auf der dicken grünen Picknickdecke, die er auf der Wiese auf der kleinen Anhöhe oben ausgebreitet hatte. Harald hatte Gwendolein an der Hand gefasst. Zärtlich hielt er sie in seiner Linken, küsste sie hin und wieder liebevoll, und dann sagte er:
»Schatz, ich muss dir dringend etwas sagen – deine Aktien im Bereich grüne Energien …«
»Ssssh – Harald – es ist okay.«
Gwendolein lächelte ihn ganz lieb an – scheinbar völlig verliebt. In Wahrheit war ihr die Verliebtheit längst abhandengekommen. Wie so oft schon in ihrem Leben hatten die Schmetterlinge in ihrem Bauch längst aufgehört zu flattern. Übrig geblieben waren ein paar öde Bauchschmerzen, die sie hin und wieder quälten. Harald strahlte sie an und drückte ihr einen innigen Kuss auf den Mund. Gwendolein drehte den Kopf zur Seite.

»Komm Darling, lass uns lieber etwas essen. Ich sterbe vor Hunger.«
Sie griff sich eines von den Beerenküchlein und führte es Harald an den Mund.
»Eine neue Kreation, ich hoffe, sie schmeckt dir.«
Harald hatte keine Wahl, er biss ab und kaute.
»Mmmh, ausgesprochen lecker. Was wäre ich nur ohne dich und ohne deine fantastischen Kuchen?«
Gwendolein schmunzelte.
Harald hatte Appetit, der Kuchen schmeckte ihm. Als der stattliche Feinschmecker, welcher er war, verputzte er in kurzer Zeit über ein Drittel der verfügbaren Küchlein. Gwendolein hatte die Küchlein ja als eine Art lecker aussehende Appetithappen gebacken - schnell zu verputzende Leckereien. Dass sie selbst nur die weißen Tafeltrauben aß, fiel Harald nicht auf.
Harald brauchte ungefähr bis zu Gwendoleins zweitem Glas Wein. Dann rührte er sich nicht mehr. Sie prostete ihm zu.
»Gin Gin, Darling! Gut, dass du für die Aktien in grüne Energie wohl nicht allzu viel Geld ausgegeben hast.«

Sie zog Harald zu dem Moor, das nur wenige Meter entfernt lag. Ja, schon blöd, diese Wanderunfälle. Was konnte man da nur machen? Ihre schicken Reiterstiefel warf sie anschließend in den Kofferraum seines grünen Cabrios. Dann reinigte sie sich mit den mitgebrachten Feuchttüchern, sodass kaum einer auf die Idee kommen konnte, dass sie vor kurzem ein Moor gesehen hatte, packte die Picknickdecke und alle Sachen ein, stieg in den Wagen und gab Gas.
Den Weg nach Hause über hörte sie Jazz. Sie liebte Jazz nämlich über alles, während sie alle ihre Männer nie allzu lange liebte. Männer, fand Gwendolein, waren leider meistens eine Art Zeitverschwendung, meist nicht so besonders im Bett, viel schlimmer aber: Nicht gut für ihr Herz, denn unter echter Liebe verstand Gwendolein vor allem eines – dass ein Mann sie anbetete. Anbeten allein, das reichte ihr – aber eben das konnten die meisten ihrer Männer dann eben doch nicht. Bedauerlich. Nun musste sie sich wohl den Nächsten suchen.

Sie ging nach oben in ihr Schlafzimmer, zog die dicken Vorhänge zu, stellte leise Musik an und legte sich in ihr Bett, nach einer langen ausgiebigen Dusche.

Am nächsten Morgen frühstückte sie Rührei mit Schinken, trank dazu ihr erstes Glas Sekt des Tages, nach dem Frühstück gleich das zweite, und dann ging sie ins Badezimmer, um die Morgentoilette zu erledigen. Währenddessen telefonierte sie. Schließlich widmete sie sich den Schubladen in Haralds Schreibtisch. Neben den für die meisten ihrer Männer wohl obligaten Pornoheftchen fand sie auch zahlreiche Kuverts, einige Aktenordner, und zu guter Letzt eine Quittung. Diese war von seinem Aktiendeal in Sachen grüne Energie.
Und schau an – Gwendolin schmunzelte – ein Wunder! Endlich einmal hatte er richtig tollen Gewinn gemacht mit seiner Investition in grüne Energie. Rechtzeitig verkauft – über drei Milliarden Gewinn. Wundervoll. Zu schade, dass er selber sich nun wohl nicht mehr so recht freuen würde, irgendwo im Moor.
Aber Gwendolein freute sich dafür umso mehr. Und außerdem, neben dem netten Plus auf ihrem Konto – als Alleinerbein war das ja nun ihr Geld – brauchte sie auch diese schreckliche Föhnwelle nicht mehr zu ertragen. Sie goss sich ein weiteres Glas ein und prostete dem strahlend blauen Himmel zu.
»Schatzi, gut hast du das gemacht! Dankeschön. War echt nett von dir. Deine alte grüne Mercedeskiste verscherble ich jetzt übrigens. Aber ein so richtig cooler Sportwagen – vielleicht ein richtig geiler Porsche – wird meine nächste Investition. Dank deiner grünen Energie.«
Sie lachte und trank drei Schlucke herrlich kühlen Sekt. »Danke, Darling … danke für die schöne Zeit, die ich dank dir mit meinem tollen neuen Wagen haben werde.«

Grün

Wie das Leben

Der Tanz ihres Lebens
Petra Kesse

Vorsichtig strich Anke Möller mit dem Kamm durch das silbergraue Haar ihrer Mutter.

»Als ich noch klein war, durfte ich dich oft kämmen und manchmal deine langen Haare auf Lockenwickler drehen«, erinnerte sich Anke wehmütig, legte den Kamm beiseite und setzte sich zu ihrer Mutter. »Daran denke ich sehr gerne zurück, Mama«, fuhr sie fort. »Ich kämme dein Haar immer noch gerne, jetzt ist es zwar kurz, aber es glänzt danach genauso wie früher.«

Charlotte sah ihre Tochter irritiert an und zuckte mit den Schultern. Dann drehte sie sich zum Fenster und beobachtete ein Eichhörnchen, das auf einem Baum herumsprang.

»Es ist in Ordnung, wenn du heute nicht reden möchtest, Mama. Ich habe dir übrigens etwas mitgebracht.«

Anke holte aus ihrer Tasche eine Tube Handcreme, gab etwas davon auf Charlottes Hände und massierte die Creme sanft ein. Ein leichter Vanilleduft stieg auf und über Charlottes Gesicht huschte ein Lächeln.

»Ich weiß, Mama, du liebst Vanille. Als ich diese Creme entdeckte, musste ich sofort an dich denken.«

Charlotte hob ihre Hände und roch kurz an ihnen.

»Meine Mutter backt bald wieder ganz leckere Vanillekipferl«, schwärmte sie. »Sie gibt Ihnen bestimmt welche ab.«

Anke schluckte und lächelte traurig. Heute war wieder einer dieser Tage, einer dieser dunklen Tage, an denen ihre Mutter sie nicht erkannte. Anke blieb noch eine Weile, doch es war sinnlos, Charlotte zog sich immer mehr in sich zurück.

»Ich lasse dich jetzt in Ruhe, Mama. Aber übermorgen komme ich wieder, dann gehen wir spazieren. Wie wäre das?«

»Das würde ihr bestimmt gefallen«, antwortete plötzlich eine vertraute Stimme.

Anke drehte sich um und schaute direkt in das freundliche Gesicht von Ina Rust. Die junge Frau leitete die Wohngemeinschaft für Demenzkranke, in der Ankes Mutter seit einem dreiviertel Jahr, gemeinsam mit

fünf anderen Bewohnern, lebte. Ina reichte Anke die Hand, dann trat sie an Charlotte heran und streichelte über ihren Arm.
»Nicht wahr, Charlotte, Sie gehen sehr gerne spazieren, und natürlich am liebsten mit Ihrer Tochter.«
»Nur weiß sie leider nicht mehr, dass ich ihre Tochter bin«, wandte Anke enttäuscht ein und atmete tief durch. »Ich wünschte mir so sehr, sie wüsste es.«
»Sie weiß es, Frau Möller«, widersprach Ina ohne den Blick von Charlotte abzuwenden.
Zärtlich legte sie ihre flache Hand auf Charlottes Brustkorb und klopfte leicht dagegen.
»Hier drin wissen Sie es, nicht wahr, Charlotte? Ganz tief hier drin.«
Die alte Dame lächelte zaghaft und roch erneut an ihren Händen. Dann zog sie die Augenbrauen hoch und schaute Ina über den Rand ihrer Brille an.
»Wenn meine Mutter Vanillekipferl backt, dann kriegst du auch welche ab.«
Ina lächelte verständnisvoll.
»Ihre Mutter konnte bestimmt richtig gut backen und die ganze Küche duftete dann nach Vanille. Wir beide sollten auch mal Kipferl backen«, schlug Ina vor. »Was meinen Sie?« Charlotte nickte begeistert, dann drehte sie sich zum Fenster und beobachtete das Eichhörnchen, das nun auf dem Rasen nach Futter suchte.
»Charlotte, ich bringe Ihre Tochter jetzt raus. Nachher hole ich Sie ab und wir schälen mit den anderen Kartoffeln. Heute gibt es Puffer mit Apfelmus«, erklärte Ina liebevoll bevor sie sich von Charlotte verabschiedete und mit Anke das Zimmer verließ.
»Hätten Sie noch kurz Zeit für mich, Frau Möller? Ich habe etwas auf dem Herzen.« Ina sah Anke eindringlich an. »Es ist wirklich wichtig.«
»Selbstverständlich«, antwortete Anke kurz und folgte Ina in ihr Büro.
»Möchten Sie eine Tasse Kaffee, Frau Möller? Gerade frisch gekocht.«
Anke schüttelte den Kopf.
»Danke, im Moment nicht.«
»Es geht um Folgendes«, begann Ina, während sie sich Kaffee einschenkte und an ihren Schreibtisch setzte. »Letzte Woche haben wir ein Fünfziger-Jahre-Fest gefeiert. Einer unserer Bewohner, Herr Hansen,

war so lieb, uns seine Musiksammlung zur Verfügung zu stellen. Ich glaube, er hat sämtliche CDs mit den Hits der Fünfziger. Es war ein wunderbarer Nachmittag, alle hatten Spaß, nur Ihre Mutter saß teilnahmslos dabei, nicht einmal ein Lächeln konnten wir ihr abgewinnen. Das änderte sich allerdings als Lale Andersen ›Am Kai bei der alten Laterne‹ sang. Plötzlich strahlte sie übers ganze Gesicht, stand auf und tanzte.«

»Meine Mutter? Meine Mutter tanzte?«

Anke sah Ina mit großen Augen an.

»Sie hat nie gerne getanzt, ungewöhnlich für eine Frau, aber so war es.«

Ina zuckte mit den Schultern.

»Ihre Mutter hat getanzt und in ihrem Gesicht habe ich noch nie ein solches Strahlen gesehen, noch nie ein solches Leuchten in ihren Augen.« Sie nahm einen Schluck Kaffee und lehnte sich zurück. »Natürlich habe ich mich gefreut, Ihre Mutter so glücklich zu sehen. Das Problem ist nur, dass sie seit jenem Abend unruhiger ist als sonst, und fast jede Nacht räumt sie ihre Schränke aus und verteilt den Inhalt in ihrem Zimmer.«

»Wie bitte?«

Anke kräuselte die Stirn und schaute Ina verwundert an.

»Wenn wir sie darauf ansprechen, erklärt sie uns jedes Mal zutiefst verzweifelt, dass sie etwas verstecken musste und es nun nicht wiederfinden kann.«

»Wieso verstecken? Was musste sie verstecken?«

»Wenn wir das wüssten! Sagt Ihnen vielleicht das Lied etwas, zu dem Ihre Mutter tanzte? Hat es eventuell eine besondere Bedeutung für Ihre Mutter?«

Anke zuckte mit den Schultern.

»Nicht dass ich wüsste. Glauben Sie denn, es besteht ein Zusammenhang zwischen dem Lied und ihrem Verhalten?«

»Ich denke schon, dass das Lied ein bestimmtes Gefühl bei Ihrer Mutter angesprochen hat und somit der Auslöser war. Auch wenn das Gedächtnis Lücken aufweist, Frau Möller, die Gefühlswelt von Demenzerkrankten ist nicht beeinträchtigt. Vertraute Lieder aus der Vergangenheit, mit denen sie einschneidende Ereignisse verbinden, können längst verschüttete Gefühle wachrufen, auch wenn das Ereignis selbst dem

Gedächtnis nicht mehr bewusst ist. Durch diese Emotionen kann es zu Handlungen kommen, die wir als Außenstehender nicht immer nachvollziehen können.«

»Auch Düfte können Gefühle wachrufen, zum Beispiel der Duft von Vanille«, bestätigte Anke.

»Genau! Sie haben es gerade selber erlebt. Nur das Reden über Vanille hätte nicht dieses Strahlen auf ihr Gesicht gezaubert. Im Stadium Ihrer Mutter können bloße Worte eine solche Reaktion nur noch ganz selten auslösen.« Ina trank ihren Kaffee aus und stellte den Becher beiseite. »Ihre Mutter will durch ihr Verhalten unbewusst etwas ausdrücken, es ist ihre Art, mit uns zu kommunizieren.«

»Und ich dachte immer, Demenzkranke handeln nur wirr und ziellos.«

»Nein, ganz sicher nicht. Darum ist es für uns als Betreuer so wichtig, ihre Lebensgeschichten zu kennen, damit wir individuell auf sie eingehen können. Gibt es eventuell jemanden aus der Vergangenheit Ihrer Mutter, der uns weiterhelfen kann?«

Anke schüttelte den Kopf. »Mamas Schwester ist schon lange tot, und mein Vater ist vor zwei Jahren gestorben.« Nachdenklich blickte sie ins Leere. »Obwohl …«

»Obwohl?«, wiederholte Ina und sah Anke eindringlich an.

»Eine Freundin meiner Mutter lebt noch. Helga Thoben, die beiden sind zusammen zur Schule gegangen und, so lange ich denken kann, eng miteinander befreundet.«

»Hervorragend!«

Ina beugte sich interessiert nach vorne.

»Ich kann Helga gerne anrufen und fragen, ob sie etwas weiß«, bot Anke an.

»Sollte sie etwas wissen, glauben Sie, sie würde es Ihnen sagen?«

»Helga?« Anke lachte kurz auf. »Ganz sicher sogar! Sie redet sehr gerne und sehr viel, das genaue Gegenteil meiner Mutter, die eher still und verschlossen war. Die beiden haben sich perfekt ergänzt. Wenn meine Mutter mutlos den Kopf hängen ließ, hat Helga ihr den nötigen Schubs verpasst, damit sie wieder nach vorne schaute. Und meine Mutter mit ihrer ruhigen, besonnenen Art hat Helga vor so mancher Dummheit bewahrt. Zum Beispiel, als Helga mit 67 darüber nachdachte, ihren Motorradführerschein zu machen, weil sie plötzlich meinte, sie müsste

unbedingt mit einer Harley auf der Route 66 dem kalifornischen Sonnenuntergang entgegenbrettern.«
Ina lachte laut auf.
»Ich liebe lebensfrohe und mutige Menschen!«
»Helga ist echt ´ne Marke! Ich könnte Ihnen Geschichten erzählen …« Anke schüttelte leicht den Kopf und grinste breit. »Aber nun genug davon, es geht schließlich nicht um Helga, sondern um meine Mutter. Jetzt gehe ich nach draußen und rufe sie an, nebenbei kann ich meine Nikotinsucht stillen, ich brauche ganz dringend eine Zigarette. Mit etwas Glück sind bei Helgas Mitteilungsbedürfnis vielleicht sogar zwei Glimmstängel drin«, erklärte Anke schmunzelnd und verließ das Büro.

»Na, das war aber höchstens eine Zigarettenlänge«, scherzte Ina und lachte, als Anke nach kurzer Zeit wieder vor ihr stand. »Haben Sie niemanden erreicht?«
»Erreicht schon, aber …«
Anke stockte und schüttelte verwundert den Kopf. »Zuerst war Helga wie immer, redete fröhlich drauflos, wie es eben ihre Art ist. Doch kaum hatte ich ihr von Mamas Reaktion auf jenes Lied erzählt, da änderte sich ihre Stimmung schlagartig, sofort versuchte sie das Thema zu wechseln. Natürlich habe ich mich nicht darauf eingelassen und erwähnte Mamas Unruhe und das Ausräumen der Schränke. Da war´s dann ganz vorbei. Helga würgte mich ab und sagte, am Telefon könnte sie nicht darüber reden.« Anke schluckte und zog eine Grimasse. »Irgendwie unheimlich, oder?«
»Mmmh …« Ina zog verwundert die Augenbrauen hoch. »Zumindest scheint sie etwas zu wissen.«
Anke nickte und lächelte unsicher.
»Ich schlug vor, sie zu besuchen, doch sie bestand darauf, dass wir uns übermorgen hier bei meiner Mutter treffen.«
»Lassen Sie mich bitte sofort wissen, was dabei herausgekommen ist, sonst platze ich vor Neugierde.«
»Natürlich melde ich mich bei Ihnen«, versprach Anke und reichte Ina die Hand. »Aber jetzt muss ich wirklich los.«
»Und ich muss jetzt fleißig Kartoffeln schälen«, erwiderte Ina, zwinkerte Anke zu und begleitete sie zur Tür.

»Danke, dass du gekommen bist«, begrüßte Anke die alte Dame herzlich. »Ich hätte dich auch abgeholt aber du wolltest ja unbedingt …«

»Papperlapapp, ich komme immer noch gut alleine von A nach B, dauert eben nur etwas länger«, fiel sie Anke ins Wort. »Mein Sohn besteht darauf, dass ich meinen Führerschein abgebe. Aber soweit kommt das noch!« Energisch stieß sie mit ihrem Gehstock auf den Boden.

»Ich bin erst knapp über 80! Was denkt er sich?« Fassungslos schüttelte sie den Kopf.

Anke schmunzelte und zog es vor, die Frage zu ignorieren. »Wir sind übrigens alleine, Mama ist noch beim Essen.«

»Sehr gut! Ist sicherlich besser so«, erwiderte Helga, während sie Anke ins Zimmer folgte.

Sie setzten sich an den kleinen Mahagonitisch, der direkt am Fenster stand. Helga öffnete ihre Handtasche, holte einen weißen Umschlag und eine schwarze Schatulle heraus.

»Der 13. Juni 1953, nun holt er meine Lotte doch noch ein. Gottes Mühlen mahlen langsam, aber trefflich fein«, sagte sie zynisch.

»Was geschah an diesem Tag?«, fragte Anke sichtlich nervös.

»Deine Mutter und ich gingen abends tanzen, auch dein Vater war dabei. An diesem Abend wollte er ihr endlich gestehen, dass er sie liebte.«

»Ich weiß, Papa hat oft erzählt, dass er sich lange nicht traute, Mama seine Gefühle zu gestehen, obwohl sie sich schon ewig kannten.«

»Stimmt, er fand einfach nie den Mut. Aber wer zu spät kommt, den bestraft das Leben, nicht wahr?«

Helga öffnete den Umschlag, holte ein kleines Schwarzweißfoto heraus und schob es zu Anke rüber.

»Mr. Wayne Donalds erschien an jenem Abend auf der Bildfläche, oder sagen wir besser, auf der Tanzfläche. Er war amerikanischer Soldat bei der Navy und bei uns in Bremerhaven stationiert. Wayne forderte deine Mutter zum Tanz auf und Amors Pfeil hatte die beiden getroffen, noch bevor Lale Andersen zurück war vom Kai bei der alten Laterne«, scherzte Helga und grinste.

Anke nahm das Foto und betrachtete den jungen Mann in Uniform.

»Ein gutaussehender Mann!« Anke legte die Stirn in Falten und überlegte kurz. »Sieht fast aus wie George Clooney in jung.«

»Und dann deine hübsche Mutter mit ihren blonden Haaren und blauen Augen! Sie waren ein schickes Paar! Ein echter Hingucker!«, schwärmte Helga seufzend.
»Mit ihm hat sie also getanzt?«
Helga nickte.
»Und sich dabei unsterblich in ihn verliebt.«
»Aber mein Vater hat anscheinend nicht aufgegeben und sich meine Mutter doch noch geangelt«, wandte Anke stolz ein. »Was ist aus Wayne geworden?«
Helga ignorierte die Frage, öffnete die schwarze Schatulle und reichte Anke einen Ring. »Er gehört deiner Mutter, es ist ein Smaragd – ein grüner Edelstein. Ich bin mir sicher, es ist dieser Ring, nach dem sie so verzweifelt sucht.«
»Er gehört Mama?« Anke sah Helga irritiert an. »Ich habe den Ring nie bei ihr gesehen. Wieso hast du ihn?«
»Eins nach dem anderen«, erwiderte Helga und atmete tief durch. »Seit jenem Abend trafen sich deine Mutter und Wayne so oft es ging, natürlich nur heimlich und …«
»Warum nur heimlich?«, unterbrach Anke die alte Dame.
»Nun, deine Mutter war blutjung, gerade zwanzig, und Wayne war Amerikaner. Frauen, die sich damals mit Amerikanern einließen, wurden von vielen als Ami-Huren beschimpft. Unter diesen Heimlichkeiten litten beide sehr, doch besonders deine Mutter. Niemandem, nicht einmal ihren Eltern, durfte sie zeigen, wie glücklich sie war.«
»Hätten denn ihre Eltern genauso gedacht?« Anke schüttelte verständnislos den Kopf.
»Ja, sehr wahrscheinlich. Darum schenkte ihr Wayne eines Tages diesen Ring mit dem grünen Edelstein, den ihm seine Mutter als Talisman mitgegeben hatte. Wayne sagte, Grün sei die Farbe der Hoffnung. Der Smaragd sollte Charlotte immer daran erinnern, dass sie niemals die Hoffnung verlieren dürfe. Es würde der Tag kommen, an dem sie diesen Ring tragen und damit ihre Liebe zu ihm zeigen könne.« Helga nickte und lächelte mitfühlend. »Nur zu gut erinnere ich mich daran, wie glücklich sie über diesen Ring war und wie gerne sie ihn getragen hätte.«
»Hat sie es denn nie getan?«

»Um Gottes Willen, alle hätten wissen wollen, von wem sie ihn hat. Was hätte sie sagen sollen? Doch sie trug ihn bei sich, in ihrer Handtasche, noch lange nachdem …« Helga stockte und schluckte schwer. »Noch lange nach seinem Tod«, fuhr sie fort und sah Anke traurig an. »Bei Verladearbeiten im Hafen explodierte ein Blindgänger, Wayne hatte keine Chance. Schon wieder musste deine Mutter ihre Gefühle verbergen. Außer deinem Vater und mir konnte sie niemandem ihren Schmerz zeigen, und als sie dann noch erfuhr, dass …«

Helga schwieg plötzlich und starrte ins Leere.

»Und als sie dann noch was erfuhr? War Wayne verheiratet?«

»Sie war schwanger!«

Anke starrte die alte Dame fragend an, als hätte sie ihre Worte zwar gehört, aber nicht verstanden.

»Wie, schwanger?«, wiederholte sie irritiert. »Das kann nicht, ich bin ihr einziges Kind.«

Helga schwieg und sah Anke eindringlich an. Anke schüttelte den Kopf.

»Sag mir nicht … Mama war nicht mit mir schwanger, oder?«, fragte Anke vorsichtig und kräuselte die Stirn.

»Du bist im Mai 1954 geboren, meine Liebe, nun rechne mal nach.«

»Nein! Niemals! Das ist nicht wahr«, protestierte Anke schließlich und schüttelte energisch den Kopf. »Niemals! Mama hätte es mir gesagt, ganz sicher. Sie hat mir immer die Wahrheit gesagt und …«

»Sie wollte dich schützen«, fiel Helga ihr ins Wort. »Wenn herausgekommen wäre, dass Wayne dein leiblicher Vater ist, die Leute hätten sich über euch das Maul zerrissen. Du wärst der uneheliche Bastard einer Frau gewesen, die sich für ein paar Nylons und Zigaretten mit einem Ami eingelassen hatte. Entschuldige, wenn ich es so hart ausdrücke, doch genau so wäre es gewesen. Und glaube mir, du hättest es zu spüren bekommen. Menschen können grausam sein!«

Anke schüttelte erneut den Kopf, stand auf, verschränkte die Arme vor ihrer Brust und schaute aus dem Fenster.

»Und wie kam Papa ins Spiel? Hat sie einmal mit ihm geschlafen und mich ihm dann untergeschoben?«, fragte sie mit scharfem Unterton.

»Anke!«, stieß Helga entsetzt hervor. »Niemals hätte deine Mutter so etwas getan, und das weißt du genau. Es war Richards Idee. Als er erfuhr, dass Lotte schwanger war, gestand er ihr seine Liebe und bat sie um ihre Hand. Deine Mutter mochte Richard sehr, sie kannten sich seit einer Ewigkeit, und als er ihr versprach, ihr Kind wie sein eigenes zu lieben, nahm sie seinen Antrag an. Sie hat dabei nur an dich gedacht! Lottes Eltern stimmten der Heirat zu und außer uns dreien kannte niemand die Wahrheit.«

»Mit allem habe ich gerechnet, aber nicht damit«, flüstere Anke, atmete tief durch und setzte sich wieder. »Warum hat Mama es mir nie gesagt?«

»Sie hatte es oft vor, glaube mir. Doch sie hatte entsetzliche Angst, du könntest schlecht über sie denken.«

»Das hätte ich niemals getan.«

Plötzlich klang Ankes Stimme zart und zerbrechlich.

»Und wie konnte sie sich da so sicher sein?«

»Weil ich eine wunderbare Kindheit hatte, mit einem liebevollen Vater, es fehlte mir an nichts.«

»Genau! Und genau das war es, was sich deine Mutter für dich gewünscht hatte – eine unbeschwerte Kindheit. Irgendwann bat sie mich, den Ring für sie aufzubewahren, es schmerzte sie zu sehr, wenn sie ihn immer wieder in ihrem Schmuckkästchen sah. Tragen konnte sie ihn nicht, es hätte Richard das Herz gebrochen.«

Anke schluckte, nahm den Ring und betrachtete nachdenklich den grünen Edelstein, der im Schein des Sonnenlichts, das durch das Fenster fiel, feurig funkelte.

»Als Kind fragte ich Mama einmal nach ihrer Lieblingsfarbe. Es sei Grün, sagte sie, weil Grün die Farbe der Hoffnung sei«, begann Anke zu erzählen. »Ich fragte, warum die Hoffnung grün sei, und Mama antwortete ›Wenn nach einem langen, eisigen Winter, der so bitterkalt war, dass du das Gefühl hattest, dein Herz wäre fast erfroren – wenn nach einem solchen Winter wieder die ersten grünen Blätter an den kahlen Zweigen sprießen und sich zarte hellgrüne Blumenstängel tapfer durch die noch kalte Erde gekämpft haben, nur um im wärmenden Sonnenschein wieder ihre bunten Blüten tragen zu können, dann zeigt es dir, dass es sich lohnt zu kämpfen und dass du niemals die Hoffnung aufgeben darfst, wie schwer die Zeiten auch sein mögen. Darum ist die Hoffnung grün‹.« Anke räusperte sich und lächelte unter Tränen. »Ich frage mich, ob sie damals wirklich vom Winter sprach.«

»Ich denke, sie sprach vom Leben allgemein«, antwortete Helga und legte liebevoll ihre Hand auf Ankes Arm. »Verzeihst du deiner Mutter, dass sie dir die Wahrheit verschwiegen hat?«

Anke nickte und atmete tief durch.

»Ich werde es versuchen«, erwiderte sie, als plötzlich die Tür aufging.

»Hallo Mama«, sagte Anke leise und betrachtete nachdenklich die zierliche alte Dame, die wie verloren im Türrahmen stand und sie anlächelte. Wenn Anke auch gute Gründe hatte, ihr böse zu sein, sie konnte es nicht. Langsam ging sie auf ihre Mutter zu und nahm sie in den Arm.

»Schön, dass du da bist«, sagte Anke und in ihrer Stimme lag eine sonderbare Wehmut. »Ich bin heute nicht alleine«, erklärte Anke und begleitete ihre Mutter zu ihrem alten beigen Ohrensessel. »Sieh mal, wer hier ist, Mama.«

»Sehr schön«, erwiderte Charlotte und sah Helga fragend an. »Arbeiten Sie auch hier?«

Helga zog einen Stuhl heran und setzte sich zu ihr.

»Nein, Lotte, ich bin deine Freundin und gekommen, um dich wiederzusehen. Ich habe etwas für dich, du wirst dich sehr darüber freuen.«

Helga nahm den Ring und legte ihn Charlotte in die Hand.

»Wayne hat dir diesen Ring damals geschenkt, erinnerst du dich?«

Charlotte kräuselte die Stirn, während sie schweigend den Smaragd betrachtete.

»Er gehört dir, Lotte, du darfst ihn behalten.« Liebevoll streichelte Helga über den Arm ihrer Freundin. »Nun muss ich dir etwas sagen, und ich möchte, dass du mir genau zuhörst. Es ist wichtig.«

Helga beugte sich nach vorne, nahm Charlottes Hand und sah ihr fest in die Augen.

»Ich habe deiner Tochter heute von Wayne erzählt, Lotte. Ich habe ihr gesagt, dass Wayne ihr Papa ist. Sie ist nicht böse auf dich. Alles ist gut, verstehst du? Alles – ist – gut!«

Charlotte sah Helga mit großen Augen an, dann schaute sie noch einmal auf den grünen Edelstein in ihrer Hand und schließlich aus dem Fenster.

»Grün ist schön, im Frühling ist alles wieder grün«, sagte sie leise.

Helga schluckte, lehnte sich enttäuscht zurück und schüttelte den Kopf. »Sie hat kein Wort verstanden.« Hilflos sah sie zu Anke hinüber und zuckte mit den Schultern. »Bestimmt habe ich mich falsch ausgedrückt, ich bin nicht gut in sowas.«

»Es liegt nicht an dir, Helga. Manchmal reichen Worte eben nicht aus«, tröstete Anke die alte Dame. »Bitte bleib bei Mama, ich bin gleich zurück.«

Anke ging und ließ Helga alleine zurück, alleine mit ihrer geliebten Lotte und all den gemeinsamen Erinnerungen. Sehnsuchtsvoll dachte Helga zurück an fast acht Jahrzehnte inniger Freundschaft, und schmerzlich wurde ihr klar, dass sie ihre beste Freundin für immer verloren hatte. Gemeinsam waren sie durch schwere Zeiten gegangen, hatten gemeinsam geweint und gelacht, Geheimnisse ausgetauscht und sich geschworen, sie zu bewahren, wie kostbare Schätze.

»Ich weiß, es ist in deinem Sinne, dass ich ihr die Wahrheit gesagt habe. Du hättest es so gewollt, nur darum habe ich es getan«, flüsterte sie unter Tränen.

»Alles okay mit dir?«, riss Anke sie aus ihren Gedanken und streichelte kurz über Helgas Schulter.

»Alles gut, ich habe dich gar nicht kommen hören«, antwortete sie und schüttelte energisch den Kopf. »Ich hasse es, wenn ich sentimental werde.« Mit einem Taschentuch wischte sie sich die Tränen aus dem Gesicht und warf Anke anschließend einen spöttischen Blick zu. »Oh mein Gott, wo um alles in der Welt hast du das Nostalgie-Teil ausgegraben?«

»Das Nostalgie-Teil, wie du es nennst, ist ein CD-Player aus den Achtzigern. Herr Hansen hat ihn mir geliehen, er wohnt im Zimmer schräg gegenüber. Er war es auch, der die Musik für die Fünfziger-Jahre-Fete zur Verfügung stellte«, erklärte Anke, während sie das Gerät anschloss.

Dann setzte sie sich zu ihrer Mutter, die den Ring noch immer fest in ihrer Hand hielt.

»Ich finde, du solltest ihn tragen, Mama«, schlug Anke vor, nahm den Ring und hielt ihn ins Sonnenlicht. »Sieh nur, wie wunderschön der grüne Stein schimmert, mal dunkelgrün, mal hellgrün.« Anke schob den

Ring vorsichtig auf Charlottes Ringfinger ihrer linken Hand. »Links ist die Seite des Herzens, Mama, und genau da gehört er hin.«
Charlotte sah ihre Tochter mit großen Augen an.
»Ich danke Ihnen«, sagte sie leise und streichelte mit ihrer schmalen blassen Hand zärtlich über Ankes Wange.
»Helga, bist du so lieb und schaltest den CD-Player ein und wählst den vierten Titel?«, fragte Anke ohne den Blick von ihrer Mutter zu lösen. »Bekommst du das hin?«
»Na hör´ mal!«, erwiderte Helga gespielt energisch. »Was Herr Hansen kann, kann ich schon lange!«
Es dauerte einen Moment, doch dann erfüllte eine Walzermelodie den Raum und Lale Andersen sang von Abschied und Sehnsucht. Ein Lächeln tiefster Zufriedenheit legte sich auf Charlottes Gesicht, während sie ihre Augen schloss und leise mitsang.
»Jetzt tanzt du mit meinem Vater«, flüsterte Anke. Als das Lied zu Ende war, stand sie auf, wählte es noch einmal aus und reichte ihrer Mutter die Hand. »Würdest du mit mir tanzen, Mama?«
Charlotte öffnete ihre Augen und lächelte. »Jetzt ist alles gut.«
»Jetzt ist alles gut, Mama.«
Charlotte nahm die Hand ihrer Tochter, und ihre Augen funkelten, während sie tanzte, funkelten wie der grüne Edelstein an ihrer Hand.

Kurz und Grün
Luzie Irene Pein

›*Wie ich die Farbe Grün als Kind gehasst habe*‹, dachte Selena.
Sie schaute liebevoll auf das Kinderbett herab, in dem ihr dreijähriger Sohn Lucca mit seinem grünen Stoffdino im Arm friedlich schlummerte.
Ein tiefes, warmes, inniges Gefühl breitete sich in Selenas Herz aus. Nach all den Jahren der Ungewissheit, ob sie einem Kind das Leben schenken könnte, war sie eine glückliche, dankbare Mutter geworden.

Als Kind konnte Selena mit der Farbe Grün nichts anfangen, keine lustigen oder schönen Dinge damit in Verbindung bringen. Der Grund dafür war, dass sie als Sechsjährige, ohne es zu wissen, einen Frosch in ihrem Schultornister herumgetragen hatte. Selena hatte ihren Tornister auf dem Nachhauseweg am Straßengraben abgelegt, um ein paar Wildblumen für ihre Oma zu pflücken. Daheim angekommen, nahm sie für die Hausaufgaben ihre Schreibtafel aus dem Ranzen, als ihr plötzlich ein kleiner Frosch entgegen hüpfte und auf den Küchentisch sprang. Selena wäre vor Schreck beinahe in Ohnmacht gefallen, wäre da nicht ihre Omi fix zur Hilfe geeilt. Oma Freda hatte einen kleinen Eimer, ein Kehrblech und einen Handfeger geholt. Mit dem Handfeger schob Oma den Frosch aufs Kehrblech, um ihn dann vorsichtig in den Eimer zu setzen. Draußen setzte Oma den kleinen grünen Frosch unter einem Baum im Garten aus.
Von diesem Schrecken hatte sich Selena lange nicht erholt.
Das Erlebnis hatte ihr die Farbe Grün gründlich verdorben. Grün war seitdem tabu: Grüne Buntstifte und grüne Wasserfarbe wurden im Etui und Malkasten ignoriert. Wenn Selena eine Wiese malte, war diese gelb oder rot.
Einmal fragte ihre Lehrerin sie, warum die Wiesen so bunt seien. Selena musste nicht lange überlegen und antwortete:
»Wir haben zu Hause keine Wiese. Nur einen Garten. Da wachsen Bohnen an Stangen, Tomaten, Erbsen, Kartoffeln, Wirsing, Spinat und anderes Gemüse in den Beeten. Immer ist alles nur Grün. Grün ist langweilig.«

Die erstaunte Lehrerin musste bei dieser Erklärung schmunzeln.
»Aber woher kommen dann das Gelb und Rot auf deinem Zeichenblock?«, fragte sie Selena.
»Das sind die wunderschönen Blüten der Pflanzen. Die mag ich, auch weil dann die Bienen durch die Luft sausen und sich den Nektar klauen.«
Abends saß Selena am Tisch und zog eine Schnute. Auf dem Teller, der vor ihr stand, war schon wieder etwas Grünes: Spinat.
»Ich will das nicht essen«, maulte Selena und versuchte, mit ihrer Kindergabel den Spinat von den Kartoffeln zu schaben. Sie stocherte im Essen herum, sodass ihre Brüder anfingen, sich über sie zu lustig zu machen.
»Wenn du nur die Kartoffeln essen willst, leck sie doch vorher ab«, hänselten ihre Brüder sie und lachten, dass ihnen das Essen aus dem Mund fiel.
»Ihr seid doof, dann habe ich den Spinat *doch* im Mund«, schimpfte Selena, den Tränen nahe.
»Hört mit dem Quatsch auf«, wies Selenas Mutter die Kinder zurecht. »Und du, mein liebes Fräulein, iss den Spinat. Davon wirst du groß und stark.«
»Das muss ich nicht sein, wozu habe ich denn drei große Brüder?«, erwiderte sie.
Wieder konnten sich ihre Brüder das Lachen nicht verkneifen. Auch ihre Mutter musste sich zur Seite drehen, damit Selena nicht sah, dass sie ebenfalls ein Grinsen im Gesicht hatte.
»Selena, das, was auf dem Tisch steht, wird gegessen!«, sagte sie.
»Ich mag aber keinen Spinat! Das sieht aus wie das, was die Kühe bei Hinkels auf der Wiese fallen lassen.«
»Gut, wenn du den Spinat nicht essen willst, musst du eben ohne Essen ins Bett. Sonderwünsche gibt es hier nicht!«
Selenas Mutter nahm den Teller vom Tisch, räumte das restliche Geschirr ab und begann mit dem Abwasch. Selenas Brüder waren längst feixend hinauf in ihre Zimmer gegangen.
Selenas Wangen hatten sich rötlich verfärbt. Wütend trommelte sie mit ihren kleinen Fingern auf den Tisch. Sie schaukelte mit ihren kurzen Beinchen, die in der Luft hingen, heftig Hin und Her und stieß immer

wieder gegen das Tischbein. Sie überlegte angestrengt, wie sie doch noch etwas zu essen bekommen konnte. Pfiffig schaute sie ihre Oma Freda an. Diese saß ganz gelassen noch immer am Küchentisch, wohl darauf wartend, dass das Geschirr abgetrocknet werden konnte.
Oma stand auf und ging in die Spülküche. Selena hörte, wie die beiden Frauen sich angeregt unterhielten. Zwar nur im Flüsterton, doch ein paar Wortfetzen drangen zu Selena herüber.
»Mädchen ... Hunger ... Butterbrot ...«
Das war alles, was Selena hörte.
Neugierig und mit hochroten Ohren war sie auf den Küchentisch geklettert, um mehr hören zu können. Beinahe wäre sie heruntergefallen. Im letzten Moment konnte sich die vorwitzige, kleine Göre an einem Stuhl festklammern. Sie rutschte vom Tisch und setzte sich flink, als wäre nichts geschehen, wieder auf ihren Sitzplatz. Dort wartete sie ab, in der Hoffnung, Oma würde kommen und ihr etwas zu Essen geben. Aber das geschah nicht. Stattdessen hörte Selena die Treppe knarren, als Oma in ihr Zimmer ging. Und dann kam Selenas Mutter herein und sagte:
»Ab nach oben, Zähneputzen und ins Bett.«
»Aber ich habe Hunger!«, schluchzte Selena und Tränen kullerten aus ihren kleinen Augen.
»Hättest du den Spinat und die Kartoffeln gegessen, wärst du jetzt satt und müsstest nicht mit leerem Magen ins Bett. Ich wiederhole: Ab ins Bett!«
Selena schaute ihre Mutter mit verweinten Augen an, gab ihr trotzdem einen Gutenachtkuss auf die Wange und schlurfte hungrig und brummig die Treppe zum Kinderzimmer hinauf.
Oma Freda lag bereits im Bett, als Selena zu ihr ins Zimmer kam. Wie jeden Abend kuschelte Selena noch mit ihrer Oma, denn Oma Freda erzählte immer eine spannende Gutenachtgeschichte. Darüber vergaß Selena für einen Moment ihren Ärger und den Hunger. An diesem Abend erzählte Oma eine ganz besondere Geschichte. Sie schilderte Selena ihre Kindheit im Krieg und dass viele Menschen auf der Welt Hunger leiden müssen. Dann holte Oma ein Einwickelpapier aus der Nachttischschublade heraus. Sie packte zwei kleine Leberwurstbrote aus und reichte sie Selena.

»Omi, du bist die Beste!«
Die kleinen Arme umschlangen Oma so fest, dass diese kaum mehr Luft zum Atmen hatte.
»Bedank dich bei deiner Mutter, sie lässt doch ihre Kinder nicht verhungern. Oder meinst du, deine Mutter ist eine Rabenmutter?«
Nein, das dachte Selena wirklich nicht.
Der Sandmann hatte längst Traumstaub in Selenas Äugelchen gepustet, als sie der Oma müde ins Ohr flüsterte:
»Oma, der grüne Frosch auf dem Küchentisch war so hässlich und eklig. Seitdem mag ich nichts Grünes mehr leiden und essen.«
Selena und Oma Freda konnten in dieser Nacht gut schlafen. In den nächsten Wochen aß Selena auch Spinat, zwar immer noch widerwillig, aber der Teller war jedes Mal leergegessen, zum Erstaunen ihrer Mutter.
Oma Freda und Selena lächelten sich an. Die Geschichte von dem Frosch und den Butterbroten war und blieb das Geheimnis von Selena und Oma Freda.
Seit Selena erwachsen und selbst Mutter war, hatte sie sich mit der Farbe Grün arrangiert.
Selena nahm Luccas grüne Schmusedecke, die am Ende des Kinderbettes lag, und deckte ihn fürsorglich damit zu.
Lucca liebte die Farbe Grün heiß und innig, seit er den Namen für die Farbe aussprechen konnte.
Und Spinat mochte nicht nur Lucca. Selena mochte ihn auch.

Pudelmütz´

Linda Marie Haupt

»Pudelmütz´, Pudelmütz´, bei 30 Grad, du bist ein Witz. Pudelmütz´, Pudelmütz´ …«
Edgar hält sich die Ohren zu. Er kann diesen Hämegesang nicht mehr hören! Seit zwei Wochen geht das nun schon so. Jeden Tag und immer, wenn sie ihn sehen.
»Bitte, lieber Gott, mach, dass sie aufhören«, betet Edgar leise. Aber der liebe Gott hört ihn wohl nicht.
Immer lauter rufen ihm die anderen Kinder ihren Spruch hinterher.
Edgar bricht der Schweiß aus; vor Unbehagen *und* der Hitze. Er läuft ihm über die Augen und tropft auf sein grünes T- shirt. Es ist sooo warm. Trotzdem, er zieht die Mütze noch tiefer ins Gesicht und stopft Haare und Ohren darunter.
»Okay«, flüstert er, »alles bedeckt. Wenn ich aber doch nur wüsste …«
»Edgaaaaaar«, ruft ihn Sophie, die ebenfalls siebenjährige Nachbarstochter und reißt ihn aus seinen trüben Gedanken.
»Komm´ste mit zum Schwimmen?«
»Ach, ich weiß nicht«, will er gerade antworten, da ist sie auch schon bei ihm, nimmt ihn an der Hand und zieht ihn hinter sich her.
»Nun komm schooon«, nörgelt Sophie.
Edgar versucht, sich aus ihrer Hand zu befreien - vergeblich. Mit gesenktem Kopf trottet er hinter Sophie her, in Richtung Badesee.
›Oh jeh, was wird das wieder geben? Bestimmt sind ganz viele Kinder am See.‹
Edgar schüttelt sich. Doch er hat keine Zeit mehr, nachzudenken, denn sie sind schon angekommen.
Im Handumdrehen steht Sophie in Unterwäsche da und drängelt.
»Mensch Edgar, nun mach hinne! Wir wollen doch *heute* noch ins Wasser, es ist doch so heiß.«
»Hm«, murmelt Edgar und legt seine Sachen langsam ins Gras. Dann, bevor Sophie noch etwas sagen kann, läuft er los. Mit beiden Händen hält er seine Pudelmütze fest und springt mit einem Satz in den See. *Tut das gut!*
»Edgar«, ruft Sophie, »deine Mütze, du hast deine Mütze noch auf.«
»Ja, ich weiß.«

»Und?«
»Nix *und*, sie bleibt auf - basta!«
»Edgar, du blamierst dich! Menno, alle lachen schon über dich! Es sind über 30 Grad im Schatten! Was ist denn mit dir? Hast du Läuse?«
Wider Willen muss Edgar grinsen.
»Nee, keine Sorge, alles in Ordnung.«
»Dann nimm doch dieses blöde Ding endlich ab!«
Er schüttelt den Kopf.
»Nerv mich nicht! Ich habe ›Nein‹ gesagt! Und nun lass mich in Ruhe, sonst kannst du alleine baden.«
Sophie schaut ihn noch einmal verständnislos an. *Na gut, ich will kein Spielverderber sein.* Dann hat sie eine Idee. Der Schalk blitzt in ihren Augen. Ehe er sich versieht, beginnt sie, Edgar nasszuspritzen. Innerhalb kurzer Zeit ist eine lustige Wasserschlacht im Gange. Beide Kinder haben sichtlich Spaß.
Schon längst hat Sophie vergessen, dass Edgar diese olle Pudelmütze trägt.
Und Edgar? Inmitten des Gerangels versucht er immer wieder, Sophies langes blondes Haar aus ihrem Gesicht zu streichen, so, als suche er etwas. Er wirkt unzufrieden. Immer wieder schüttelt er dabei den Kopf und murmelt Unverständliches vor sich hin. Und immer wieder zieht er seine Mütze tief über die Ohren. Schließlich sind beide vom Toben erschöpft und machen sich auf den Heimweg.
»Bis Morgen!«, ruft Sophie Edgar noch zu, dann verschwindet sie hüpfend um die nächste Ecke.
Edgar ist ebenfalls vor seinem Elternhaus angekommen. So schnell er kann, flitzt er die Treppen nach oben, um in seinem Zimmer zu verschwinden. Zu spät!
Opa Willi hat ihn erspäht und ruft ihn.
»Stopp, min Jung! Nu komm ma bitte runter! Ich muss mit dir schnacken!«
›Shit‹, denkt Edgar, ›ich wusste es doch. Irgendwann erwischt er mich.‹ Er trottet langsam die Treppenstufen hinunter und bleibt mit gesenktem Blick vor seinem Opa stehen.
»So, und nun sagst du mir bitte mal, was mit dir los is«, beginnt Opa Willi. »Ich beobachte das nun schon seit zwei Wochen. Alle schnacken

über dich und machen sich über dich lustig. Ich will jetzt *SOFORT* wissen, warum du mitten im Hochsommer diese olle Pudelmütz´ trägst! Also?«
»Ach Opa …«
»Was denn nu?«
Opa Willi wird ungeduldig. Er runzelt seine Augenbrauen. Seine hellblauen, noch immer wachen Augen schauen Edgar auffordernd an.
»Sag mir jetzt, warum du die Mütze trägst«, wiederholt Opa sehr eindringlich.
Edgar fühlt sich klein - ganz winzigklein, mit Hut, ähm – Pudelmütze. Er zieht den Kopf ein und schaut vorsichtig ins Gesicht seines Großvaters.
»Wegen dir, Opa«, flüstert er.
»Wie bitte? Also das musst du schon mal näher erklären!«
Edgar senkt wieder den Kopf. Seine Stimme ist ganz leise und zittert, als er erzählt:
»Weißt du noch, Opa, als ich dir vor zwei Wochen einen Tipp geben wollte, wie das Lämmchen besser aus dem Fläschchen trinkt? Da hast du gesagt: ›*Lass mal, ich brauch keinen Rat von dir, du bist ja noch ganz grün hinter den Ohren.*‹ Ich bin sofort ins Bad gelaufen und wollte es abwaschen. Eine halbe Stunde habe ich geschrubbt! Aber ich konnte nicht hinter meine Ohren sehen. Ich bekam Angst, dass die anderen Kinder etwas bemerken. Deshalb habe ich meine Pudelmütze rausgesucht und aufgesetzt.«
Schon beim ersten Satz seines Enkels hat Opa Willi begonnen, laut zu lachen. Sein dicker, runder Bauch wackelt und Tränen stehen in seinen Augen.
Edgar ist verdattert. Er weiß nicht, was er sagen soll. *Opa lacht? Jetzt verstehe ich gar nichts mehr.*
»Min armer Jung«, Opa lacht schon wieder. »Oh Mann, da hast du aber gründlich etwas missverstanden! Wenn jemand sagt: ›*Du bist noch grün hinter den Ohren*‹, ist damit gemeint, er ist noch unreif. Grün, wie beim Obst! Und von einem Menschen, der noch nicht *›reif‹* ist, also keine Erfahrung hat, möchte man keinen Rat haben.«
Opa Willi kann sich noch immer nicht beruhigen. Er lacht und lacht und lacht.

Und Edgar? Zuerst macht er ein Gesicht, als habe er in eine Zitrone gebissen, und schaut Opa Willi mit offenem Mund an. Dann reißt er sich mit einem Ruck die Pudelmütze vom Kopf und schüttelt seine langen, schwarzen Locken.

»Dummes aber auch! Mann, bin ich froh! Endlich bin ich dieses blöde Ding los. Und endlich kein Geschrei mehr! Juchuu!«

Unendlich erleichtert murmelt er:

»Grün hinter den Ohren, das muss ich mir merken.«

Dann beginnt er ebenfalls zu lachen, und bald tut ihm vor lauter Lachen der Bauch weh.

Seine Pudelmütze braucht er in diesem Sommer ganz sicher nicht mehr!

Das 13. Grün

Bo Sauer

Noch sind wir in der kalten Zeit,
mich deckt und wärmt ein weißes Kleid.
Bald heißt es, Winterschlaf ist aus,
Greenkeeper, holt das Werkzeug raus.

Die Haut gestanzt, manch Loch an Loch,
hineingefüllt wird Sand dann noch,
den Wurzeln in der dunklen Gruft
zu bringen neue, frische Luft.

Das Weiß verschwunden, ich werd grün,
die Blumen nebenan schon blüh'n.
Gräser lang, ich mag's nicht leiden,
Gärtner kommt, um's kurz zu schneiden.

Nach dem Schnitt werd ich geplättet,
meine Wellen sanft geglättet.
Der Bunker bekommt neuen Sand,
fein hoch geharkt bis an die Wand.

Mit ROT wird ausgesteckt der Teich,
ein eh zu meidender Bereich.
Der Wald dort links ist schon im AUS,
der rechte Schlag geht geradeaus.

Am TEE, hoch oben auf dem Berg,
steht, wie von hier zu seh'n, ein Zwerg.
In der Hand ne lange Stange,
scheint, als warte er schon lange.

Daher zum Schluss die Fahne noch
hinein gesteckt ins frische Loch.
Erst jetzt bin ich für's Spiel bereit.
Golfspieler, habt ne schöne Zeit.

Gründonnerstag
Elfride Stehle

»Markus, kannst du mal aufmachen?«, ruft Eva aus dem Badezimmer. Als es erneut klingelt, rennt sie schließlich selber, den Föhnkamm im Haar, zur Tür, öffnet schnell und verschwindet wieder.

Vollbepackt bis zur Nasenspitze schiebt sich Evas Mutter in den Flurbereich.

»Keiner zuhause?«, fragt sie verwundert, bückt sich und setzt den ersten Karton vorsichtig ab. Dann holt sie noch zwei weitere Kisten herein und stellt sie daneben. Schnaufend richtet sich Elsa auf und schließt die Tür. Aus Markus´ Zimmer kommt laute Musik und aus dem Bad sind Föhngeräusche zu hören.

Na gut, mit Eva kann sie später reden, soll die sich erst mal aufhübschen, beschließt Elsa und sieht sich suchend um. Jetzt heißt es zuerst, den Tisch für das große Frühlingstreffen vorzubereiten. Wo steht der überhaupt? Elsa wirft einen Blick in das Zimmer ihrer Tochter und seufzt.

»Der ist ja noch vollkommen nackt!«

Zum Glück hat sie an alles gedacht. Sie geht zurück in den Flur und öffnet den ersten Karton. Eine dunkelgrüne Tischdecke aus Batist kommt zum Vorschein. Die hat sie extra noch mal gebügelt. Auch die Servietten, die ein helleres Grün haben. Das Kaffeegeschirr in dem gleichen Farbton wird auf der Tafel verteilt. Zwei lindgrüne Kerzenhalter aus Porzellan mit dunkelgrünen Kerzen geben dem Ganzen etwas Festliches. Passend zu den Kerzenhaltern stellt Elsa eine Vase in die Tischmitte. Dann umrundet sie den Tisch, stellt die Kerzenhalter neben die Vase, dann die Vase an den Tischrand und wieder in die Mitte – sie betrachtet ihr Werk und schüttelt den Kopf.

Schließlich stellt sie grüne Blumen in die Vase, nickt zufrieden und meint:

»Das Tüpfelchen auf dem ›I‹.«

Erschrocken dreht sie sich um, als Eva ins Zimmer kommt und ausruft:

»Ach du Grüne Neune, grüner geht's wohl nicht?«.

Elsa starrt ihre Tochter entrüstet an. Doch die geht, ohne ihre Mutter zu beachten, geradewegs auf den Tisch zu, zieht eine Blume aus der Vase und fragt in amüsiertem Ton:
»Ist die echt? Warum ist denn alles in Grün?«
»Wegen Gründonnerstag«, antwortet Elsa etwas spitz, zuckt mit den Schultern und blickt ihre Tochter mit gekränkter Miene an. »Dann mach es besser, wenn du kannst«, blafft sie plötzlich los und lässt alles Stehen und Liegen. Eva läuft ihrer Mutter nach und legt tröstend den Arm um sie.
»Aber Mama, nur, weil wir uns immer am Gründonnerstag treffen, musst du doch nicht alle mit dieser giftigen Farbe nerven.«
Elsa antwortet nicht. Einlenkend meint Eva:
»Ach komm Mama«, und hakt sich bei ihrer Mutter ein.
Dann geht sie mit ihr zurück und bleibt an der Zimmertür stehen. Sie stützt die Hände in die Hüften, betrachtet noch einmal die gedeckte Tafel und murmelt:
»Allerdings … wenn ich es mir so ansehe, könnte mir deine grüne Idee gefallen.«
Dann wandert ihr Blick zum geöffneten Fenster, durch das Vogelgesang herein tönt. ›Die ersten Frühlingsboten‹, denkt Eva mit einem verträumten Blick. Doch dann spitzt sie die Ohren – ein Auto nähert sich. Noch bevor der Motor ausgeht, ruft Eva:
»Das sind sie«, und im nächsten Moment ist sie im Hausflur verschwunden.
Elsa muss über ihre Tochter schmunzeln. Hat sie sich doch kein bisschen geändert. Schon als Kind rannte sie ihrem zehn Jahre älteren Bruder entgegen, wenn der von irgendwo zurückkam. Die Geschwister waren unzertrennlich, bis, ja bis Edgar vor fünf Jahren Marion kennenlernte und vom Fleck weg heiratete. Eva versteht sich mit ihrer Schwägerin ausgezeichnet und Elsa ist mit der Schwiegertochter auch mehr als zufrieden. Schade nur, dass die beiden noch keine Kinder haben, denkt sie traurig und stellt die Kaffeekanne auf den Tisch.
Auf dem Weg zur Küche hört sie ihre Tochter und ihren Sohn herzlich miteinander lachen. Eva hängt an Edgars Arm und strahlt übers ganze Gesicht, als sie gemeinsam die Wohnung betreten. Viel zu selten sieht sie ihren Bruder. Ist ja auch kein Wunder, denn er wohnt mit seiner Frau

seit der Hochzeit in Australien. Marion drängelt sich an den Geschwistern vorbei und balanciert eine Torte in die Küche.
Zehn Minuten später, Punkt fünfzehn Uhr, sitzt Elsa stolz mit ihren beiden Kindern und der Schwiegertochter an der grünen Kaffeetafel. Doch dann stört sie den bis dahin harmonischen Nachmittag mit der Frage:
»Wann macht ihr mich endlich zur Großmutter?«.
Abrupt verstummt das Gespräch, und Elsa wird von drei Augenpaaren gemustert. Marion druckst etwas herum, räuspert sich und antwortet mit einem verlegenen Lächeln:
»Vielleicht musst du gar nicht mehr so lange darauf warten, liebe Schwiegermama. Immerhin hat meine Frauenärztin endlich grünes Licht für eine Hormontherapie gegeben, nachdem alle Versuche fehlgeschlagen sind … nicht wahr, Schatz?«
Edgar nickt nur und stopft sich gleich noch einen Bissen von der Torte in den Mund. Elsa aber streichelt Marions Wange und fragt lapidar in die Runde:
»Noch jemand einen Schluck Kaffee?«
In dem Augenblick klopft es und Markus steckt seinen Wuschelkopf zur Tür herein. Eva winkt ihn lächelnd zu sich heran, hat sie ihn doch längst erwartet.
Aber er bleibt erstaunt im Türrahmen stehen.
»Wow! Alles in Grün, sogar die Torte«. Dann kommt er näher, begrüßt alle und setzt sich auf den freien Stuhl rechts neben Eva. Verschmitzt sagt er zu ihr:
»Na, dann gib mir mal ein Stück von dieser wunderschönen Waldmeistertorte.«
Kaum hat er davon gekostet, stößt er Eva mit dem Ellenbogen an und schwärmt:
»Hmmm, lecker, also backen kann deine Schwägerin, hmmm, kann ich noch ein Stück …?«
Ebenfalls kauend meint Eva, während sie Markus ein zweites Stück Torte reicht:
»Ja ja, backen kann sie«, und schielt dabei zu Marion, die links von ihr sitzt, »trotzdem musst du sie nicht so über´n grünen Klee loben, sonst hebt sie noch ab.«

Marion boxt Eva in die Seite und raunt ihr kichernd zu:
»Für den nächsten Gründonnerstag bei uns in Sidney darfst du backen … viel Spaß, meine Liebe.«
»Kein Problem«, antwortet Eva, »wenn du mir bis dahin dein Tortenrezept verrätst.«
»Da hilft dir sicher das hier, liebste Schwägerin«, und Marion reicht ihr augenzwinkernd ein Backbüchlein. Eva beginnt sofort, darin zu blättern …

Rezept Waldmeistertorte

Zutaten:
4 Becher Joghurt
¼ l Waldmeistersirup
2 Pck. gemahlene Gelatine
100 g Zucker
2 Pck. Vanillezucker
Saft einer Zitrone
2 Becher Sahne à 250 g
1 Biskuittortenboden (Fertig oder nach Grundrezept Frag Mutti)

Zubereitung:
Joghurt mit Zucker, Zitronensaft, Vanillezucker und mit der Hälfte des Sirups verrühren.
Eine Gelatine nach Anweisung unterrühren.
Tortenring um den Boden legen.
Steifgeschlagene Sahne unter die Masse ziehen, auf Tortenboden geben, glatt streichen.
Im Kühlschrank fest werden lassen. Am besten über Nacht!
Restlichen Sirup mit dem 2. Pck. Gelatine verrühren, auf die Torte geben.
Tipp: Man kann auch anderen Sirup verwenden.

Der grüne Frosch

Roland Moser

Max Peter war schon einige Zeit als Taxifahrer unterwegs. Er gehörte zu den Chauffeuren, die immer darauf achten, dass sein Fahrzeug in tadellosem Zustand und sauber war und konnte es nicht ausstehen, wenn der Wagen nicht glänzte. Und er gehörte auch zu den Fahrern, die immer einen Tick zu schnell unterwegs waren. So war es nicht verwunderlich, wenn ab und zu eine Verwarnung wegen einer Geschwindigkeitsübertretung ins Haus flatterte.

Dem Chef von Max Peter missfiel das natürlich. Denn die Bußgeldbescheide gingen an die Adresse der Firma. Auch kamen ständig Anrufe von ärgerlichen Verkehrsteilnehmern, wenn Max wieder jemandem die Vorfahrt genommen hatte.

Eines Tages bat der Chef Max ins Büro und teilte ihm mit, dass er ab nächster Woche den alten grünen Mercedes übernehmen sollte. Max war darüber nicht gerade erfreut. Denn dieser alte Diesel war alles andere als ein schnittiger Sportflitzer. Bisher fuhr er nämlich den 230 E mit Einspritzung. Mit dem spritzigen Fahren würde es erst einmal vorbei sein und Max musste sich der Anordnung fügen.

Er fragte den Chef, ob er den grünen Frosch, so nannte er diesen alten Diesel, übers Wochenende noch etwas herrichten dürfte, denn der Frosch war alles andere als eine Schönheit. Sein Chef hatte nichts dagegen einzuwenden und so machte sich Max Peter an die Arbeit. Zuerst polierte er den grünen Frosch stundenlang so richtig auf Hochglanz. Dann kaufte er Gummiglanzmittel, um auch den Reifen etwas Pep zu verleihen. In den Kotflügeln des Frosches waren kleinere und auch schon etwas größere Rostlöcher zu erkennen. Und auch sonst war die Zeit nicht spurlos an diesem älteren Herrn vorbeigegangen.

Der Chef von Max sparte eben, wo er nur konnte. Und das war diesem grünen Frosch mehr als deutlich anzusehen.

Max erstand im Autozubehör zwei Spraydosen der Farbe, die in etwa dem Grün des Frosches entsprach. Die Rostlöcher schliff Max ab und stopfte anschließend die Löcher mit Werbeaufklebern der Firma voll. Schicht um Schicht klebte Max diese Aufkleber in die Löcher, bis sie

gefüllt waren und verbrauchte fast 300 solche Werbekleber der Firma. Danach deckte er die Kotflügel mit Zeitungspapier ab und lackierte die geflickten Stellen mit der grünen Farbe. Nach zwei weiteren Stunden begutachtete Max sorgfältig seine Schönheitsoperation. Der Frosch erstrahlte in neuem Glanz und man musste schon gut hinsehen, um überhaupt diese Flickarbeit erkennen zu können.
Mit der Zeit gewöhnte sich Max an seinen Frosch. Neue Bußgeldbescheide kamen nicht mehr hinzu, denn der grüne Frosch gehörte zur Kategorie Eile mit Weile.
Erstaunlicherweise hielten diese Werbekleber auch der wöchentlichen Waschanlage stand. Max hatte hier wirklich gute Bastelarbeit geleistet. Doch es kam der Tag, wo auch der alte Frosch wieder einmal zum TÜV musste.

Um in der Werkstatt Geld zu sparen, hatte sein Chef die Anordnung getroffen, alle Fahrzeuge erst zum TÜV zur Begutachtung zu fahren und nur die Mängel dann beheben zu lassen, welche der Gutachter für eine Neuvorführung aufgeschrieben hatte. Die Gebühr für die erneute Prüfung nahm er dafür in Kauf. Der Chef von Max wusste, dass die Experten immer etwas fanden – aber auch manchmal einiges nicht entdeckten. Jedoch würde eine Vorab-Instandhaltung ein Mehrfaches kosten und, wie gesagt, der Chef sparte eben immer an allen Ecken und Kanten.

Natürlich bestand der grüne Frosch erstmal nicht. Der TÜV bemängelte die Spurstange, welche erneuert werden musste und einer der Achsen - Frosch - Schenkel war ausgeschlagen. Nach der Nachinspektion des grünen Frosches jedoch kam der Chef zu Max an den Taxi-Standplatz. Mit rotem Kopf stauchte er Max zusammen.
»Max, du hirnverbrannter Idiot! Wer hat dir erlaubt, meine Werbeaufkleber in Rostlöcher zu stopfen? Diese Kleber sind als Kundenwerbung gedacht und dienen nicht zum Ausbessern der Karosserie. Der Experte hat mit einem Schraubenzieher alle meine Firmenaufkleber herausgepickt. Nun habe ich die Ehre, den Frosch in die Spenglerei zu geben und muss die Karre noch ein drittes Mal vorführen lassen«.

Max stand da wie ein geprügelter Hund. Derweilen schnappte sein Chef immer noch nach Luft. Max nutzte diese Atempause und sagte mit einem Augenzwinkern lapidar:
»Chef, nun reg dich doch bitte nicht so auf. Sei mal kein Frosch, du bist ja grüner im Gesicht als der Frosch selber«!

Grün ist die Hoffnung Oder – Liebling, ich bringe meinen Chef mit

Ilona Penna

Ich hatte es gehörig satt. Seit nun schon fünfzehn Jahren betrog mich mein Gatte rund um den Globus. Ich hatte mir immer geschworen, dass ich eines Tages nicht sein Verhältnis, sondern sein ›Verhängnis‹ werden würde. Die Gelegenheit bot sich mir, als er nach einer längeren Geschäftsreise nach Hause kam. Wie immer führte er sich auf, wie wichtig er doch sei. Sein Redeschwall formte in seltsamer Weise meine eigenen Gedanken. Während er von der Tochter seines ach so tollen Chefs schwärmte, sah ich ihn in meinem Keller in der Gefriertruhe gemütlich vor sich hin frieren. Sah ihn wie einen stinkenden Schnappfisch am höchsten Baum unseres Gartens zappeln. Er redete und redete. Ich hielt mir die Ohren zu. Plötzlich erschien mir ein Bild. Während er den Mund ums Verrecken nicht halten konnte, verwandelte sich sein Gesicht in das blanke Hinterteil von seinem Boss.

»Arschkriecher!«, rief ich zwischen sein Gerede. Er sah mich an und sagte dümmlich:

»Hä, was meinst du?« Ich musste lachen und schüttelte den Kopf.

»Nichts Liebling, ich dachte eben an jemanden, der in den Analen seines Vorgesetzten den Freischwimmer macht. Nichts, was dich interessieren könnte.«

Mein werter Gatte hatte wieder einmal nichts kapiert und erzählte munter weiter.

»Du, die Simone, also die Tochter vom alten Tender, ist der Hammer. Nicht nur, dass sie sehr gut aussieht, nein, bei ihr hat es Gott wohl besonders gut gemeint, sie ist ja so klug und belesen.«

Aus weiter Ferne und einer Ohnmacht nahe hörte ich sein schmalziges Gesabber. Also holte ich die kluge, schöne und belesene Simone in Gedanken mit ins Boot. Sollte sie doch gleich mit ihm in meinen Gefrierschrank hüpfen. Wäre sicherlich ein Kunstwerk. Die beiden aneinander gefroren. Ich könnte sie ja anschließend zu hübschen Eiswürfel schneiden und seinem tollen Chef ins Champagnerglas legen. Ok, so grausam konnte ich dann doch nicht sein. Denn just in dem Moment, als ich das Bild vor mir sah, wie Herr Tender an seinem

Angestellten lutschte, versuchte mir mein Gatte gerade beizubringen, dass ich noch genau drei Stunden Zeit hätte, ein Drei - Gänge - Menü zu zaubern, weil sein Chef zu Besuch käme, um den doch sehr hoch dotierten, abgeschlossenen Auftrag würdig zu feiern. Ich solle mir keine Sorge machen, weder seine Frau noch seine schöne Tochter würden ihn begleiten. Also ein gemütlicher Abend zu dritt. Nun hatte ich die Schnappatmung.

»Ich soll was?«, rief ich entsetzt. »Du glaubst doch nicht, dass ich in drei Stunden einkaufen, ein Drei - Gänge - Menü zaubern und mich dann noch zurechtmachen kann?«

Mein holder Gatte lächelte milde und tätschelte dämlich meine Wange.

»Och Süße, sicher schaffst du das, es ist schließlich eine saftige Gehaltserhöhung drin, wenn du meinen Chef ein wenig verwöhnst. Ach!«, rief er noch zurück, als er Richtung Tür ging. »Vergiss nicht, mein Chef liebt alles, was grün ist. Wie motiviert er seine Angestellten immer? Grün ist die Hoffnung und die Hoffnung bringt Geduld. Auch bei deinem Kleidungsstil für den Abend solltest du daran denken.«

Ich hasste grün, schon immer, und es stand mir auch nicht. Meine Wut gegen meinen Gatten stieg ins Unermessliche.

»Soll er sich doch als Frosch verkleiden und seinem Chef Fliegen zu seinem Drei - Gänge - Menü fangen.«

Heulend ging ich zum Telefon und rief meine beste Freundin Esther an. Ich klagte ihr mein Leid und dass ich es satt hatte, wie eine Wurst vor einer Hundeschnauze herumgeführt zu werden. Esther beruhigte mich erst einmal und dann hatte sie auch schon eine Idee.

»Bleib, wo du bist, ich bin in einer Stunde bei dir.«

Ich putzte mir die Nase und heulte wieder in den Hörer des Telefons.

»Ach Esther, in einer Stunde? Wie soll ich das schaffen? Sein Chef kommt doch schon um 19:00 Uhr. Das sind ja nur noch zweieinhalb Stunden.«

Esther fuhr mir über den Mund und meinte trocken.

»Das ist mehr Zeit, als du glaubst, meine Liebe, lass dich überraschen«, und legte auf.

Solange ich auf Esther wartete, überlegte ich mir, wie ich mich an meinem großkotzigen Gatten rächen konnte. Doch leider musste ich feststellen, dass ich dies im nüchternen Zustand nicht schaffte. Also ging ich in den Keller und holte eine Flasche seines teuersten Champagners. Dies allein war schon Strafe genug für ihn. Als ich die Treppe nach oben lief, sah ich im Blickwinkel den alten Schrank stehen, in dem seit Jahren die verrückten Faschingskleider hingen aus Zeiten, als ich noch glücklich meine Alleingänge genossen hatte. Ich machte auf dem Absatz kehrt und öffnete diesen Schrank. Ein »Ah« und »Uh«, ein »Oh wie schön«, formten nach jedem Kleidungsstück meine Lippen. Dann hatte ich plötzlich meine Rache an meinem Mann in der Hand.

Ein grasgrünes Spitzenteil. BH und Slip, sogar die grünen Halterstrümpfe schienen noch heil zu sein. Dazu ein grünes Strumpfband und High-Heels in Giftgrün. Alles aus einer wilden Zeit, als man im Fasching noch als ›Leichtes Mädchen‹ die Männer beeindrucken konnte. Mein Plan nahm Gestalt an. Ich nahm alles samt Champagner mit nach oben und setzte mich siegessicher auf die Couch und trank den Champagner gleich aus der Flasche. Als der Flaschenboden trocken lag, stand Esther vor der Tür und ich, na ja ich lag mehr vor der Tür. Während Esther mich etwas verwundert ansah, aber sehr schnell begriff, schob sie mich ins Bad und befahl mir, mich zurechtzumachen. Belustigt über meinen Zustand, sagte sie streng:

»Geh sofort ins Bad und zieh dir was an, das etwas von deinem Zustand ablenkt.«

Ich kicherte und antwortete prompt:

»Pass auf, meine Süße, du wirst umfallen, wenn ich fertig bin.«

Esther lachte und meinte:

»Ich denke eher du meine Liebe, wie willst du den Tender begrüßen, wenn du nicht mal mehr gerade stehen kannst?«

Alle Alarmglocken gingen mir bei diesem Satz an.

»Du sagst es, meine Süße, du sagst es«, lallte ich. »Diesen Riesenelefanten werde ich im Liegen empfangen.«

Ich krabbelte auf allen vieren ins Badezimmer und versuchte, mich einigermaßen zu stylen. Es war nicht leicht, denn meine Beine schienen aus Kaugummi zu sein, der es nicht zuließ, wenigstens eine kleine Rigidität in meinen Beinen zu erzeugen, damit ich vor dem Spiegel stehen konnte. Apropos Rigidität, da kam mir doch ein seltsames Bild in den Kopf. Alles drehte sich und ich sah meinen Mann als weibliche Ameise mit einem grünen Baströckchen. Über ihm der Elefant. Ich rieb meine

Augen, doch das Bild verschwand einfach nicht. Ich hörte, wie die Ameise um Gnade bettelte, als der Elefant ansetzte, sich mit ihr zu paaren. Mit seinem Rüssel begann er, der Ameise immer auf den Kopf zu klopfen. Ich beobachtete diese Szenerie, als mich plötzlich das Klopfen von Esther aus meiner berauschten Welt riss. Ich öffnete und musste sie so entsetzt angesehen haben, dass sie besorgt fragte, ob es sein könnte, dass ich einen Geist gesehen hätte. Noch immer geschockt von diesem Anblick, sagte ich:

»Nein keinen Geist, sondern einen Elefanten, also den Tender, der sich mit meiner Ameise, ich meine meinem Mann, paarte, und ihm mit seinem Rüssel ständig auf den Kopf klopfte.«

»Reiß dich jetzt zusammen, Ella«, sagte Esther, »wir müssen uns jetzt beeilen. Oder ist dein Racheplan nicht mehr wichtig? Schmink dich jetzt und zieh dir etwas Hübsches an.«

Da fiel mir wieder die Reizwäsche ein. Ich schob Esther zur Tür hinaus und begann mich zu schminken. Alles in der Farbe der Hoffnung. Grüner Lidschatten, grüne Wimperntusche, knallroter Lippenstift. Grüner Nagellack, grüner Schmuck, das grüne Strumpfband und, last but not least, die grüne Reizwäsche und die giftgrünen High-Heels. Die Haare toupierte ich steil nach oben und fixierte sie mit grünem Glitter-Spray. Ich ging, oder besser gesagt, ich stapfte wie ein Storch, der seine besten Jahre schon hinter sich hat, in die Küche zu Esther. Als sie mich sah, fiel ihr doch glatt aus Schreck ein grüner Teller aus der Hand. Nachdem die Leichenstarre bei ihr nachließ, brach sie in schallendes Gelächter aus.

»Prima Ella, so ist es recht, du siehst aus wie eine biologisch-abbaubare Schlampe, genau das hat er verdient.«

Noch wusste sie ja nicht, was noch kommen sollte. Während ich mich zurechtgemacht hatte, hantierte Esther in der Küche. Es gab zur Vorspeise grüne Burger zu grünem Salat und grünem Gemüse in grüner Kräuterbutter geschwenkt. Zum Hauptgang gab es Spinat mit grüngefärbten Kartoffeln. Dazu Gläser mit Waldmeisterlimonade. Die Nachspeise aber war der absolute Burner. Sie legte mich im Esszimmer auf einen mit grünem Damast ausgelegten Tisch. Dort verzierte sie meinen ganzen Körper mit grüner Götterspeise. Auf meine Schenkel spritze sie

mit dem Spritzbeutel ein »Herzlich Willkommen du Arschloch« aus grüngefärbter Sahne.
Die Küche hatte sie noch aufräumen können, als es bereits an der Tür klingelte. Esther öffnete und ich hörte einen kleinen entsetzten Aufschrei.
»Äh, ja, guten Tag, ich meine, guten Abend, Herr und Frau Tender, ich nehme an, das ist ihre kluge Tochter?«
Dann hörte ich, wie sich mein Gatte räusperte und Esther fragte:
»Ist Ella noch in der Küche?«
Esther stotterte:
»Äh ja, nein, ich meine, sieh doch selbst nach, ich muss jetzt los.«
Weg war meine zauberhafte Freundin, und ich lag als grüne Bio - Schlampen - Nachspeise auf dem Präsentierteller für die ganze Familie Tender nebst meinem Gatten.
Muss ich noch erzählen, wie es weiterging? … Ich glaube nicht.

Der grüne Sandler

Jutta B. Friedrich

Mit einem grünen Hut in den alten abgezehrten Händen steht er da, aufrecht und unbeweglich. Bei jedem Wetter an der gleichen Stelle, vor der großen Bank. Niemanden sieht er an. Nur ein vornehmes, stummes Nicken so zum Dank. So zum Dank, wenn ihm die vorübergehenden Passanten ein paar Münzen in den grünen Hut werfen.
Ganz in Grün gekleidet. Der grüne Anzug mit dem grünen Lodenmantel über seinen Schultern steht er da. Ganz zerknittert ist sein grüner Anzug. Den Hut in den Händen haltend, weit vom Körper weggestreckt, als würde er mit dem, was er da tat, nichts zu tun haben wollen.
Der alte Mann, auf einen Stock gestützt, da vor der Bank. Sein Körper mager und gebeugt, als trüge er eine schwere Last. Zerfurcht, voller Linien sein graues Stoppelbartgesicht. Kein Lächeln, bitter - süß.
Kein Missmut steht in diesem Gesicht. Nur eine stille Ruhe und Gleichmut, nicht verratend was er denkt, was er fühlt. Mir fällt der arme Larzarus ein und ich fühle mich hilflos.

GEDICHT VOM GRÜNEN SANDLER

Gerade und aufrecht, gestützt auf seinen alten Stock, mit dem alten grünen Hut in der Hand. Unbeweglich ist sein Gesicht.

Vielleicht höhnt und verachtet er die Vorübergehenden?
Höhnend über diese Welt.
Der Sandler, der wohl nie seine Selbstachtung verlor, auch wenn er bettelte und fror.

Jedoch aufrecht mit dem alten grünen Hut in der Hand stand er täglich vor der großen reichen Bank.

1991
CF Lucas

Da war sie wieder. Die Fragen aller Fragen und der Grund, warum ich Vorstellungsgespräche seit jeher hasse. Da saßen sie, ganz wie immer. Anderer Ort, andere Roboter, und trotzdem der gleiche sinnlose Prozess. Zwei Schlipsträger in ihrer Einheitsuniform aus schlechtsitzenden Anzügen und stümperhaft zusammengefalteten Krawattenknoten glotzen mich erwartungsvoll aus blutleeren Gesichtern mit Schweißperlen auf der Stirn und akkurat gestutztem Haupthaar an.

Etwas abseits saß die obligatorische Mitschreiberin, die ernst dreinblickte und jedes Wort, jede Geste, jegliches Signal der Körpersprache mit demselben steinernen Ausdruck in einen Notizblock kritzelte, maschinell und unpersönlich. Der Raum war ein anderer und doch so gleich wie alle zuvor. Lieblos an die Wand genagelte Drucke einer der üblichen Verdächtigen: Warhol, Matisse, Haring. Ein zeitlos unelegantes Sideboard stand verlassen vor einer gläsernen Fassade, geschmückt nur durch eine verwahrloste und verstaubte Vase, in der eine jämmerliche Kunstblume vergeblich versuchte, etwas Farbe in den Raum zu zaubern.

Wieso kam ausgerechnet in so einem Moment, an so einem Plätzchen immer wieder diese eine Frage auf?

»Also Carl. In Ihrer Position als COO. Wie würden Sie es machen? Eine grüne Wiese zum Start. Wie würden Sie sie bebauen?«

Einer der beiden, John oder Jack, Peter oder Zak, mir waren die Namen bereits entfallen, denn auch die Namen waren ja bei jedem dieser Gespräche steril gleich, grunzte freudig, als er fragte, seinen Kopf in meine Richtung schob und leise kicherte.

»Kommen Sie. Wir sind gespannt wie Flitzebögen.«

»Ich würde dir am liebsten in deine dumme Fresse hauen!«, antwortete ich.

Betretenes Schweigen. Schlucken. Räuspern. Hatte ich das tatsächlich jetzt gesagt? Natürlich nicht, denn auch ich würde bestimmt mit einem perfekt einstudierten Grinsen meine gebleichte Kauleiste präsentieren, meinen mechanischen Spruch runterleiern und dabei an meine eigene grüne Wiese gedacht haben. Vielleicht sollte ich ihnen ja lieber von genau dieser grünen Wiese erzählen, dieser prächtigen grünen Wiese im

J.F.K. Park, die direkt am Charles River liegt. Genau davon würde ich ihnen erzählen. Von damals. Von 1991. Von meinem Sophmore Jahr am Massachusetts Institute of Technology in Cambridge. Und von Maureen, dieser Zigeunerin aus Montgomery mit dem runden Gesicht, aus dessen Mitte ein mit perlweißen Zähnchen gezierter riesiger Mund wirres Zeug im breitesten Südstaatenakzent spuckte. Diesen Akzent zelebrierte sie trotz oder auch gerade aufgrund der Tatsache, dass sie ein Stipendium in Harvard genoss. Ich hätte ihr stundenlang zuhören können. Ihre grünen Augen funkelten rund um die Uhr und aus ihrem Kopf wucherte ein nicht zu bändigendes goldbraunes Knäuel aus Locken. Sobald sie ihre Collegeuniform abgelegt hatte, trug sie ein meist weißes T-Shirt, Jeans und ein Paar schwarze Cowboystiefel und trällerte sehr oft und oft auch zu unpassenden Zeiten einzelne Teile von Lynyrd Skynyrd Songs, vorzugsweise Free Bird. Ich kann mich wirklich nicht daran erinnern, wie wir uns kennengelernt hatten, aber wir waren ein ganzes Frühjahr lang samt folgendem Sommer und Herbst ein Paar wie Bonnie und Clyde. Richtig näher gekommen sind wir uns nur ein einziges Mal und das war auch ein großer Fehler, denn danach war nichts mehr so wie vorher und das war eigentlich der Anfang vom Ende. Der Anfang jenes Endes, das 1991 begonnen hatte und nun seit 25 Jahren fortdauerte.

Wir hatten damals gekifft, als wollten wir die Welt von allen rauchbaren Substanzen befreien, Musik gehört, massenhaft in Papiertüten versteckte Jack Daniels Flaschen vernichtet, weiter gekifft, weiter Musik gehört und mit glasigen Augen und breitem Grinsen im Gesicht in den Himmel gestarrt, gekichert wie junge Schulmädchen bis die Bauchmuskeln blockierten und vollständig vom Guten im Menschen überzeugt über die perfekte Welt philosophiert. Sie wollte als Anwältin die Armen und Unterdrückten verteidigen und aus der Sklaverei des Kapitals befreien und ich baute bereits an meiner zweiten Maschine zur Befriedung der weltweiten Dürrezonen, um den Hunger ein für allemal zu besiegen. Wir wollten Wölfe sein, keine Schafe, vorneweg gehen, führen und nicht folgen, die Welt verbessern und nicht im Hamsterrad der gnadenlosen Profitmaschinerie landen. Wir wollten die Wege gehen, die andere nicht mal sehen. Und noch ein Jolly und noch ein Bier und noch mal eine Strophe Free Bird.

Ich fragte mich oft, was wohl aus ihr geworden war und hatte versucht, sie ausfindig zu machen, aber trotz meines immensen Netzwerks und aller Möglichkeiten, welche die virtuelle Welt der sozialen Medien heute auch bietet, blieb sie unauffindbar, verschollen. Vielleicht haute sie immer noch auf die Kacke, während ich in meine Schreibtischkante biss, weil mir Hypothek, Autokredite und das Schulgeld meiner beiden Kinder finanziell so den Atem raubten, dass ich bereits am zehnten eines Monats nachts nassgeschwitzt und mit am Körper klebenden Schlafanzug aufwachte und den nächsten Gehaltsscheck herbeisehnte, während meine Vorzeigefrau neben mir in teurer Satinwäsche einen Nachtgesang grunzte. Ich war so weit entfernt von Free Bird wie der Mond von der Erde oder gar vom Mars. Ich war einer der kleinen Hamster geworden, die unentwegt, ohne müde zu werden, ihre viel zu kurzen Beinchen in das riesige Rad hämmerten, um es für andere im Fluss der Profitmaximierung zu halten. Vielleicht hatte ich meine Träume zu schnell verschluckt und verdaut und vielleicht hatte ich vergessen, wer ich einmal sein wollte. Aber ab und zu, in Momenten wie diesen, kam der Philosoph, der Weltverbesserer, noch einmal in mir auf und ich dachte daran, wie es wäre noch einmal von vorne anfangen zu können.

»Also meine Herren«, belog ich mich selbst. »Wenn ich eine grüne Wiese hätte, würde sie an einem Fluss liegen und ich würde mir einen Gartenstuhl kaufen, eine Angel mit Wurm, meinen alten Ghettoblaster entstauben, die ausgeleierte Kassette einlegen, einen Sechserpack deutschen Bieres aus dem Tiefkühlfach holen und mir eine Pfeife mit reinstem Hanf bestücken, den Rauch tief einatmen, innehalten und ganz langsam wieder ausatmen, den Zeiger der Uhr betrachten und ihm dabei zuschauen wie er immer langsamer wird, bis er endlich ganz still steht. Die Wiese wäre grüner. Und es stände ein Schild darauf. Bebauen verboten! Wer sagt denn, dass man eine grüne Wiese bebauen muss? Erfreuen wir uns doch einfach an dem Grün, dem Gras und seinen Halmen, wälzen uns darin, betrachten den Sternenhimmel, lieben uns und vielleicht gießen wir sie auch mit einem breit gefächerten Strahl zu viel zu uns genommen Whiskeys samt Vorabendessen und wir lassen uns einfach treiben, wohin auch immer, und auf jeden Fall lassen wir die Wiese Wiese sein, so wie 1991, aber es geht ja hier um Ihre Wiese.«

In der Natur

Reni Zawrel

Verträumt wiegte er sich im sanften Wind. Welch herrliches Gefühl ließ sein Herz frohlocken inmitten der wunderbaren Natur, die ihn umgab. Etwas missmutiger schon betrachtete er die Schnecke, die ihre schleimige Spur zu seinen Füßen zog. Musste sie ausgerechnet hier herumkriechen? Allerdings schien sie in Eile zu sein, stieg doch die Sonne höher zum Zenit.

Die Sonne … ihre warmen Strahlen kitzelten ihn neckisch und gleichzeitig verführerisch. Er schien unter der sonnigen Liebkosung zu wachsen, als wolle er sich dem gleißenden Ball am Himmel entgegenrecken.

Ein bedrohlich wirkender Schatten legte sich über ihn. Wer wagte es, sich zwischen ihn und die Sonne zu stellen? Ach, es war der Baum mit seinen unzähligen Blättern, die im lauen Lüftchen an ihren Zweigen schaukelten. Beruhigt senkte der Sonnenanbeter wieder seinen Blick. Dieser Schatten wollte ihm gefallen, denn … so schön das Licht und die Wärme des strahlenden Sterns da oben auch war, die Wohltat hatte auch ihre Tücken: Zu viel Sonne bedeutete Gefahr, die sengende Hitze zur Mittagszeit brachte Unwohlsein mit sich und unsäglichen Durst. Aber wer dachte schon daran, dem Durstigen Wasser zu spenden? Niemand. Er war darauf angewiesen, dass Freunde – wie der Baum zum Beispiel – sich seiner erinnerten.

Stolz betrachtete er erst sich selbst und danach wohlgefällig seine Freunde. Allesamt waren sie schön anzusehen … eine wahre Pracht, jeder Einzelne von ihnen.

Doch dann näherten sich bedrohliche Geräusche. Es war wie das Grollen eines nahenden Gewitters. Keine Wolke war jedoch am Himmel zu sehen … Die Gefahr näherte sich von Westen, lauter und immer lauter werdend.

Die Zeit zu überlegen war kurz, eigentlich gar nicht vorhanden … Sekunden später der Schmerz, Chaos und Dunkelheit.

Er war nicht allein. Seine Gefährten befanden sich neben, unter und über ihm. Das ohrenbetäubende Geräusch dröhnte aus unmittelbarer Nähe.

Aber da, da war sie wieder – die Sonne. Und über ihm der Schatten des Baumes. Eines der Blätter lächelte ihm freundlich zu und der Wind flüsterte:
»Schon bald bist du wieder gewachsen, kleiner grüner Grashalm.«

Die grünen Glasmurmeln
Sebastian Görlitzer

Weil mein Neffe Ben bald Geburtstag hat, gehe ich an diesem Tag mit ihm in ein Spielwarengeschäft, damit er sich etwas aussuchen kann, was ich ihm zu seinem Ehrentag schenken werde. Die Wünsche heutzutage sind sehr niveauvoll und je mehr ich vom Inhalt der vielen verschiedenen Regale sehe, desto mehr fällt mir auf, dass man nicht mehr durchblickt bei all den Spielwaren, die es heute gibt. Wie sich herausstellt, wird es selbst für einen zehnjährigen Jungen ein schwieriges Unterfangen, etwas zu finden, das ihm zusagt. Man weiß nie, wofür sich die Kinder in diesem Alter interessieren. Und von Jahr zu Jahr wird es immer schwieriger.

Wir kommen an Puppen vorbei. Verschiedene und aufwändig gestaltete, da haben es Mädchen schwer bei ihrer Entscheidung. Dann kommen die Teddys. Vielseitig, klein und verschiedenfarbig. Große und täuschend echte, welche, wo ich gerade noch denke, ich müsse vor Angst sterben, weil dort echte Grizzlybären im Regal sitzen. So realistisch, wie die aussehen, könnte man glauben, die seien nicht aus Plüsch, sondern ausgestopft.

»Onkel Tino, hast du etwa Angst vor Plüschbären?«, witzelt mein Neffe, um mich zu ärgern.

»Was ist nur aus den alten Brummbären geworden, die es zu unserer Zeit gab, die mit den liebevollen Knopfaugen, die nicht so grimmig geschaut haben und immer ein freundliches Brummen übrig hatten?«, frage ich leicht genervt.

»Die sind veraltet und stehen sicher seit Jahrhunderten in Spielzeugmuseen.«

Mit dieser Antwort habe ich nicht gerechnet. Wahrscheinlich hat er aber recht. So vieles, was es damals an Spielzeug gab, wobei es zu meiner Zeit nur eine geringe Auswahl war, wird ständig aus dem Sortiment genommen oder weiterentwickelt. Heute gibt es eine Vielzahl an Bausteinen, Actionfiguren und was nicht noch alles. Viel zu viel, was Kinder gar nicht brauchen, finde ich.

So sieht das Zimmer von Ben auch aus. Und dabei hat er sich schon von so vielem getrennt. Eigentlich sollte ich ihm gar kein Spielzeug kaufen. Lieber etwas Sinnvolles für die Schule.
Doch dann würde er sich möglicherweise gar nicht freuen, vielleicht nur so tun als ob. Also bleibe ich tapfer. Wir machen Pause, weil er plötzlich an Kartons mit kleinen Figuren und Weltraumfahrzeugen anhält. Voller Freude deutet er darauf.
»Schau mal, Onkel Tino, die haben hier die Bionmetroniks, die mir noch fehlen.«
»Die Biodingsbums was?«
Was es heute nicht alles gibt, denke ich mir und schau mir das Set genauer an. Ben erzählt mir aufgeregt:
»Das sind die Ritter der Galaxis, die im Weltall für das Gute kämpfen.«
»Wer braucht denn sowas, bitte?«, frage ich ihn entgeistert.
»Das ist gerade in der Schule voll der Trend, alle haben sie. Das wäre das perfekte Geburtstagsgeschenk«, versucht er, mir die Idee schmackhaft zu machen.
Ich bemühe mich um Gleichmut. Zum einen will ich endlich aus diesem allzu modernen Spielzeugladen raus, zum anderen seh ich nicht ein, nur weil es in der Schule eine Weile ›Trend‹ ist, ihm ein so sinnloses Geschenk zu kaufen.
Da gibt es bestimmt Sinnvolleres.
»Was ist aus den Ritterschlössern, den Feuerwehrwachen oder den Schatzinseln geworden, die ähnlich diesem Weltraumspielzeug waren, mit denen ich früher als Kind spielte?«, frage ich Ben, in Erinnerungen schwelgend.
Der sieht mich nunmehr an, als ob ich einen Witz erzählt hätte. Kurz und knapp antwortete er mir deshalb:
»Spielzeugmuseum, Onkel Tino, Spielzeugmuseum.«
Allmählich frustet es mich. Es kann doch nicht möglich sein, dass alles, was früher gut war, vom Erdboden verschwindet. Es war Spielzeug, von dem wir sprachen. Gut und altbewährt. Es gibt offensichtlich nur noch modernes, nahezu fantasieloses, das mitunter keinen Nutzen hat, außer dass man irgendwann die Freude daran verliert. Was ist mit all meinen Kindheitserinnerungen passiert, sind sie längst ausgestorben, genauso

wie meine Hoffnung, dass wir hier noch etwas finden? Ich entscheide mich, aufzugeben und meinen Neffen frei entscheiden zu lassen.
Inzwischen laufe ich weiter und komme an Bällen mit Zeichentrickfigurmotiven vorbei. Geschmacklos, denke ich. Dann komme ich an Modellbausätzen vorbei. Das faszinierte uns früher noch. Plastikautos und Flugzeuge zusammenbauen und Matchbox, kleine Autos, die wir leidenschaftlich gern sammelten, sind also doch noch zu finden.
Dann sind die guten alten Zeiten noch nicht ganz vergessen? Mir scheint fast so, nur für einen kleinen Moment, als ob sich neue Hoffnung in mir breitmacht.
Anschließend komme ich an Regalen mit kleinen, unterschiedlichen Figuren vorbei. Ich gehe weiter. Unerwartet sehe ich sie liegen, da, wo ich nicht damit gerechnet hätte. Es gibt sie tatsächlich noch. In einem kleinen, offenen Pappkarton, verpackt in einem Netz, leuchten sie mich an. Längst vergessene Schätze meiner Kindheit: Die bunten Glasmurmeln. Ich nehm ein Netz in die Hand. Sie fühlen sich noch genauso an wie früher.
Dann fällt mir eine Geschichte ein, die ich längst vergessen hatte. Das Einzige, was ich als Kind mehr als genug hatte, waren zwar Bücher, doch zu gern hätte ich, wie manch anderer in meiner Klasse auch, Comics gehabt. Die gab es zu meiner Zeit zwar schon, allerdings waren manche Hefte sehr selten und daher auch wertvoll. Mein größter Schatz jedoch waren meine über alles geliebten grünen Glasmurmeln, die ich sammelte, weil sie preiswert waren. Meine Eltern überraschten mich bei jeder guten Zensur, die ich in der Schule schrieb, mit einem Netz voller neuer Murmeln. Weil sie wussten, dass ich sie liebte. Ich fühlte mich wie ein kleiner Pirat, denn die Murmeln waren zudem auch sehr unterschiedlich. Keine Einzige war gleich.
Die Linien, die sich im Inneren quer durch die ganze Mitte durchzogen, waren niemals einheitlich. Sie sind noch heute ganz unterschiedlich. Da machte schon damals das Sammeln Spaß. Ganz selten bekam man eine grüne Glasmurmel. Die waren eine Rarität. Und doch hatte ich eine, die ich allerdings niemals hergeben wollte und wie meinen Schatz hütete. Bis zu diesem einen Tag. Ein Mitschüler brachte das neueste Superheldenheft mit in die Schule und machte alle damit neugierig.

Besonders mich. Er wusste, dass ich diese eine bunte Murmel hatte, und schlug mir einen Tausch vor. Ich bat um etwas Bedenkzeit bis zur großen Pause.
Er willigte ein und wir beschlossen, unseren Deal auf später zu verschieben. Ob ich jemals wieder eine dieser grünen Murmeln bekommen sollte, war nicht gewiss. Das Heft jedoch veranlasste mich dazu, den Tausch in der großen Pause hinter mich zu bringen.
Ich bekam das Heft. Mein Mitschüler bekam die einzige grüne Murmel, die ich besaß. Meine kleinen Schätze verwahrte ich in einem ledernen Säckchen, das ich von meinem Vater bekommen hatte. Ein anderer Mitschüler beobachtete, wie ich die einzige grüne Murmel herausnahm und sie für den Comic eintauschte.
Es war damals Neid, anders konnte ich es mir nicht erklären, denn kurz nachdem ich das Heft in der Hand hielt, rempelte mich der andere Junge, der unseren Tausch die ganze Zeit beobachtete, von hinten an, so dass das Säckchen mit den Glasmurmeln herunterfiel. Die Murmeln rollten heraus und verteilten sich auf dem Schulhof. Ein paar konnte ich schnell wieder einsammeln. Es eilten aber auch andere Kinder herbei und bedienten sich. Ich hatte so viele davon, doch jede einzelne war für mich sehr wertvoll. Nun hatten zwar auch die anderen Kinder etwas davon, denn sie dachten nicht daran, sie mir wiederzugeben, doch so begann das Sammeln für mich von neuem. Es kränkte mich, wo ich mir so viele Jahre Mühe gegeben hatte, so viele von ihnen mein Eigen zu nennen. Doch letztendlich war ich für die paar, die ich noch hatte, dankbar.
Ben, mein Neffe, holt mich unerwartet aus meinen Erinnerungen zurück in die Gegenwart. Wir stehen immer noch in dem Geschäft und ich habe noch immer das Säckchen mit den Glasmurmeln in der Hand. Ich lege das Netz zurück und wende mich Ben zu, der gerade vor mir steht.
»Onkel Tino, schau mal.«
Er präsentiert mir eine gigantische Autorennbahn. Ganz stolz fragt er mich:
»Was meinst du, wäre das nicht ein tolles Geburtstagsgeschenk?«
Ich lächele, nicke und schiele vorsichtig auf den Preis, der an der Seite des Kartons angebracht ist.

»Für eine Autorennbahn mit allem Zubehör, das dazu gehört, ist sie sehr preiswert«, sage ich zu Ben und biete ihm an: »Lass uns die nehmen, wenn sie dir gefällt.«

Ein schöneres Geschenk kann ich ihm nicht machen, denke ich zufrieden. Er ist einverstanden und wir gehen an die Kasse.

Im letzten Moment nehme ich dann doch noch das Netz mit den Murmeln mit.

»Siehst du, Ben«, sage ich, »es muss nicht immer übertrieben modern sein, wenn man sich noch über klassisches Spielzeug freuen kann.«

Auf der Heimfahrt erzähle ich ihm die Geschichte von der grünen Glasmurmel. Er versteht und schaut sich das Netz näher an. Für einen Augenblick erkenne ich Staunen in seinem Gesicht. Es war meine Zeit und gerne denke ich heute noch an sie zurück.

Zuhause frage ich meine Schwester, die das Elternhaus übernommen hat, nachdem unsere Eltern gestorben waren, ob sie weiß, wo die Murmeln damals hingekommen sind.

»Die müssten oben auf dem Speicher sein, wenn sie überhaupt noch da sind«, antwortet sie mir.

Also gehe ich hoch zum Dachboden, klappe die Leiter auf und krabbele, so wie ich es als Kind immer getan habe, hoch. Oben funktioniert sogar noch das Licht, stelle ich mit Erstaunen fest. Nur die Spinnweben hindern mich gelegentlich daran, mich zu den Kisten vorzutasten. Endlich habe ich es geschafft.

»Irgendwo müssen sie drin sein«, flüstere ich hoffnungsvoll und durchsuche die Kisten.

In der ersten finde ich Bücher. In der zweiten, einer kleineren, sind Briefe meiner Schwester aufbewahrt. Ich stelle sie zur Seite, denn die sind für mich uninteressant. Als ich die dritte Kiste öffnen möchte, fällt der Karton mit den Briefen plötzlich runter und liegt nun mit dem Boden nach oben zur Decke. Schnell nehme ich die Briefe und packe sie wieder in den Karton zurück. Dann aber sehe ich etwas im Licht aufleuchten. Es sind die grünen Glasmurmeln, die sich die ganze Zeit in dem braunen ledernen Säckchen befanden. Genauso wie früher. Irgendwie waren sie in dem kleinen Karton gelandet, als unsere Eltern alle Kisten mit unseren Kindheitserinnerungen hochbrachten. Ich sitze mit meinen fünfunddreißig Jahren wie ein kleiner Junge auf dem Speicher

und erfreue mich über meine wiedergefundenen Glasmurmeln. Denn nachdem mir das Missgeschick auf dem Schulhof passiert war, sammelte ich natürlich fleißig weiter. Ich kaufte mir von meinem Taschengeld immer wieder welche nach. Darum sind sie für mich Erinnerungen an eine glückliche Kindheit. In Gedanken versunken sitze ich noch lange im Schneidersitz auf dem Dachboden und betrachte jede einzelne meiner kleinen Schätze. Dann kommt meine Schwester die Treppen heraufgeklettert und fragt mich:
»Hast du gefunden, wonach du gesucht hast?«
»Ja, ich hab sie gefunden. Danke.«
»Der Kaffee ist fertig und wir wollen beginnen.«
Ich nicke meiner Schwester zu, stecke die Glasmurmeln in meine Hosentasche und folge ihr.

Der grüne Luftballon

Isabella Bauch, Linda Marie Haupt

Einst schwebte ein grüner Luftballon,
getragen vom Wind, in die Ferne davon.
Verziert mit einem gold-grünen Band,
was wohl den Absender damit verband?

Am Band ein Kärtchen, in Weiß mit Grün,
beschrieben mit Worten in kindlichem Bemühen.
Was mag es gefühlt haben, dieses Kind,
dessen Worte in Grün geschrieben sind?

Voller Hoffnung schickte es den Ballon auf die Reise,
und erwartete auf diese Art und Weise
eine Antwort von Gott auf ihre Fragen,
welche es im Herzen schon lange sehr plagen.

Warum durfte ich meinen Papa nicht kennen,
nie mit ihm toben, spielen, rennen?
Ihn nicht umarmen, kuscheln, weinen,
warum konntest du uns nicht vereinen?

Der grüne Ballon in den Himmel entschwand,
mit Kärtchen und Fragen und grünem Band.
Die Fragen des Kindes, sie bleiben offen,
obwohl heut erwachsen, wird es weiter hoffen.

Warum lacht die Frau?

Dagmar Finger

Sicher gibt es Schlimmeres, als im Supermarkt vor dem Kühlregal mit Pudding einen Lachkrampf zu kriegen.
Wenn das Lachen noch unten irgendwo im Hals steckt und man nur dümmlich grinst, interessiert es niemanden. Erst wenn unartikulierte Laute die Kehle verlassen, wird es spannend.
Dann werden die Anderen aufmerksam und schauen rüber. Vielleicht lächeln sie etwas. Aber mit zunehmender Steigerung der atonalen Frequenzen sehen sie betroffen auf ihre Schuhe, sie wären am liebsten nicht mehr hier, oder wenigstens in der schützenden Nähe des Geschäftsführers. Unmöglich, so etwas!
Schließlich weiß niemand, wer die Irre ist, die da lacht. Vielleicht ist die Verrückte auch wirklich irre und erzählt dem Pudding dreckige Witze?
Selbst hat man nichts zu lachen, denn nur Menschen, die nicht mehr alle Latten am Zaun haben, sprechen mit ihrem Nachtisch, man schaut sich also irritiert um und holt seine Kinder näher ran.
Wer richtig cool ist, geht einfach weiter. Verrückte gibt es schließlich überall. Ja, die Welt ist voll davon.
Solange sie lachen und nicht mit der Knarre rumballern, ist es ihnen recht. Andere möchten nicht Zeuge von was auch immer werden. Raushalten, weitergehen. Nichts gesehen, nichts gehört. Kinder sind da anders.
Die fragen einfach:
»Mama, warum lacht die Frau?«
Klar, so was fragt man nicht. Wegsehen, wegzerren, weitergehen. Die Stimme gepresst, peinlich alles. Aber das ist nur die eine Seite. Der Lachenden, also mir, geht es nicht viel besser. Man hat ja Erziehung, gewissermaßen. Bloß nicht auffallen. Bloß nicht *verstören.* Pudding ist nicht lustig. Was gibt es da zu lachen?
Gerade greift eine junge Frau blitzschnell nach einem Bircher Müsli. Der Lachkrampf schraubt sich zu neuen Höhen. Nicht wegen der Jesuslatschen, auch nicht wegen des Pullovers, der schon so aussieht, als röche er nach nassem Hund.
»Nicht gut, gar nicht gut«, sage ich.

Der nasse Hund sieht mich an, als spräche ich eine ausgestorbene Sprache.
›Die Irre kann sprechen‹, denkt sie vielleicht, ›die spricht so irre, wie sie lacht.‹
Deshalb versteht sie auch nicht, als ich ihr rate:
»Nehmen Sie lieber Schoko mit Sahne!«
Sie macht ein Gesicht, als hätte man einen nassen Pudel begossen, legt ihr Bircher in den Einkaufswagen und schlappt weiter. Schon naht die Erlösung in Gestalt einer dieser hilfreichen Damen, die diese extralangen grünen Schürzen tragen. Stets freundlich, meistens aber unsichtbar. Jetzt ist bald Ruhe. Jetzt geht's der Irren an den Kragen. Sie trägt ein Namensschild. Nadine steht da.
›Hallo Naddel‹, würde ich gerne sagen, wenn ich nicht so lachen müsste. Mit jenem breiten Honiglächeln, bei dem alles möglich ist, legt sie mir die Hand auf die Schulter.
Einige der Gaffer scheinen enttäuscht, dass sie keinen Totschläger unter ihrer Schürze hervorgeholt hat, und ich ahne schon, was kommt:
»Möchten Sie ein Glas Wasser, kann ich etwas für Sie tun? »
Ich schaffe es gerade noch, mir ein, zwei Tränen aus dem Gesicht zu wischen, dann geht es wieder los. Ich muss lachen. Das dauert. Als ich sehe, wie ihre Hand unter die Schürze greift – Totschläger oder CS-Gas, denke ich -, zwinge ich mich zur Contenance.
»Nein danke«, stammle ich und stütze mich erschöpft etwas auf ihr ab. »Alles gut. Wissen sie, dieses Kühlregal hier, da hab ich mein Leben vor mir gesehen, das war wie ein großer Fernseher plötzlich. Klingt irre, aber keine Sorge. Wo doch das Müsli aus dem gleichen Land kommt wie er. Als er ging, von heute auf morgen … ich habe das immer gegessen und geweint, ich dachte, dann wäre er mir etwas näher. Seit Monaten komme ich schon her und hole mir Bircher Müsli aus dem Regal. Heute aber nehme ich Schokopudding mit Sahne und wissen Sie was? Das Leben ist schön!«
Und in mein Lachen mischt sich jetzt Naddels Lachen und ihre Hand kommt wieder unter der Schürze hervor, ohne Totschläger.
»Dann sorge ich dafür, dass immer eine Extraportion Schokopudding im Regal ist.«

»Wer weiß, vielleicht ist mir Morgen nach Vanille«, sage ich und nehme drei Packungen aus dem Regal. Das dürfte fürs Wochenende reichen.
An der Kasse sehe ich wieder die Mutter mit dem Kind. Es sieht mich und zupft der Mutter am Jackenärmel.
»Guck mal, da ist die Frau wieder«, sagt es.
Ich gehe rüber.
Ich muss nicht drängeln, die Leute machen mir Platz. Irre zu sein, hat auch Vorteile.
»Du willst wissen, warum ich gelacht habe«, frage ich und lächele. »Weil ich es kann. Und weißt du, warum ich es kann?«
Die Mutter stellt sich schützend vor ihr Kind.
Ich sehe mich im Laden um, blicke etwas in Runde und rufe:
»Weil ich glücklich bin!«

Grün

Wie das Grauen

Das grüne Licht

Maria Hertting

Der Wind säuselte in den Blättern des nächtlichen Parks. Plötzlich ein Wispern! Silvias Nackenhärchen stellten sich kerzengerade auf.

In den letzten Wochen waren drei Menschen verschwunden. Wahrscheinlich das Werk eines Irren. Die Zeitungen waren voll davon, Polizei und Medien ratlos.

Die Frau wagte kaum zu atmen, lief geduckt weiter. Das Mondlicht zeigte ihr die Richtung, sodass sie rasch vorankam. Der Weg fraß eine Schneise in den Park. Eine Wurzel ragte wie ein mahnender Finger aus dem Erdreich heraus. Fast wäre sie darüber gestolpert. Huschte da nicht eben ein Schatten an ihr vorbei, lautlos, das Mondlicht, das auf den Boden der Lichtung fiel, verdunkelnd? Ihr Herz schlug schmerzhaft wie ein Presslufthammer gegen die Brust.

Noch zwei, drei Schritte, dann hatte sie den Rand des Parks erreicht. Silvia lief schneller, schaute nicht hinter sich. Das Wispern nahm zu. Es schien von überall zu kommen.

Die junge Frau war nur auf ihr Ziel fixiert. Ein eiskalter Hauch strich über ihren Nacken, begleitet von einem Geruch, den sie nicht einordnen konnte. Das Haar umhüllte ihren Kopf wie eine feuchte Decke. Kaum bekam sie Luft. Endlich hatte sie ihr Haus erreicht.

Hektisch wühlte sie in ihrer Tasche. Der Schlüssel. Ihre Hand zitterte, als sie ihn im Schloss umdrehte. Die Tür sprang auf. Wie von Furien gejagt lief sie nach oben in ihre Wohnung.

Geborgenheit, Ruhe. Ihr Herzschlag normalisierte sich. Keine Stimmen mehr. Ein Blick aus dem Fenster zeigte ihr den friedlich schlummernden Park. Im matten Schein der Straßenlaterne leuchteten die Bäume orange, rötlich und braun. Normal eben. Da, plötzlich! Wie aus dem Nichts breitete sich in rasendem Tempo eine leuchtend grüne Ader auf dem Parkweg aus und wanderte fluoreszierend bis zur Haustür. Aus der Hauptader wuchsen kleine Verzweigungen in alle Richtungen. Von diesen Seitenarmen gingen kleinere ab, von denen wieder kleinere, bis sie so dünn wurden, dass man sie fast nicht mehr erkennen konnte.

Am Ende entstand ein netzartiges grünes Gewebe, das den gesamten Boden bedeckte. Für einen kurzen Augenblick flackerte dieses grüne

Licht hell auf, bis es wie ein kaltes Feuer verglühte. Schließlich lag der Park in aller Unschuld im bleichen Licht des Mondes und der Straßenlaternen da wie immer.

In dieser Nacht fand Silvia kaum Schlaf. Von Albträumen geschüttelt wachte sie mehrmals auf. Am nächsten Morgen brach das Licht der Sonne durch die Zweige der Bäume und malte helle Flecken auf den Boden. Alles schien so wie immer. Sie wollte sich schon abwenden, als ihr Blick auf eine Eiche am linken Rand des Parks fiel.
Oh Gott! Sie hätte schwören können, dass dieser Baum gestern noch nicht dort gestanden hatte. Er leuchtete sattgrün und trug alle seine Blätter, während die anderen Bäume sie fast verloren hatten und die, die noch am Baum saßen, waren alles andere als grün. Kein Wunder, denn wir schrieben Ende Oktober.
Als Silvia spätnachmittags von der Arbeit kam, ging sie zur Sicherheit um den Park herum. War es doch zu dieser Jahreszeit schon früh dunkel und sie fürchtete sich vor den Stimmen der letzten Nacht. An das grüne Licht dachte sie nicht mehr.
Vor der Tür drehte sie sich noch einmal kurz um und suchte die Eiche, die sie heute früh gesehen hatte. Nichts.
Wie konnte ein so großer Baum, der über Jahrzehnte, vielleicht Jahrhunderte gewachsen war, innerhalb von wenigen Stunden verschwinden, ohne eine Spur zu hinterlassen? Aber als sie genau nachdachte, gestern und vorgestern und die Tage zuvor hatte sie die Eiche auch nicht gesehen. Nie hatte hier zwischen den Buchen eine Eiche gestanden - bis heute Morgen. Sie musste unbedingt mit jemandem reden, sonst wurde sie noch verrückt.

»Und du bist sicher?«, fragte Ralf.
»Ganz sicher.«
Ralf war ein guter Freund. Vielleicht erwartete er mehr von ihr, das mochte sein. *Sie* hatte ihm jedenfalls deutlich zu verstehen gegeben, dass sie nicht mehr geben konnte.
Er bot sich an, heute Nacht bei ihr zu bleiben. Lange saßen sie beisammen, tranken Wein, unterhielten sich und lachten. Als sie ihm im

Wohnzimmer seine Schlafstatt auf der Couch zurechtmachte, war ihr so, als leuchtete das Fenster hellgrün auf.

Ralf ging mit einem Küchenmesser bewaffnet nach unten, um ihr die Angst zu nehmen. Sicher blinkte eine Reklametafel in das Fenster hinein. Der Lichtkegel seiner Taschenlampe schwebte ihm voraus, als er aus dem Hausflur kam. Festen Schrittes bewegte er sich Richtung Park. Silvia sah nur seine Füße im Lichtkegel der Lampe. Ein Vogel flog aufgescheucht aus einem Gebüsch heraus. Ralfs Schritte verloren sich in der Dunkelheit. Plötzlich ein Schrei, dann ein dumpfes Geräusch wie der Fall eines Körpers, danach Stille. Auch das grüne Licht war verschwunden. Wie ein giftiges Insekt kroch die Angst an ihr hoch. Sie wartete fast zwei Stunden. Ralf kam nicht zurück. Irgendwann schlief sie vor Erschöpfung ein.

Am nächsten Morgen meldete Silvia sich krank. All ihren Mut zusammennehmend machte sie sich gegen neun Uhr früh mit Spaten und Harke bewaffnet auf den Weg, um nach Ralf zu suchen. Der Park lag im sich allmählich auflösenden Morgennebel. Sie hielt Ausschau nach der Eiche. Keine Eiche weit und breit. Sie suchte die Stelle, von der sie meinte, der Baum habe dort gestanden. Vielleicht gab es einen Hinweis, eine Eichel, die zu Boden gefallen war oder ein Blatt. Systematisch durchkämmte die Harke den Boden, überprüften ihre Augen jedes Staubkorn auf dem Weg. Nichts.

Da sah sie ihn - Ralf. Er kam merkwürdig schwankend auf sie zu. Einige Schritte vor ihr blieb er stehen.

»Ralf«, rief sie, und nichts hielt sie mehr auf ihrem Platz.

Er wich zurück.

»Was ist mit dir?«, fragte sie.

Es schien, als hätte er Angst vor ihr. Da bemerkte sie seine eigenartigen Augen. Das Licht spiegelte sich nicht in ihnen. Solche Augen hatte sie nie zuvor gesehen. Wieder spürte sie den kalten Schauer. Dieses Mal genau aus der Richtung, in der Ralf stand. Zwischen ihr und ihm befand sich eine kalte Wand, gegen die der Freund ankämpfte.

»Willst du nicht antworten?«, fragte sie.

Stattdessen machte er eine Bewegung mit der Hand, dass sie ihm folgen sollte. Schnell lief sie hinter ihm her und hatte Mühe, ihn nicht aus den Augen zu verlieren. Er zeigte auf ein Gebüsch, das sie vorher nicht bemerkt hatte. Dieses zog sie an wie ein Vakuum. Der Sog war so stark, dass sie ihren Schal verlor. Er schwebte ihr voraus bis zum Eingang eines Tunnels. Unmittelbar vor ihr betrat Ralf das unterirdische Gewölbe. Um den Kontakt zu ihm nicht zu verlieren, beschleunigte sie ihren Schritt. Plötzlich verlor sie Ralf aus den Augen. Als sie noch überlegte, wo er geblieben sein könnte, spürte sie einen harten Schlag auf ihrem Hinterkopf und verlor das Bewusstsein.

In einer Erdhöhle erwachte sie. Mühsam kam die Erinnerung zurück. Sie befühlte ihren schmerzenden Kopf und bemerkte das angetrocknete Blut an der Schläfe. Es roch muffig. Ein neongrünes Licht, von Nebel umwabert, erhellte ihr Gefängnis. Sie hatte den Eindruck, dass der Nebel das Licht zurückdrängte. Die feuchte Kühle des Bodens suchte Einlass in ihre Kleidung. Taumelnd erhob sie sich, konnte aber nur gebückt stehen. Von der Decke hingen Wurzeln herab. Erdbrocken lösten sich. Unter ihren Füßen schwankte der Boden, als liefe sie auf Watte. Vorsichtig tastete sie sich voran, immer Kontakt zu den Wänden haltend. Die Höhle ging in einen Tunnel über. Keine Spur von Ralf. Kein Geräusch. Gespenstisch.

Nach fünf Metern spaltete der Gang sich in zwei Hälften. Links Dunkelheit, rechts das grüne Licht. Sie überlegte kurz und ließ sich von diesem Licht den Weg weisen. Endlich erreichte sie ein hallenartiges Gewölbe. Von der Decke bröselte Erde. Wurzeln hingen wie Lianen herab und versperrten ihr den Weg. Sie versuchte das Dickicht mit den Augen zu durchdringen. Da formte der Nebel sich zu einer Gestalt um.

»Du musst gehen«, flüsterte eine blecherne Stimme. Silvia zuckte zusammen.

»Wer bist du?«, fragte sie.

Statt einer Antwort umhüllte sie dieses Wesen wie ein Mantel. Sie fröstelte, als die wabernde Gestalt ihr Gesicht erreicht hatte. Eine feuchte Kühle, die ihr nicht unangenehm war, ging von ihm aus.

»Wo ist Ralf?«, fragte sie. Dabei verirrte sich ein Teil des Wesens in ihren Mund. Sie hustete und würgte das Ding wieder aus.

Da sah sie den Freund leblos auf dem Boden liegen. Panik. Silvia drehte sich um und lief, so schnell sie konnte, nach draußen, während die Nebelwolke an ihr haftete wie Sekundenkleber.

Am Tunnelausgang fiel das Ding von ihr ab wie welkes Laub vom Baum. Erleichtert atmete sie auf, als sie die Wärme der Sonne auf ihrem Gesicht spürte. Der Nebel kroch zurück in seinen Bau.
Sie erinnerte sich an Magnus. Er studierte Grenzwissenschaften an der Uni Göttingen. Ob sie ihn kontaktieren sollte?

Magnus war sehr interessiert. Mit einem Team von drei Spezialisten und einer Menge Ausrüstung rückte er am selben Tag noch an. Nachdem er den Boden untersucht und Proben genommen hatte, stand für ihn fest, dass es sich bei dem Lebewesen um einen Pilz handelte.
»Aber in welchem Verhältnis steht die Eiche, die ich gesehen habe, zu diesem Pilz?«, fragte Silvia.
»Ich vermute, dass eine Wechselwirkung zwischen beiden Organismen besteht. Die Eiche hast du am Tage gesehen?«
»Ja«, bestätigte Silvia.
»Dieses Wesen muss mit Hilfe des Baumes eine Möglichkeit gefunden haben, tagsüber zu erscheinen. Wie das zusammenhängt, muss ich erst klären. Es könnte sein, dass beide auf irgendeine Art miteinander kommunizieren.«
»Das erklärt aber nicht das Verschwinden der Eiche. Und Ralf? Was hat *er* damit zu tun?«
»Das kann ich noch nicht sagen. Es sieht so aus, als wenn dieses Wesen Ralf vorgeschickt hat, um dich zu bekommen. Vielleicht war er schon tot und du hast nur seine leblose Hülle gesehen.«
»Du meinst, der Pilz ist ein Killer? Dann hätte er mich allemal töten können, Zeit genug war vorhanden.«
»Wie es aussieht, haben wir es mit einer intelligenten Lebensform zu tun. Vielleicht hat sie dich nur verschont, weil sie eine Gefährtin sucht.«
»Du machst mir Angst.«
Magnus zögerte einen Augenblick, bevor er fortfuhr. Das, was er zu sagen hatte, war schwer zu glauben.
»Das Wesen folgte dir. Es beobachtete dich. Es hat dich in seine Höhle gelockt, dich zwar betäubt, aber nicht getötet. Es umwallte dich wie ein Liebender, es hat dich sogar geküsst.«
»Wie geküsst? Das hätte ich doch merken müssen.«

Magnus sah sie herausfordernd an. Da dämmerte es ihr: Der Nebel. Er hatte sich in ihren Mund verkrochen.
»Hier oben bist du in Sicherheit, vorerst jedenfalls. Wie lange, weiß ich allerdings nicht. Wenn es diesem Monster gelungen ist, unterirdische Gänge von den Ausmaßen zu bauen, wie du sie geschildert hast, wird es ihm eines Tages auch gelingen, in dein Haus einzudringen. Gleich morgen mache ich mich mit meinen Leuten auf den Weg in den Tunnel. Wir haben Schutzanzüge mitgebracht. Vielleicht können wir mit unsern Messinstrumenten Kontakt zu diesem Wesen aufnehmen.«

Der nächste Morgen war sonnig und sehr mild für diese Jahreszeit.
»Da ist die Eiche.« Silvia zeigte auf einen starken Baum, der mitten zwischen den Buchen stand und dessen Blätter in sattem Grün leuchteten.
»Verdammt.«
Magnus stand neben Silvia am Fenster und schoss ein Foto von dem Baum.
»Ein prächtiger Bursche. Ich weiß genau, dass er gestern nicht dort stand.
Endlich glaubte ihr jemand.
»Wie kann der von einem Tag auf den anderen verschwinden?«
»Wir werden es herausfinden.«
Magnus und seine drei Helfer hatten gemeinsam diese Nacht bei Silvia verbracht. Nun rückten sie mit Spezialanzügen und Werkzeugen aus. Sie wagten sich so nah an den Baum heran, dass die Zeiger der Messgeräte bis zum Anschlag pendelten.
»Ein Lebewesen, wie ich mir dachte«, meinte Magnus.
Als er sein Messer nahm und etwas von der Rinde des Baumes abschneiden wollte, geschah es: Der Baum verschwand. Nein, eher kollabierte er, fiel in sich zusammen und verwandelte sich in eine Art Schleimpilz. Die wabbelnde grüne Masse kroch augenblicklich in den Boden zurück.
»Es scheint so, als haben wir es mit ein und demselben Lebewesen zu tun. Der Pilz scheut das Licht. Der Baum ist sein Auge, sein Teleskop, das er ausfährt, wenn er sehen will, was außerhalb seines dunklen Grabes geschieht. Unterirdisch ein Pilz, über der Erde eine höhere

Pflanze. Eigentlich die ideale Lebensform. Leben spendend und Leben zerstörend. Sozial und asozial. Autark und von anderen Lebewesen abhängig. Um mehr zu erfahren müssen wir unter die Erde.«
Die Männer fanden alles so vor, wie Silvia es beschrieben hatte. Der muffige Geruch nahm zu. Das Schleimmonster näherte sich. Es versuchte, durch ihre Anzüge einzudringen, vergeblich. Am glatten Kunststoff fand es keine Haftung.
Mit Hilfe ihrer hochmodernen Geräte hofften sie, eine Kommunikationsmöglichkeit schaffen zu können. Bald hatte der Pilz ihren gesamten Körper eingehüllt und wuchs über ihren Sichtschutz hinaus. Mehrmals mussten sie darüberwischen, um die Pilzfäden zu entfernen. Während sie weiter vordrangen, wurde der Pilz aggressiver.
Marcel, einer der Männer, geriet in Panik. Sein furchtbarer Schrei brach sich vielmals an den Wänden der Höhle, und vor ihren Augen wurde er buchstäblich vom Pilz infiltriert. Wahrscheinlich hatte sein Schutzanzug eine undichte Stelle bekommen.
Eine kleine Öffnung, vielleicht durch das Vorbeigehen an den scharfen Kanten der Tunnelwände verursacht. Wer weiß das schon? Marcel schrie. Hinter seinem Visier war der Pilz zu sehen. Der wuchs rasend schnell und überwucherte schon das Gesicht des Mannes. Die anderen Männer wollten helfen. Er aber fuchtelte so wild mit den Armen, dass sie sich vor ihm in Sicherheit bringen mussten. In seiner Verzweiflung riss er sich den Helm vom Kopf. Wie im Zeitraffer trug der Pilz den Mann vom Scheitel bis zur Sohle ab. Es dauerte nicht mal eine Minute, dann fiel der leere Anzug zu Boden.
»Oh Gott«, schrie einer der Männer und hob seine Taschenlampe in die Höhe.
Da wich der Pilz zurück.
»Licht! Das ist es«, sagte Magnus. »Wir müssen den Gang einreißen, damit Tageslicht eindringen kann.«
Da kam der Nebel und der Pilz zog sich zurück. Merkwürdig. Zuvor hatten sie diesen nicht bemerkt. Er umkreiste sie, genau wie Silvia es beschrieben hatte. Kälte drang durch ihre Schutzanzüge. Hastig liefen die Männer nach draußen.
»Ich glaube, wir haben es mit zwei voneinander unabhängigen Lebensformen zu tun«, sagte Magnus zu Silvia. »Als der Nebel kam, ver-

schwand der Pilz. Der Pilz leuchtet im Dunkeln grünlich und riecht muffig, der Nebel hingegen ist feucht und kalt. Ich hatte den Eindruck, er wollte uns beschützen.
»Der Geruch des Nebels erinnerte mich an etwas.« Silvia überlegte, dann wusste sie es. »Der Nebel riecht nach Sandelholz.«
»Hast du eine Erinnerung an diesen Geruch?«
»Meine Großmutter roch so.«
»Lebte deine Großmutter hier in dieser Wohnung? Starb sie vielleicht auch hier?«
»Ja, ich habe die Wohnung nach Großmutters Tod übernommen, nachdem sie friedlich in ihrem Bett eingeschlafen ist.«
»Wie lange ist das jetzt her?«
»Sie starb letztes Jahr im Herbst.«
»Also genau vor einem Jahr. Wie war das Verhältnis zu deiner Großmutter?«
Silvia wischte sich ein paar Tränen aus den Augen.
»Sie hat mich großgezogen. Meine Eltern kamen bei einem Autounfall ums Leben.«
»Könnte es sein, dass deine Großmutter meint, sie müsse über ihren Tod hinaus auf dich aufpassen?«
»Du meinst, der Nebel ist der Geist meiner Großmutter?«
»Vielleicht kann ihre Seele erst Frieden finden, wenn sie dich in Sicherheit weiß.«
Silvia schüttelte den Kopf.
»Ich war Zweiundzwanzig, als Großmutter starb. Sie hat ihre Sache gut gemacht. Niemand kann einen Menschen sein ganzes Leben lang begleiten.«
»Das ist richtig, aber eine Mutter kann ihre Tochter länger begleiten als eine Großmutter. Vielleicht wollte sie dir genauso viel Zeit schenken, wie es deine Mutter getan hätte, wäre sie noch am Leben.«
Silvia erinnerte sich an das gütige Gesicht ihrer Großmutter.
»Das könnte zu ihr passen.«
»Wenn es sich bei dem Nebel um den Geist deiner Großmutter handelt, müssen wir noch mal in die Höhle hinein und Kontakt mit ihm aufnehmen«, sagte Magnus. »Und du musst uns begleiten, ob du willst oder nicht. Ohne dich können wir keine Verbindung aufbauen.«

Am nächsten Morgen machten sie sich noch einmal auf den Weg. Silvia hatte, wie die Männer, einen Schutzanzug an, sie misstraute aber dessen Schutzwirkung. Kein Pilz, kein Nebel, nichts war zu sehen.

»Ruf´ den Nebel«, forderte Magnus sie auf.

»Großmutter. Bist du es?«, fragte Silvia leise in die Höhle hinein.

Nicht lange darauf spürte sie einen kalten Hauch, und der Nebel kroch an ihr hoch.

»Geh´ fort. Du bist in Gefahr. Ich kann dich nicht beschützen«, hörte sie eine leise Stimme sagen. Es war die Stimme ihrer Großmutter.

Die Männer drehten an den Knöpfen ihrer Geräte und drückten irgendwelche Tasten. Plötzlich wurde die Stimme lauter und deutlicher. Ein Schauer lief Silvia über den Rücken.

»Er will dich. Er verfolgt dich. Du musst gehen.«

»Wer? Wer verfolgt mich?«

»Keine Ahnung. Ich weiß nur, dass er, seit er dich sah, Gefallen an dir gefunden hat. Er braucht dich. Er ist das Böse selbst. Mehrere Menschen sind ihm schon zum Opfer gefallen. Ich konnte es nicht verhindern. Aber er ist auch einsam und traurig.«

»Wie ich dir gesagt habe«, warf Magnus dazwischen. »Er sucht eine Gefährtin.«

Der Nebel kam näher. Silvia ließ es geschehen. Er umwallte ihre ganze Gestalt. So hatte die Großmutter sie immer umarmt. Leider war Silvias Empfindung durch den Schutzanzug gestört. Weder Nässe noch Kälte ließ dieser durch. Plötzlich zuckte die nebelhafte Gestalt zurück.

»Er kommt«, rief sie, und Silvia hatte den Eindruck, dass die Stimme schwächer wurde. »Dieses Wesen ist mächtiger als ich. Wenn es gewollt hätte, hätte es dich längst töten können. Ich kann es nicht lange zurückzuhalten.«

Und dennoch drängte der Nebel den grünen Schleim, der sich jetzt unaufhaltsam näherte, zurück. Schnell lenkten die Männer den Strahl ihrer Taschenlampen auf das Wesen. Ein spitzer Schrei, und es zog sich in die hinterste Ecke zurück.

»Lasst uns die Höhle verlassen«, rief Magnus.

Die kleine Gruppe stolperte zurück. Hinter ihrem Rücken hielt der Nebel den Pilz in Schach.

Magnus hatte Aufnahmen vom Stollen gemacht. Damit gelang es ihm, die Behörden zu überzeugen, dass es im Park einen unterirdischen Gang gab, der einsturzgefährdet war und Spaziergängern gefährlich werden könnte. Das Umweltamt gewährte ihnen - nach kurzer Prüfung - das Recht, den Tunnel freizulegen, damit niemand in das morsche Erdreich einbrechen konnte.

Es war ein sonniger Herbsttag, als die Bagger anrückten. Sie rissen das gesamte Erdreich auf und legten mehrere unterirdische Höhlen und Tunnel frei. Magnus und sein Team hatten die Erlaubnis bekommen, mit dabei zu sein, ebenfalls Silvia. Unter der Erde spielte sich ein Drama ab, das einen ganzen Tag lang dauerte. Stück für Stück nahm man dem Pilz seinen Lebensraum. Fast tat Silvia dieses Wesen leid, als es in einem letzten verzweifelten Kampf versuchte, sich aufzubäumen.

Auch dem Nebel wurde der Lebensraum genommen. Noch einmal ließ Silvia es zu, dass der Geist ihrer Großmutter sie umhüllte. Diesmal hatte sie den Schutzanzug nicht an. Sie spürte den intensiven Geruch nach Sandelholz und hörte eine schwächer werdende Stimme aus dem Nebel kommen.

»Du bist nun in Sicherheit, mein Herz. Ich kann in Frieden gehen.«

Noch einmal bäumte der Nebel sich auf, während Silvia von den Strahlen der untergehenden Sonne gestreift wurde, dann zerstreute er sich und verschwand.

Ganz hinten, wo das Licht noch nicht hingekommen war, kauerte eine grünleuchtende Masse, die verzweifelt versuchte, bis zu Silvia vorzudringen, aber die Sonne verhinderte das. Mit letzter Kraft leckten ihre Strahlen die gesamte Höhle ab und tauchten sie in helles Licht. Sie zwangen die Flüssigkeit, sich immer weiter zurückzuziehen. Als die Sonnenstrahlen den letzten Winkel erreicht hatten, verdunstete das Wesen mit einem leisen Gurgeln, das wie ein verzweifeltes Stöhnen klang.

Es war vorbei.

Silvia atmete auf. Lastwagen fuhren neue Erde heran und füllten die Hohlräume des aufgewühlten Bodens. Silvia und Magnus lagen sich in den Armen.

»Geschafft«, sagte Magnus und drückte Silvia fest an sich. »Wenn du mich fragst: Ich würde von hier fortziehen.« Er lachte. Dabei blitzten seine weißen Zähne auf. »Vielleicht nach Göttingen?«
Silvia boxte ihn in die Seite. Dann sagte sie:
»Wahrscheinlich hast du Recht. Auch Großmutter würde das wollen.«
Drei Monate später zog sie zu ihm nach Göttingen.

Der Winter war lang und dunkel gewesen. Nun wurden die Tage wieder länger. Noch immer schlief der Park unter einer dicken Schneedecke. Ein kleiner grüner Funke glomm unter der Erde. Er hatte sich in den Wintermonaten zu einer schleimigen Flüssigkeit entwickelt.
Als das Frühjahr kam und die ersten warmen Strahlen lockten, gingen wieder mehr Spaziergänger durch den Park. Ab und an las man in den Zeitungen von Vermissten.
In die Wohnung von Silvia war eine junge Studentin eingezogen. Sie fühlte sich hier wohl, mitten in der Stadt und doch im Grünen. Eines Abends meinte sie, Stimmen hinter sich zu hören. Als sie sich umwandte, sah sie ein merkwürdig grünes Licht unter der Erde, das sich schnell in alle Richtungen hin ausbreitete. Sie dachte sich nichts dabei, war sie doch eine moderne junge Frau, die vor nichts und niemandem Angst hatte. Am nächsten Morgen stand am linken Rand des Parks eine mächtige Eiche. Sie hätte schwören können, diese gestern noch nicht gesehen zu haben. Das merkwürdige an diesem Baum aber war, dass er alle seine Blätter schon hatte, während die anderen Bäume gerade erst begannen, auszuschlagen.

Ein Männlein steht im Walde

Michaela Kaiser

Wenn ich an meinem Schreibtisch sitze, dann sehe ich durch das vor mir liegende Fenster direkt auf den Saum des nahen Waldes. Eigentlich ist es kein richtiger Wald, sondern der Beginn des Renaturierungsgebietes. Also eher ein undurchdringliches Dickicht aus den unterschiedlichsten Bäumen und Büschen. Es kostet uns nicht unbeträchtliche Mühen, diese Massen von Pflanzen im Zaum zu halten. Ohne monatliches Zurückschneiden würden sie uns bald überwuchern, denn hier gibt es viel mehr Sonne und Wasser als in der Überbevölkerung drüben. Um das Sonnenlicht durch allzu hohe Bäume nicht auszuschließen, dürfen wir die ersten drei Meter auf der anderen Zaunseite auch in der Höhe beschneiden. Daraus resultieren etliche Baumstümpfe, die wir auf überschaubare zwei Meter Höhe heruntergestutzt haben. Diese Stümpfe schlagen nach einem Jahr schon wieder kräftig aus, ebenso werden sie sehr schnell von Efeu überwachsen. So sehen manche aus wie grüne Laubmännchen mit einem wilden Schopf aus langen Zweigen.

Ich liebe es, den Lauf der Jahreszeiten an diesen grünen Büschen abzulesen. Besonders im Frühjahr. Dann ist endlich die kahle Zeit vorbei, in der sich die nackten Äste und Zweige frierend und um Wärme bettelnd in den Himmel recken. Manchmal dauert es lange, bis die ersten Knospen aus der Rinde schauen, aber wenn, dann geht es sehr schnell, bis die grüne Wand wieder prall voller Leben ist. Am Morgen mache ich es mir an meinem Arbeitszimmerfenster bequem. Ich genieße diese frühe Stunde, in der ich beobachte, wie die Büsche zum Leben erwachen, sich die unterschiedlichsten Vögel über die Körner hermachen und manchmal kommen auch die Eichhörnchen aus ihren Verstecken und tun sich an dem Futterhäuschen gütlich. Mitten vor dieser grünen Wand steht mein Lieblingsmännchenbaum. Wir haben ihn vor zwei Jahren gestutzt und im letzten Sommer schien es, als wären wir dabei zu überschwänglich vorgegangen. Nur schnellwachsender Efeu begrünte ihn.

Im Winter sah es so aus, als ob er eine Hose anhätte. Mittlerweile trägt er ein kurzärmeliges Hemdchen aus Efeublättern und aus dem oberen

Teil sprießen Zweige, an denen schon vorwitzige Knospen haften. Wie eine wild wuchernde Afro-Mähne sieht das aus. Dazu haben wir an der einen Seite einen dicken Aststumpf stehen lassen, so dass mein Laubmännchen mir jeden Morgen fröhlich zuwinkt, während ich meinen Tee trinke. In Anlehnung an einen nordischen Baumgeist, den Tomtegubbe, habe ich ihn liebevoll Tomtom genannt.

Heute ist etwas nicht wie sonst. Ich weiß nicht, was es ist. Etwas, das sonst üblich war, ist heute anders. Ich schaue aus dem Fenster und kann es nicht einordnen. Die grüne Wand, die vertrauten Büsche und Bäume, sogar Tomtom, alles an seinem Platz, und doch fällt mir eine Unebenheit auf, eine Welle im Raum - Zeitgefüge, das anders ist als sonst. Ich grüble noch eine Weile, aber dann ist mein Getränk kalt und ich gehe zurück in die Küche, um mir einen weiteren Tee aufzubrühen. Am Abend schaue ich noch einmal, aber mir fällt nichts auf. Dann beschließe ich, dass ich mich geirrt, und vielleicht nur die Nachwirkungen eines unguten Traumes mein Gehirn auf Abwege gebracht hatte.
Der nächste Morgen bringt Regen. Ich sitze an meinem üblichen Platz, aber jetzt bin ich mir fast sicher. Ich rufe Jan zu mir:
»Du, sag mal, der Baumstumpf da, hat der immer schon den Ast nach links rausgestreckt? Ich bin mir fast sicher, der war sonst immer nach rechts …!«
Jan schaut auf den Baum.
»Wie kommst du denn darauf? Denkst du, der hat sich in der Nacht umgedreht? Also, ich kann mir das nicht vorstellen!«
Und damit geht mein allzu pragmatisch denkender Lebensgefährte wieder in sein Arbeitszimmer.
Ich kann es mir eigentlich auch nicht vorstellen. Probehalber winke ich Tomtom zu, aber der winkt natürlich nicht zurück. Nur der leise Wind bewegt die Zweige. Natürlich nur der Wind.
Was sonst?
Trotzdem … irgendwie ist mir diese Sache nicht geheuer und ich beschließe, in den nächsten Tagen mein Laubmännchen Tomtom genau zu beobachten. Weht ein Wind oder warum bewegen sich die Zweige? Könnten sich Vögel oder Eichhörnchen darin aufhalten? Wie viele Gründe kann es geben, dass Zweige und Laub hin und her wehen? Be-

wegt sich das andere Grünzeug auch oder nur Tomtoms Haare und sein Arm? Langsam verbringe ich mehr Zeit damit als mit meiner Arbeit. Eine Woche später verpasse ich fast einen wichtigen Termin, bloß, weil ich Tomtom nicht aus den Augen lassen will und beschließe, dass es nun genug ist. Tomtom ist ein Baum und nur, weil ich ihm einen Namen gegeben habe, wird er nicht lebendig, läuft herum oder gibt mir Zeichen! Punkt.

Nun, es ist eine Sache, solches zu beschließen, aber eine völlig andere, dieses auch umzusetzen. Trotz meines Entschlusses, Tomtom zu ignorieren, ertappe ich mich immer wieder dabei, dass ich ihn heimlich beobachte. Wie ich immer wieder das Unterholz, die Zweige, das Blattwerk studiere und nur darauf warte, dass sich etwas verändert, dass mir etwas auffällt. Dann schimpfe ich mit mir, rufe die Vernunft auf, mit der ich mich bisher reichlich ausgestattet sah. Trotzdem meine ich immer wieder, kleine Veränderungen wahrzunehmen. Stand Tomtom gestern nicht ein wenig weiter rechts? Bewegen sich die Zweige, obwohl kein Lüftchen weht? Bin ich mir sicher, dass der Arm schon immer in diesem Winkel stand? Langsam beginne ich, an meiner Wahrnehmung und an meinem Verstand zu zweifeln, traue mich aber nicht, diese Überlegungen mit Jan zu teilen. Ich bin geradezu besessen von diesem Baum. Ich fertige Zeichnungen an, mache verschiedene Fotos, die ich immer wieder mit dem aktuellen Original vergleiche. Ich beschaffe mir ein Bildbearbeitungsprogramm, mit dem ich die verschiedenen Fotos übereinander schieben kann und so selbst die kleinsten Veränderungen sichtbar mache. Aber immer wieder macht mir die wuchernde Botanik einen Strich durch die Rechnung. Das Grünzeug wächst so schnell, da kann man ja schon zusehen und natürlich sieht es jeden Tag anders aus. Auch ohne Tomtoms eingebildeten Standortwechsel.
Eine Woche später muss Jan für eine Woche nach Berlin und ich bleibe allein in unserem Haus zurück. Das macht mir nichts aus. Am ersten Abend setze ich mich an meinen Lieblingsplatz und beobachte, wie die Sonne hinter den Wipfeln des Waldes versinkt. Wie sich langsam die Dämmerung ausbreitet und die Büsche und Bäume in nicht mehr als dunkle Schemen verwandelt. Und wie die Waldbewohner langsam verstummen und sich die nächtliche Stille über uns senkt. Das Letzte, das

ich sehe, bevor es ganz dunkel wird, ist Tomtom. Von ihm scheint so eine Art Glühen auszugehen, aber das sind wahrscheinlich nur die letzten Sonnenstrahlen, die sich irgendwo in einer Scheibe spiegeln und seine efeubewachsene Gestalt treffen.

Die Träume fangen Freitagnacht an. Zuerst träume ich, dass ich in meinem Zimmer sitze und Tomtom beobachte, während ich meinen Tee trinke. Der Wald ist dicht und strotzt vor Gesundheit. Tomtom steht mittendrin wie eine Festung. Seine Efeubekleidung ist dunkelgrün, seine Haarzweige sind voller Knospen und schwer. Die Spitzen neigen sich nach unten. Der Stumpf mit den üppig wuchernden Handzweigen ist ausgestreckt und dort kann ich die ersten, winzigen Blätter sehen. Unter dem Zweigenbüschel der Haare öffnen sich plötzlich zwei hellgrüne Augen und schauen mich an. Sie mustern mich prüfend, dann fährt ein Windstoß durch die Zweige und ich sehe nur noch Blätter und Efeu. Ich erwache und empfinde ein Gefühl tiefen Friedens. Ich fühle mich sicher und beschützt.

Als ich wieder einschlafe, bin ich total entspannt und erwarte irgendwie, dass der schöne Traum eine Fortsetzung erfährt. Doch was ich jetzt sehe, erschreckt mich zutiefst. Ich sehe mein Haus so, wie Tomtom es sehen würde, wenn er sehen könnte. Ich schaue durch die bodentiefen Fenster in das Arbeitszimmer und ich sehe mich. Ich sitze an meinem Tisch, mit meiner Lieblingstasse in der Hand, an der ich ab und zu nippe. Es scheint früher Morgen zu sein, denn die Sonne geht gerade über dem Dachfirst auf. Auf meinen Oberschenkeln kribbelt etwas und als ich an mir herunterschaue, sehe ich den efeubewachsenen Stumpf meines Körpers und eine Mäusefamilie, die sich zwischen meinen Wurzeln eine Höhle gegraben hat. Zwei der winzigen Mäuse hangeln sich gerade an mir hoch, halten sich an dem Efeu fest, bis sie fast auf Augenhöhe sind. Ich kann nicht widerstehen und mache leise: »Buh!« Die Winzlinge quieken erschrocken auf und sind in Windeseile verschwunden. Dann öffne ich die Augen noch weiter und fokussiere die Frau mit der Teetasse. Ich weiß, dass ich das bin, aber ich weiß auch, dass ich Tomtom bin. Als die Frau in dem Haus den Kopf hebt und ihr Blick meine Augen treffen, erschrickt sie und lässt die Tasse fallen. Ich fahre hoch … und erwache.

Schwitzend liege ich da und lausche der Stille des Hauses. Ich bin total verwirrt und desorientiert und ich kann in dieser Nacht nicht mehr einschlafen.

Samstagnacht habe ich ähnliche Träume. Aber es fallen mir immer mehr Einzelheiten auf. Einmal sehe ich, wie unsere Rollläden hochgefahren werden und auch, wie Helene von gegenüber an unserer Haustür schellt. Eine streunende Katze schleicht durch den Garten, springt dann auf den Zaun und verschwindet hinter mir im Wald. Dann sehe ich plötzlich dieselbe Katze, wie sie auf Tomtoms Kopf sitzt und gierig nach den Mäusen schaut. Es wird immer verwirrender. Mal bin ich ich, dann wieder Tomtom, dann scheint es mir, als ob ich beide gleichzeitig bin. Erholsam ist diese Nacht auch nicht und am Morgen bin ich dementsprechend schlecht gelaunt. Noch dazu ist dieser Morgen wolkenverhangen und ein unkontrollierter Platzregen erwischt mich, als ich vom Einkaufen zurückkomme. Ich mache mir etwas zu essen und entschließe mich dann dazu, mir einen Mittagsschlaf zu gönnen.

Dazu lege ich mich im Arbeitszimmer auf das Sofa. Ich schaue auf den Wald, tropfend von allen Zweigen, auch am Futterhäuschen ist keine Bewegung zu sehen. Irgendwo verstecken sich die kleinen Waldbewohner und warten wie ich auf die Rückkehr der Sonne. Während ich noch darüber sinniere, schlafe ich ein.

In diesem Traum sehe ich, wie ich auf dem Sofa liege und schlafe. Aber ich stehe draußen, dicht vor dem Fenster und schaue hinein. Ich bin Tomtom und ich bin aus dem Wald gekommen. Ich bin über den niedrigen Zaun gestiegen, hierhergekommen und schaue mir beim Schlafen zu. Als ich das begreife, überfällt mich eine panische Angst und ich schrecke hoch.

Natürlich steht der Baum nicht auf meiner Terrasse und natürlich schaue ich mir nicht selber beim Schlafen zu. Alles ist wie immer. Es hat aufgehört zu regnen und erste, vorwitzige Sonnenstrahlen lugen durch die noch dichte Wolkendecke. Ich gehe nach draußen und genieße die frische Luft. Dann nehme ich mir einen Besen und fege die Terrasse. Während ich schlief, muss ein heftiger Wind aufgekommen sein, denn der fliesenbedeckte Boden ist voller Efeublätter. Als ich damit fertig bin, verziehe ich mich mit einem Buch in meinen Lesesessel und lasse Zeit und Raum hinter mir.

Das Buch ist spannend und ich merke gar nicht, wie sich die Dämmerung senkt. Erst als es zu dunkel ist zum Lesen, schaue ich hoch. Nanu, schon so spät? Wo ist denn der Nachmittag geblieben? Ein bisschen Hunger habe ich auch. Ich bereite mir einen kleinen Snack, gieße frischen Tee auf und schalte meine Leselampe ein. Dann versinke ich wieder in meinem Roman.
Eigentlich erwarte ich, in der Nacht von dem Buch zu träumen, das mich an diesem Tag so gefesselt hat. Aber ich träume wieder von Tomtom. Mit leiser Verwunderung sehe ich, wie Tomtom über den Zaun steigt und näher ans Haus kommt. Dabei umweht ihn ein Vorhang aus Efeu. Seine Kopfzweige schwanken und wogen, der Stumpf seines Armes schien gewachsen zu sein und die Zweige an dessen Ende ähneln mehr denn je einer großen Hand. Mit langsamen, gleitenden Bewegungen kommt er über den Rasen und nähert sich. Dabei fixieren mich seine grünen Augen. Ich kann seine Gedanken hören. Er ruft mich und ich weiß, dass ich ihm folgen muss. Er steht vor der Terrassentür und ich öffne sie für ihn, aber er kommt nicht ins Haus. Ich trete hinaus, stehe mit ihm auf der mondbeschienenen Terrasse. Er dreht sich um und wir schauen gemeinsam in den dunklen Wald. Dann geht er los und ich folge ihm. In mir ist nichts als Frieden und Freude. Nur ganz entfernt, am Rand meiner Wahrnehmung, empfinde ich eine dunkle Bedrohung, aber sie ist sofort wieder verschwunden. Im Wald angekommen stellt sich Tomtom auf seinen Platz, dann öffnet er, einer großen, klaffenden Wunde gleich, seinen Stamm. Ich sehe das helle Holz, durchzogen von feinen Adern und Verästelungen, lebendig, lockend, Geborgenheit versprechend. Ein warmes Leuchten geht davon aus. Zögernd strecke ich eine Hand aus, taste nach dem Holz, fühle seine Rauheit, seine Weichheit. Nichts scheint mir erstrebenswerter, als mit ihm zu verschmelzen. Ich trete etwas näher, meine Hand versinkt bis zum Ellenbogen in dem Holz. Ich fühle den sanften Zug, der davon ausgeht. Ich stehe nun ganz dicht vor Tomtom, lege meine Lippen, meine Stirn an ihn und fühle, wie sich die raue Borke hinter mir schließt. Dann versinke ich in ihm.

Später erwache ich. Um mich herum ist es dunkel und warm. Ich greife um mich, spüre aber nur sanften Wind und Sonnenwärme. Leises

Rascheln ist um mich, so wie Blätterflüstern im Wind. Dann öffne ich die Augen und sehe das Haus. Ich sehe Jan, er ist von seiner Reise zurück. Ich sehe, wie er durchs Haus streift. Er hat seine Reisetasche im Schlafzimmer abgestellt und eilt nun durch alle Zimmer. Ich kann ihn nicht hören, aber ich sehe, wie er seine Lippen bewegt und nach der Frau ruft. Doch er findet sie nicht. Niemand wird sie finden. Sie ist jetzt bei mir. Ich bin Tomtom, der Tomtegubbe.

Der Jadekiller

T.B. Ems

Nachdem Emily einen Artikel über den Jadekiller in der regionalen Zeitung gelesen hatte, wurde sie das Gefühl nicht los, beobachtet zu werden. Dieser Bericht war nach einem Interview mit einem Profiler veröffentlicht worden und spukte ständig in ihrem Kopf herum.

Er war weder blutrünstig noch allzu dramatisch geschrieben. Ein Täterprofil von dem Mörder, der bereits fünf Frauen umgebracht hatte. Wie er tickte und was in seinem kranken Hirn vorging, war darin beschrieben. Die Indizien und Tatortspuren, die bekannt waren, wurden aufgelistet und der Analytiker erklärte ausführlich, weshalb der Mörder die Frauen in ihren Schlafzimmern umbrachte. Er stellte die These auf, dass er auf die Opfer vertrauenerweckend gewirkt hatte und deshalb in ihre Wohnungen hineingelassen worden war. Alles in allem war der Bericht sehr aufschlussreich gewesen.

Die Mordkommission hatte bis dahin nur spärliche Informationen herausgegeben und schwieg zu den meisten Fragen, die ihnen von der Presse gestellt wurden. Umso überraschter war Emily, dass ein Fallanalytiker öffentlich über den Mörder sprach und ein Profil von ihm erstellte.

Der Frauenmörder fotografierte seine Opfer. Er schickte ein Foto von jeder Leiche, nachdem sie aufgefunden worden war, an die regionale Zeitung und an einige Fernsehsender. Auf den Bildern waren das Gesicht und die nackten Brüste der Opfer zu sehen. Das jadegrüne Zeichen war ein dicker, geradliniger Strich, der vom linken Schlüsselbein bis unter den Rippenbogen ging. Ein trianguläres Polygon, das seinen Anfang über und das Ende unter der linken Brust hatte, lief spitz auf der rechten Brustwarze zusammen. Dieses Zeichen wollte die Polizei der Öffentlichkeit eigentlich vorenthalten, da der Killer es auf alle fünf Frauen gemalt hatte und sie noch nicht herausfinden konnten, was es bedeutete. Der Hauptkommissar, der die Soko leitete, hatte beinahe einen Herzanfall erlitten, als er morgens die Zeitung aufschlug und das jadegrüne Zeichen ihm dick und fett ins Auge sprang. Die Zeitungen gaben dem Frauenmörder nach Erscheinen des farbigen Fotos den Namen ›Jadekiller‹. Nicht nur die Polizei, sondern auch Reporter sprachen mit Historikern, Schrift- und Runenexperten und mit einem Assyriologen der uralte, fernöstliche Keilschriften und Hieroglyphen lesen und übersetzen konnte. Bisher konnte keiner sagen, ob es ein Buchstabe, ein Symbol oder eine Rune war.

***

Unsicher und nervös blickte sich Emily in der dunklen Tiefgarage um. Natürlich war niemand hier unten und wenn doch, dann konnte es nur ein Bewohner sein, der wie sie in dem Haus darüber wohnte. Trotzdem lief sie schnell zu ihrem Parkplatz, auf dem ihr alter, klappriger Golf stand.

Der Wagen hatte seine besten Zeiten bereits hinter sich und den nächsten TÜV - Besuch würde er nicht mehr überstehen. Irgendetwas kratzte an der Garagenmauer oder auf dem Boden entlang. Das Geräusch war kaum zu hören und doch lief ihr ein kalter Schauer über den Rücken und sie bekam eine Gänsehaut.

Ihre überreizten Nerven schienen ihr mal wieder einen üblen Streich zu spielen. Immer öfter hatte sie in den letzten Tagen das Gefühl gehabt, beobachtet zu werden. Jedes Mal, wenn sie sich irgendwo alleine aufhielt, spürte sie eine boshafte Präsenz ganz in ihrer Nähe. Selbst wenn sie unter Leuten war, in einem Café, im Restaurant, beim Einkaufen, sagte ihr Instinkt, dass ihr Gefahr drohte. Hastig schloss sie den Wagen auf und setzte sich hinein. Sie drückte den Knopf an der Tür herunter, der sie verriegelte. Emily startete den knatternden Motor, öffnete mit der Fernbedienung das Rolltor der Tiefgarage und fuhr zu ihrer Arbeitsstelle.

***

In einer Ecke, tief im Schatten versteckt, stand die dunkle Gestalt und sah, wie Emily mit schnellen Schritten zu ihrem Wagen lief. Er konnte ihre Angst spüren, die bitter und süß zugleich roch. Als der Motor aufheulte und sie das Rolltor öffnete, ging er einige Schritte nach links, dorthin, wo das Tageslicht ihn nicht erreichte und blieb regungslos stehen, bis der Wagen verschwand. Wohin sie fuhr, wusste er genau.

Er hatte sie das erste Mal gesehen, als sie in einem Café nahe der Uni saß und sie war ihm sofort aufgefallen. Jung, blond, zierlich, blasse Haut. Sie hatte ein scheues Lächeln auf den Lippen gehabt, als sie einen Latte Macchiato und ein Stück Apfelkuchen bestellte. Genau der Typ Frau,

auf den er stand. Genau der Typ Frau wie die anderen fünf vor ihr. Er war ihr unauffällig gefolgt und bald wusste er, wo sie wohnte, wie sie hieß, wo sie arbeitete und mit wem sie befreundet war.
Ein Lächeln huschte über das Gesicht des Mannes, der sich bereits seit einer Stunde in der Tiefgarage aufhielt. Es war leicht gewesen, in das Gebäude zu kommen und noch leichter, mit dem Aufzug in die Tiefgarage zu fahren.
Er wartete in der Nähe der Eingangstür. Die schwarze Kappe tief in die Stirn gezogen, eine blaue Jacke, auf dessen Brusttasche ein Name mit gelben Buchstaben stand, den niemand mehr lesen konnte, weil Ölflecken und Schmiere ihn fast verdeckten. In der Hand hielt er einen Werkzeugkoffer, in dem sich kaum etwas befand.
Als die junge Mutter aus der vierten Etage wie jeden Morgen mit ihrem Sohn auf dem Arm aus dem Gebäude kam, drängte er sich mit einer murmelnden Entschuldigung an ihr vorbei. Sie sah noch nicht einmal zu ihm auf, weil sie wie immer in Eile war und hatte ihn bereits wieder vergessen, noch bevor die Tür hinter ihr zugefallen war.

***

Er drückte auf den Knopf des Fahrstuhls, der rot zu blinken begann und fuhr hinauf in die sechste Etage. Höher ging es nicht. Von unten konnte man sehen, dass es auf der Seite, auf der Emily wohnte, vier kleine Terrassen für jedes Apartment gab. Sie waren etwas größer als die Balkone unter ihnen. Auf der anderen Seite des Gebäudes war es ähnlich, nur dass es dort zwei große Terrassen für zwei Wohnungen gab. Das Schloss an ihrer Eingangstür knackte er in wenigen Sekunden. Sie hatte nicht abgeschlossen, sondern die Tür ins Schloss fallen lassen.
Viele Menschen machen das. Deshalb ist es für jeden Einbrecher ein leichtes Spiel, schnell und ungesehen in Häuser und Wohnungen zu gelangen.
Er roch ihr Parfüm, als er in den Flur hinein huschte und die Tür hinter sich zuzog. Tief atmete er es ein und sah sich um. Er ging in ihr Schlafzimmer, öffnete den Schrank und berührte ihre Kleidung. In den Schubladen lag ihre Unterwäsche. Vorsichtig nahm er einen schwarzen Slip heraus und hob ihn an seine Nase, beschloss, ihn mitzunehmen. Seine Augen schweiften in dem Zimmer umher. Ihr Bett war nicht gemacht. Das Kissen war eingedrückt und die Decke zerwühlt. Langsam

strich er über das Kissen, dann über das weiße Laken. Er setzte sich auf das Bett, zupfte zwei ihrer langen blonden Haare aus dem Stoff, ließ sie los und sah ihnen nach, wie sie langsam zu Boden glitten. Dann legte er sich in das ungemachte Bett. Still und ruhig lag er da und sah hoch zur Decke, auf die ein blauer Himmel gemalt und glitzernde Sterne geklebt waren.

Er stellte sich vor, dass sie neben ihm liegen würde. Nur mit einem durchsichtigen Slip bekleidet. Ihr blondes Haar von ihrem Blut rot gefärbt, die Augen entsetzt aufgerissen und ihr Blick gebrochen. Sanft würden seine Hände über ihre festen Brüste streicheln und seine Lippen würden ihren Mund finden und sie auf ihn pressen. Die jadegrüne Farbe, die speziell für Bodypainting hergestellt wurde, würde in einem Tiegel auf dem Nachttisch stehen und er würde ihn vorsichtig öffnen, damit er mit seinem Finger die Rune auf ihre Brust zeichnen konnte. Danach würde er sie fotografieren. Ein Bild für die Medien, sobald man sie gefunden hatte, alle anderen nur für ihn.

Lange hatte er nach einer Rune gesucht, die zu ihm passen würde. Die aussagte, wer und was er war. Es war wie ein Zwang für ihn und er musste sein Zeichen, sein Mal, auf der blassen Haut der Frauen hinterlassen. Jeder sollte wissen, dass diese Frauen für eine kurze Zeit nur ihm alleine gehört hatten. Dass er Macht über sie hatte. Dass er mit ihnen machen konnte, was immer er wollte.

Dieses Gefühl der absoluten Herrschaft erregte ihn. Zu wissen, dass sie ihm ausgeliefert sind und nur seine Regeln zählen. Er lachte rau, als er daran dachte, wie sie alle weinend bettelten, sie zu verschonen. Wie sie ihm versprachen, dass sie alles machen würden, was er von ihnen verlangte, wenn sie am Leben bleiben würden.

Doch es war umsonst. Sie waren ihm hilflos ausgeliefert. Er verlangte und wollte nichts von ihnen. Er wollte nur den gebrochenen Blick ihrer Augen sehen, wenn sie in seinen Armen starben und die Macht über sie genießen. Deshalb konnte er sie nicht gehen lassen, egal, was sie ihm versprachen.

Langsam stand er von dem Bett auf. Im Wohnzimmer setze er sich auf das hellbraune Sofa mit den bunt geblümten Kissen darauf. Sie hatte keine Familienfotos in den Regalen stehen. Ein großes Kinoposter von ›Tribute von Panem‹ hing über dem Fernseher an der Wand in einem

Glasrahmen. Auf dem runden Holztisch lagen die Fernbedienung, ein Taschenbuch mit dem Titel ›Daphne die Psychopathin‹, das von einer Autorin stammte, deren Namen ihm nichts sagte, und eine heruntergebrannte Kerze, die auf dem Deckel eines Gurkenglases stand.
Eine dünne Staubschicht war auf den Regalen, auf denen einige gebundene Bücher und Taschenbücher standen, zu sehen. Das helle Laminat, mit dem die gesamte Wohnung bis auf das kleine Bad verlegt worden war, hatte einige Kratzer und Schrammen, wirkte stumpf und abgenutzt. Ihre Pflanzen, die auf den Fenstersims standen, waren vertrocknet und die Blätter lagen verwelkt neben den Blumentöpfen, die alle eine andere Farbe hatten. In der kleinen Küche lag benutztes Geschirr vom Vortag in der Spüle und der Mülleimer darunter war halb voll.
»Eine gute Hausfrau scheinst du nicht zu sein, meine liebe Emily«, flüsterte er und zog verächtlich den Mund nach unten.
Er blieb noch eine Stunde in ihrer Wohnung, bevor er sie wieder verließ. Ein Blick auf seine Armbanduhr sagte ihm, dass sie bald aus dem Versicherungsbüro kommen und gegenüber in der Pizzeria etwas essen würde. Anschließend würde sie in den Stadtpark gehen, sich dort auf eine der weißgestrichenen Bänke setzen, die im Schatten der Bäume standen, ihren Reader aus der Tasche nehmen, um eine halbe Stunde darin zu lesen, bevor sie zurück in das Büro ging. Um sechzehn Uhr hatte sie Feierabend. Sie würde in ihren klapprigen Golf steigen, unterwegs beim Supermarkt anhalten und dann nach Hause fahren. Sie bekam so gut wie nie Besuch und die Bewohner in dem Haus scherten sich einen Dreck um ihre Nachbarn. Deshalb beschloss er, sie in ihrer Wohnung zu töten. Bald, schon sehr bald würde die süße Emily ihm gehören.

***

Daniel Bergmann stieg aus seinem dunkelblauen BMW und verschloss ihn mit der Fernbedienung. Er drückte den Knopf neben dem Fahrstuhl, als er sah, dass Emily in die Tiefgarage fuhr. Seine Wohnung war gegenüber von ihrer und doppelt so groß. Er hatte sie vor fünf Jahren erworben und komplett renovieren lassen, bevor er sie mit teuren, eleganten Möbeln, die ihm gefielen, ausstattete. Als Scheidungs- und Strafrechtsanwalt konnte er sich das ohne weiteres leisten. Die große Kanzlei, die er mit einem Partner in der Innenstadt hatte, brachte beiden ein kleines Vermögen ein. Als Emily vor einem Jahr die Zwei - Zimmer Wohnung gegenüber gekauft hatte, war er auf der Stelle von der zierlichen Schönheit hingerissen. Ihre großen, blauen Augen waren von dunklen Wimpern eingerahmt und ihr Blick war immer etwas skeptisch, wenn sie sich mit ihm unterhielt.

Die Aufzugtür ging auf und er wartete mit einem Lächeln auf sie. Emilys hohe Absätze hallten in der dunklen Tiefgarage bei jedem Schritt. Sie lächelte ebenfalls, als sie Daniel erkannte und nickte ihm dankbar zu. Sie war froh, dass er auf sie gewartet hatte und sie nicht alleine in der dunklen Garage vor dem Lift stehen musste, bis er wieder nach unten kam. Der Aufzug setzte sich in Bewegung und sie starrte auf den Boden. Daniel hatte sie bereits einige Male eingeladen, mit ihm auszugehen. Jedes Mal fand sie eine neue Ausrede, mit der sie ablehnte.

Sie fand, er sah gut aus. Viel zu gut für Emilys Geschmack, die es lieber mochte, wenn man nicht gleich aus der Masse herausstach. Das dunkle, wellige Haar fiel ihm bis in den Nacken. Seine Haut war gebräunt und das weiße Hemd, das er trug, war maßgeschneidert, genauso wie der elegante, helle Anzug. Sie spürte, dass er sie ansah. Sie war der Meinung, dass seine Einladungen keine Dates waren, um sich kennenzulernen, sondern Einladungen direkt in sein Bett. Doch so war Emily nicht, obwohl sie manchmal dachte, dass es durchaus seinen Reiz hätte, mit Daniel eine Nacht zu verbringen.

Daniel spürte, wie unwohl sich Emily neben ihm fühlte. Er fand es schade, dass sie ihm keine Chance gab. Für ihn war sie äußerst attraktiv und er konnte sich durchaus etwas Ernstes zwischen ihnen vorstellen. Doch jeden Versuch, sie näher kennenzulernen, blockte sie ab.

Sie stiegen aus dem Aufzug und liefen stumm nebeneinander den Gang zu ihren Apartments entlang. Emily schloss die Tür auf und blickte sich zu Daniel um. Ihre Blicke trafen sich. Sie glaubte, Enttäuschung und etwas wie Traurigkeit in seinen Augen zu sehen. Kurz lächelte sie ihn an und wünschte ihm einen schönen Abend, bevor sie hineinging und die Tür hinter sich schloss. Daniel blieb noch einen Moment stehen und sah zu der geschlossenen Tür. Kurz überlegte er, bei ihr zu klingeln, um sie auf einen Drink auf seiner Terrasse einzuladen. Doch er verwarf diesen Einfall genauso schnell, wie er gekommen war. Sie würde ihm den nächsten Korb geben und das würde ihm den restlichen Abend verderben.

***

Irgendetwas war anders, das spürte sie sofort. Emily stand in ihrem Flur und blickte sich suchend um. Langsam ging sie ins Wohnzimmer. Lange blieb sie stehen, sah zu ihrem Sofa, dem Tisch, zu den Regalen, doch alles schien an seinem Platz zu sein. Dennoch hatte sie das Gefühl, dass sich etwas verändert hatte. Stirnrunzelnd ging sie in ihr Schlafzimmer. Sie sah auf das ungemachte Bett, auf ihren Nachttisch, auf dem noch immer das Wasserglas vom Vorabend stand. Die Schranktüren und Schubladen waren halb geöffnet, genauso wie immer. Ihre Kleidung lag verstreut auf dem Boden und über dem Stuhl geworfen, zwei Paar ihrer Schuhe standen daneben. Tief atmete sie ein.

Dann erkannte sie schlagartig, was sich verändert hatte. Es war die Luft in den Räumen. Sie roch anders. Herber und maskuliner als der Duft ihres Parfüms, der sonst ihre Wohnung einhüllte. Unsicher stand sie da und wusste nicht, was sie machen sollte. Ihre Gedanken überschlugen sich und Panik stieg in ihr hoch. Sie drehte sich ruckartig um und lief aus der Wohnung. Mit zitternden Fingern drückte sie auf Daniels Klingelknopf. Ihre offene Haustür gegenüber ließ sie nicht aus den Augen. Sie glaubte, jeden Moment einen Einbrecher zu sehen, der aus ihrer Wohnung an ihr vorbeistürmen würde und schrie spitz auf, als sie einen Schritt nach hinten fiel, weil Daniel die Tür öffnete, an die sie sich mit dem Rücken gepresst hatte. Er fing sie auf und als er seine hübsche Nachbarin erkannte, sah er sie verwundert an. Als er in ihr bleiches Gesicht mit den aufgerissenen Augen blickte, sah er Angst in ihnen funkeln.

»Was ist los, Emily?«, fragte er sie sanft und mit ruhiger Stimme.

Dabei hielt er sie noch immer fest in den Armen. Unsicher machte sie sich von ihm los und sah ihn mit feuchtschimmernden Augen an.

»Ich glaube, in meiner Wohnung ist jemand«, flüsterte sie verstört.

Ohne zu zögern, nahm er Emily am Arm und führte sie in seine Wohnung. Verblüfft und überrascht sah sie sich um. Die Wohnung war teuer und elegant eingerichtet, die Teppiche und Vorhänge passten hervorragend zu den modernen Möbeln und der einladend großen Wohnlandschaft, deren dunkles Grau mit den hellen Wänden harmonierte.

»Setz dich und warte hier auf mich. Ich geh in deine Wohnung und sehe mich um.« Bevor sie antworten konnte, lief er mit schnellen Schritten hinaus.

Kurze Zeit später kam Daniel zurück. Emily stand noch immer am selben Fleck und sah ihn fragend an.

»Da war niemand«, sagte er mit seiner sympathischen Stimme. »Ich war in allen Räumen und habe sogar unter dem Bett nachgesehen.«

Emily wurde feuerrot vor Scham, als sie daran dachte, wie unaufgeräumt ihre Wohnung war und wie sauber und schick seine wirkte. Daniel ging an die große Schrankwand und öffnete eine breite Tür, hinter der eine kleine, gutsortierte Bar war. Er nahm zwei Gläser, warf mit einer silbernen Zange Eiswürfel hinein und schenkte einen honigfarbenen Bourbon ein, der in einer braunen Flasche war, die genauso teuer wie seine Wohnungseinrichtung aussah. Daniel reichte ihr eines der Gläser und bat sie, sich zu setzen. Dann reichte er Emily einen Schlüsselbund und sie erkannte, dass es ihr eigener war.

»Ich nahm ihn von dem Schränkchen im Flur an mich und habe deine Tür zugesperrt«, sagte er mit einem charmanten Lächeln.

Sie nahm ihn an sich und begann, nervös die Ringe daran zu drehen. Daniel beobachtete sie dabei.

»Ich kann nachher gern mit dir rübergehen und wir sehen gemeinsam noch einmal nach, wenn du dich dadurch sicherer fühlst.«

Dankbar nickte sie und sah ihm dabei in die Augen. ›Verdammt, er sieht fantastisch aus‹, dachte sie und bemerkte, wie ihr die Röte ins Gesicht schoss.

Hastig trank sie das Glas leer, was Daniel mit hochgezogener Braue bemerkte. Sie spürte sofort den Alkohol und die Welt drehte sich ein wenig um sie herum. Emily stand auf und sah Daniel unschlüssig an. Auf der einen Seite genoss sie es, ihm so nah zu sein, auf der anderen drängte es sie, aus seiner Nähe zu kommen. Das erste Mal spürte sie, dass sie für Daniel etwas empfand. Oder war es Dankbarkeit, weil er sie in seine Wohnung nahm und in ihrer nachsah, ob ein Einbrecher sich dort versteckt hielt? Sie wollte sich diese Frage nicht beantworten, deshalb beschloss sie zu gehen.

Daniel stand langsam auf und sie gingen gemeinsam in den Flur, der ihre Wohnungen trennte. Ihre Hände zitterten leicht, als sie aufschloss. Bevor sie die Tür ganz öffnete, drehte sie sich zu Daniel:

»Ich denke, du musst nicht mit hereinkommen. Ich habe bestimmt mit meiner Angst übertrieben.«

Daniel sah sie an und nickte dann.

»Alles klar Emily, solltest du nochmal Hilfe brauchen, zögere nicht, bei mir zu klingeln oder zu klopfen.«

Ein kleines Lächeln huschte über ihr Gesicht.

»Danke Daniel, das war sehr nett von dir. Ich hoffe, du denkst nicht, ich sei eine überspannte und hysterische Frau, die dazu noch ein Angsthase ist.«

Auch er lächelte und schüttelte dabei seinen Kopf.

»Nein, das glaube ich nicht. Ich denke, du bist eine wunderschöne, taffe Frau, die gern öfter bei mir klingeln sollte, damit ich sie in den Arm nehmen kann.«

Sofort wurde sie wieder rot, doch sie freute sich über die Komplimente, die er ihr gemacht hatte. Spontan legte sie eine Hand in seinen Nacken und zog sein Gesicht zu ihrem hinunter. Der Kuss auf seiner Wange war flüchtig und viel zu schnell vorbei. Schnell glitt sie durch den schmalen Türspalt und schloss hinter sich ab. Daniel Bergmann stand vor ihrer Tür und ein Grinsen lag auf seinen Lippen.

»Vielleicht habe ich doch eine Chance bei ihr«, dachte er hoffnungsvoll.

***

Der Frauenmörder saß mit seiner Frau und den beiden Söhnen am Esstisch. Sie spielten ›Kniffel‹ und sein Jüngster gewann. Seine Gedanken wanderten zu Emily und den anderen fünf Frauen, die er getötet hat. Er wollte am Tag zu ihr gehen. Wie immer würde er an der Wohnungstür klingeln und sagen, dass bei den Nachbarn unter ihr das Wasser im Bad von der Decke tropft. Sie wird seine ölverschmierte Jacke mit dem unleserlichen Namen und seinen blauen Werkzeugkoffer sehen und ihn hineinlassen. Bevor sie wusste, was geschah, würde er sie schnappen und ihr solange die Luft abdrücken, bis sie ohnmächtig zusammensackte. Sobald sie gefesselt in ihrem Bett aufwachte, würde er mit seinem Ritual beginnen.

Seine Frau zupfte ihm am Ärmel.

»Schatz, du bist dran mit Würfeln. Wo bist du denn mit deinen Gedanken?«
Verwirrt sah er zu den Würfeln und dem Becher. Dann grinste er seine Söhne an und verdrehte dabei die Augen. Die Kinder lachten laut, als er auch noch eine Grimasse schnitt.
»Tja, dann werde ich euch jetzt zeigen, wie man eine große Straße würfelt«, sagte er mit brummender Stimme und zwinkerte seinen Söhnen verschmitzt zu.
Danach aßen sie gemeinsam zu Abend, sahen sich eine Serie im Fernseher an und gingen dann zu Bett. Er liebte seine Familie. Sie waren sein Halt und sein Trost. Ohne sie würde er ruhelos durch das Leben wandern, auf der Suche nach Geborgenheit. Seine Söhne waren sein ganzer Stolz. Sie aufwachsen zu sehen, dass sie gesund und auch gescheit waren, ließ ihn an das Gute glauben.
Seine Kindheit war der reinste Horror gewesen. Seine Mutter war Alkoholikerin, sie hatte sich nicht um ihn gekümmert und er war sehr früh auf sich alleine gestellt gewesen. Sein Vater hatte sie verlassen, noch während sie schwanger gewesen war.
Mit Sozialhilfe und in einem schäbigen Plattenbau war er zwischen Kriminellen und gescheiterten Existenzen aufgewachsen. Seine Frau war es gewesen, die ihn gedrängt hatte, Meister in seinem Beruf zu werden, und ihn bestärkt hatte, sich danach selbstständig zu machen.
Fünf Jahre später konnten sie sich ein schmuckes Haus leisten. Er war bei den Nachbarn und seinen Kunden hoch angesehen. Bei einer großen Wohnungsgesellschaft stand er unter Vertrag. Er wartete und reparierte die Heizungen in ihren vermieteten Häusern. Daneben hatte er kleinere Aufträge von Privatleuten. Ihm und seiner Familie ging es gut. Seine Frau musste nicht arbeiten gehen. Sie half ihm bei der Buchführung, versorgte seine Söhne und kümmerte sich um den Haushalt. Alles wäre perfekt, hätte er nicht ständig den Drang zu töten. Jahrelang unterdrückte er ihn, so gut er konnte. Um seinen Frust abzubauen, war er in Bordelle gegangen, hatte nur Frauen genommen, die sich Schmerzen zufügen ließen. Es hatte ihn befriedigt und den Drang zum Töten schwächer werden lassen..
Bis zu dem Tag, an der er bei seinem ersten Opfer geklingelt hatte, die in einem Mehrfamilienhaus wohnte, in der er die Heizung wartete. Er

hatte sie bereits in der Waschküche gesehen und ihre neugierigen Blicke bemerkt, als sie ihn das erste Mal gesehen hatte. Als sie jedoch seine schmutzige Arbeitskleidung bemerkt hatte, da hatte sie ihn nur kurz gegrüßt und sich wieder ihrer Wäsche zugewandt.
Ihm war sofort aufgefallen, dass sie nur Frauenkleidung aus der Maschine räumte, schloss daraus, dass sie alleine lebte, und folgte ihr in den zweiten Stock, in dem sie ihre Wohnung hatte. Noch bevor sie ihre Tür schließen konnte, hatte er kräftig dagegengetreten, so dass sie zurücktaumelte und der Korb mit der Wäsche auf den Boden geknallt war. Bevor sie schreien konnte, hatte er sie an den Haaren gepackt, ihr mit der Faust ins Gesicht geschlagen und sie mehrmals vergewaltigt. Mit einem Messer hatte er ihr die Rune in die Brust geritzt, die jadegrüne Körperfarbe hatte er zu diesem Zeitpunkt noch nicht besessen, mit der er später die anderen Frauen kennzeichnete. Die Polizei ging davon aus, dass die junge Frau sein erstes Opfer war und er spontan gehandelt hatte. Jeder weitere Mord war präziser und geplant ausgeführt worden.

***

Emily kam nach Hause, zog die hochhackigen Schuhe aus und lief barfuß in die Küche. Sie öffnete das Fenster und schaltete die Kaffeemaschine ein. In dem Moment klingelte es an ihrer Tür. Stirnrunzelnd sah sie den Mann in seiner Arbeitskluft an, der einen blauen Werkzeugkoffer trug.
»Ja?«, fragte sie überrascht.
Der Mann erklärte ihr, dass er in ihr Bad musste, da in der Wohnung unter ihr das Wasser von der Decke tropfte. Ohne zu zögern, ließ sie ihn herein. Emily hatte kaum die Tür geschlossen, da spürte sie zwei starke Hände an ihrem Hals. Sie versuchte verzweifelt, sich zu wehren, doch die Luft wurde immer knapper. Fieberhaft suchten ihre Finger den Schuhschrank neben ihr ab, auf dem sie ihren schweren Schlüsselbund liegen hatte. Sie griff nach ihm und schlug dem Killer damit auf den Kopf und ins Gesicht. Er stöhnte schmerzhaft auf, als sie seine Nase traf und das Blut aus ihr herausschoss.
»Du elendes Miststück, dafür wirst du büßen«, keuchte er wutentbrannt.
Sein Griff um ihren Hals lockerte sich und gierig sog sie die Luft ein. Sie konnte sich aus seinem Griff befreien und schrie in Todesangst um Hilfe. Der Schlag mit der Faust, den ihre Wange traf, ließ sie beinahe

ohnmächtig werden, als sie gegen die Eingangstür flog. Der Schmerz schoss in ihr Gehirn und vernebelte ihren Blick.
Sie spürte, wie der Täter in ihre Haare griff und sie ins Schlafzimmer zerrte. Desorientiert und in Todesangst schrie sie noch einmal laut um Hilfe.
»Verdammt Weib, sei still oder ich töte dich auf der Stelle.«
Er warf sie auf das Bett und setzte sich auf sie. Bevor er ihre Hände festhalten konnte, fuhren ihre Fingernägel durch sein blutverschmiertes Gesicht und hinterließen tiefe Kratzspuren auf seiner Haut.
Der Jadekiller schrie unterdrückt auf und seine Fäuste schlugen wild und zornig auf sie ein. Die Welt um Emily wurde schwarz.

***

»Sie kommt zu sich«, hörte sie eine Stimme, die irgendwo im Nebel ihres Gehirns zu hören war. Dann wurden die Geräusche und Stimmen klarer und lauter. Emily schlug panisch die Augen auf.
»Es ist vorbei, Kleines. Du bist in Sicherheit.«
Sie sah Daniel mit aufgerissenen Augen an, der vor ihr saß und sanft über ihre Wange strich. Ihr Gesicht und ihr Körper schmerzten höllisch.
Ein Mann kam an ihr Bett und zeigte ihr einen Ausweis.
»Ich bin Oberkommissar Baier. Sie haben verdammtes Glück gehabt, dass ihr Nachbar den Jadekiller überwältigt und sie gerettet hat.«
Schlagartig fiel Emily ein, was geschehen war.
»Er ist verhaftet und bereits weggebracht worden«, sprach der Oberkommissar weiter, als er ihren ängstlichen Blick sah, der ruhelos durch das Zimmer wanderte. Daniel sah ihren fragenden Blick.
»Ich habe dich schreien gehört, als ich nach Hause kam. Deine Tür war verschlossen und ich klopfte wie ein Verrückter dagegen. Schließlich brach ich sie mit einigen Fußtritten auf. Ich hörte die Kampfgeräusche aus deinem Schlafzimmer und stürmte hinein. Der Killer hörte mich nicht kommen und ich schlug ihm von hinten den Stuhl über den Kopf.«
Emily sah zu dem zerbrochenen Stuhl, auf den sie ihre Kleidung warf, wenn sie sich nach dem Duschen umzog.
»Das war es auch schon«, sprach Daniel weiter. »Ich rief die Polizei und einen Krankenwagen an.«

Erst da bemerkte sie die beiden Sanitäter, die ebenfalls an ihrem Bett standen und sie ansahen.
Einer prüfte ihren Blutdruck, der andere zog eine Spritze auf. »Für die Schmerzen«, sagte er, als er ihren Blick bemerkte. Die Nadel stach in ihre Vene und sie wurde sofort schläfrig.
»Bringt sie ins Krankenhaus«, hörte sie den Kripobeamten sagen, dann wurde es wieder schwarz um sie.
Daniel packte schnell einige Sachen für sie zusammen und begleitete sie in das nahe Hospital, wo er die ganze Nacht nicht von ihrer Seite wich.
Die Schlagzeilen am nächsten Tag drehten sich um den Jadekiller und sein letztes Opfer, das überlebt hatte.

Das Höllenmonster

Leopold Fröhlich

Larissa und Björn waren glücklich, doch sichtlich erschöpft, als sie das Flughafengebäude von München verließen. Den beiden standen die Strapazen des Überseefluges ins Gesicht geschrieben. Das junge Paar wollte seinen Urlaub in der Abgeschiedenheit der bayrischen Berge verbringen. Nicht zuletzt deswegen, weil Björn, der als Special Agent für mysteriöse Fälle arbeitete, sich in letzter Zeit des Öfteren in Lebensgefahr hatte begeben müssen.

Sein letzter Fall hat ihm einiges abverlangt. Ausgerechnet in der kalifornischen Millionenmetropole San Diego im Freizeitpark ›Sea World‹ hatte eine Kreatur aus der Unterwelt sein Unwesen getrieben. Dank seiner außergewöhnlichen Ausbildung und seiner Erfahrung mit dem Umgang der Wesen aus dem Reich des Bösen hatte er die Bestie zur Strecke bringen können, ohne dass jemand zu Schaden gekommen war.

Das Hauptquartier seiner Agentur befand sich zwar in London, doch musste er oft tagelange Reisen in Kauf nehmen, um an den Ort des Geschehens zu gelangen. Denn die Diener des Höllenfürstens schlugen immer dort zu, wo sie am wenigsten erwartet wurden.

Die beiden Urlauber zogen ihre Trolleys hinter sich her und gingen zu dem Treffpunkt, an dem Larissas Onkel Peter schon mit dem Auto wartete, der von ihr herzlich begrüßt wurde. Björn beließ es bei einem kurzen Nicken und einem Handschlag, denn seine Deutschkenntnisse waren nicht besonders gut. Nachdem Peter das Gepäck verstaut hatte, ging die Fahrt nach Schwangau, wo Larissas Onkel ein kleines Hotel führte.

Larissa und ihr Onkel unterhielten sich während der Fahrt ausgiebig. Björn hingegen betrachtete mit Staunen die Landschaft. Besonders fasziniert war er von den unterschiedlichsten Grünschattierungen der Bäume. Als Peter gekonnt die Serpentinen zu seiner Almhütte fuhr, stockte Björn der Atem. Er war zwar berufsbedingt einiges an Gefahren gewohnt, aber die engen Kurven auf der steil nach oben führenden Straße flößten sogar ihm Respekt ein.

Nachdem der Wagen vor dem Holzhaus mit dem Gastronomiebetrieb stehen geblieben war, stiegen die Drei aus. Björn stand da und ließ die herrliche Aussicht in das Alpenland auf sich wirken.
»Bayern ist die grüne Lunge Deutschlands«, erklärte Larissa. Björn nickte, obwohl er nur schlecht verstand, was sie gesagt hatte.
Sie sprach absichtlich deutsch, damit er es lernen konnte, dabei musste sie sich bemühen, nicht in den Dialekt zu fallen. Peter stand grinsend dabei, denn für ihn klang Larissas Hochdeutsch befremdend. Jetzt aber bat Peter seine Gäste ins Haus und zeigte ihnen ihr Zimmer.
Die nächsten Tage genossen die beiden ihre Zweisamkeit. Sie erkundeten die Berglandschaft und genossen auch einen Tag im Thermalbad. Am Sonntag lud Peter Larissa und Björn zum Haxenessen ein. In der urig eingerichteten Gastwirtschaft ließen sie sich die bayrische Spezialität schmecken.
Plötzlich hielt Larissa inne und hörte gebannt dem Gespräch der Männer, die am Tresen saßen, zu. Auch Peter entging nicht die aufgeregte Diskussion. Einer der Herren schilderte gerade den jüngsten Vorfall in der Münchner Kläranlage. Dort hatten Arbeiter im weitläufigen Kanalnetz zwei vermisste Kollegen gefunden. Der eine war bereits tot, der andere konnte mit schweren Verletzungen ins Krankenhaus gebracht werden. Nach Aussagen des Verletzten waren sie von einem monsterartigen Wesen überfallen worden. Jäh war Stille in der Gaststube eingekehrt und auch die anderen Gäste folgten den Erzählungen des Mannes. Björn sah Larissa fragend an. Sie schilderte ihrem Freund in kurzen, prägnanten Sätzen das Gesagte.
Björn wusste sofort, dass er hier eingreifen musste. Er sah es als seine Pflicht an, den Menschen hier zu helfen. Larissa war anderer Meinung, sie hatte Angst um ihn und wollte nicht, dass er sich in Gefahr begab. Björn bat Peter um Unterstützung, der nach anfänglichem Zögern zustimmte.
»Ihr seid doch verrückt!«, zischte sie die beiden an.
Nachdem sie das Lokal verlassen hatten, gingen sie in den angrenzenden Schuppen, aus dem Björn sich eine Axt und ein Seil nahm. Seine wichtigste Waffe trug er stets bei sich. Das Amulett aus geweihtem Silber, welches er von einem Templer bekommen hatte, um es gegen die Mächte der Finsternis einzusetzen.

Gleich am nächsten Morgen fuhren sie in das Krankenhaus, um mit dem verletzten Arbeiter zu sprechen. Der Mann war sichtlich erstaunt, als er Björn und Larissa sah. Sie sprach mit ihm und erklärte den Grund ihres Besuches. Josef, so hieß der Patient, erzählte stockend, was geschehen war.

»Vor einigen Tagen ist eine stinkende grünliche Brühe durch den Kanal in die Kläranlage eingeleitet worden und wir sollten die Ursache und die Herkunft ermitteln. Also stiegen wir in das Rohrsystem ein und machten uns auf die Suche. Wir leuchteten in jeden Abzweig, in jedes Rohr. Gerade als der Gestank am unerträglichstem war, sprang eine abscheuliche Kreatur auf uns zu. Das Wesen hatte grünlich schimmernde, glatte Haut, die vollkommen mit grünem Schleim überzogen war. Karl, der vor mir war, wurde von einer Pranke getroffen. Mit seinen Krallen und Zähnen riss dieses … dieses Biest den Körper in Stücke. Ich konnte mich vor Schreck nicht bewegen und musste alles mit ansehen. Erst als es von Karl abließ, versuchte ich, zu fliehen. Es war aber zu spät und es hat auch mich angegriffen. Ich weiß nur noch, dass ich ohnmächtig wurde und erst hier wieder aufwachte.«

Larissa schauderte bei den Worten. Sie bedankten sich bei Josef und wünschten ihm gute Besserung. Ihr wurde klar, dass Björn helfen musste, damit niemand mehr zu Schaden kommen würde. Er musste ihr aber hoch und heilig versprechen, dass er vorsichtig sein würde.

Peter, der im Auto gewartet hatte, machte sich mit ihnen auf den Weg zur Kläranlage. Der Leiter des Betriebes, Herr Manfred Schultheiß, führte den Besuch in sein Büro. Larissa stellte Björn vor und erklärte ihr Vorhaben.

»Ich bin sehr beeindruckt von eurem Angebot, uns zu helfen und es freut mich auch, dass ihr euch so spontan gemeldet habt, dennoch muss ich mir die Sache erst überlegen. Wisst ihr, ich trage hier die Verantwortung, darum möchte ich erst mit dem Bürgermeister darüber sprechen.«

»Wir verstehen das vollkommen, aber Sie tragen auch die Verantwortung für ihre Leute, darum sollten wir nicht zu viel Zeit verlieren. Es ist schon genug Schlimmes passiert«, entgegnete Larissa.

»Ja, da haben Sie Recht, die Tragödie steckt uns allen noch in den Knochen. Die Mannschaft ist noch sehr mitgenommen.«

Schultheiß griff zum Telefon und rief den Bürgermeister an, dem er die Situation schilderte. Nach dem Gespräch erteilte Schultheiß sein Einverständnis.
»Als Unterstützung wird der Bürgermeister noch zwei Sicherheitsbeamte und einen Krankenwagen bereitstellen lassen. Dann werden meine Männer den Weg zu der Stelle zeigen.«
Peter und Björn holten die Sachen aus dem Wagen. Larissa wich keinen Schritt von Björn und bat ihn nochmals inständig, dass er auf sich aufpassen solle. Als die Einsatzkräfte eintrafen, griff Björn prüfend zu seinem Amulett und kontrollierte sein aus besonderem Japanstahl gefertigtes Springmesser. Peter schulterte das Seil, griff sich die Axt und gemeinsam mit den beiden Arbeitern gingen sie zum Eingang des Kanalsystems. Beide wurden noch mit Stirnlampen ausgerüstet und einer der Wachleute gab Björn noch eine Pistole mit.
»Zur Sicherheit«, wie er meinte.
Björn und Peter stiegen in den Schacht, aus dem ihnen fauliger Gestank entgegenwehte, und wateten durch den Kanal. Vorsichtig, sich mit dem Licht ihrer Lampen orientierend, gingen sie den breiten Abflussschacht entlang. Es sah alles normal aus, und sie konnten keine Spur von der Bestie finden. Nachdem sie schon eine geraume Zeit unterwegs waren, dachte Björn daran, umzukehren. Jetzt war es Peter, der noch ein Stück weiterwollte.
Immer wieder kamen sie zu Abzweigungen und der Schacht wurde stetig enger. Das Plätschern des Wassers der einmündenden Kanäle machte es den beiden auch nicht gerade leicht, sich auf Geräusche zu konzentrieren. Als der Gestank unerträglich wurde, wollten sie den Rückweg antreten. Doch bereits nach wenigen Metern bemerkte Björn, dass aus einer Abzweigung grünlich schimmerndes Wasser floss. Mit einem Handzeichen gab er Peter zu verstehen, was er da ausmachte. Beide leuchteten mit ihren Lampen in den Kanal. Peter schien es, als ob er in der Ferne eine Bewegung ausmachte. Entschlossen stieg Björn in den Schacht, in dem er sich nur noch gebückt fortbewegen konnte.
Peter folgte ihm. Die grüne Brühe wurde immer ekeliger. Plötzlich spürte Björn, wie es auf seiner Brust wärmer wurde und wusste, dass dies nur von seinem Amulett ausgehen konnte, ein Zeichen, dass ein feindliches Wesen in der Nähe war. Vorsichtig setzte er einen Fuß vor

den anderen, um keine böse Überraschung zu erleben. Da sein Amulett immer wärmer wurde, blieb er angespannt stehen, um die Kreatur auszumachen. Seine Blicke tasteten die Umgebung ab, ohne etwas Außergewöhnliches zu erkennen.
Das Atmen fiel ihm schwerer und Übelkeit machte sich bemerkbar. Jetzt durften sie auf keinen Fall aufgeben, denn das könnte ihr Todesurteil sein. Hier ein Ende zu finden wäre mehr als unrühmlich.
Minutenlang standen sie am gleichen Platz und starrten in das Rohr. Durch die gebückte Haltung schmerzte ihnen bereits der Rücken. Peter erspähte den Schatten des Lebewesens, welches sich in eine Mauernische kauerte. Instinktiv umklammerte er die Axt mit seiner Hand, um jederzeit zuschlagen zu können. Ohne den Blick von der Bestie zu nehmen, schlichen sie sich langsam an sie heran, in Björns Hand lag das Springmesser. Jetzt trennten sie nur noch einige Meter von der Kreatur, im Schein der Stirnlampen konnten sie es genau erkennen.
Es sah genauso aus, wie es Josef beschrieben hatte. Björn identifizierte es als Wrhool, ein Wesen aus der Unterwelt mit glatter dicker, lederartiger, grün schimmernder Haut und vollständig mit Schleim umhüllt. Stark ausgeprägte Adern traten an der Hautoberfläche hervor. Der Kopf des Unwesens war im Verhältnis zum Körper eher klein, doch nicht ungefährlich. Sein Gebiss war riesig und die zwei Hauer furchteinflößend. Es lag ruhig vor den beiden und hatte den Anschein, als ob es schlafen würde. Nur die geöffneten Augen verrieten, dass es wach war. Es konnte sich jederzeit auf sie stürzen.
Björns Amulett brannte schon wie Feuer auf seiner Brust. Das Wesen blieb ruhig, denn es fühlte sich übermächtig, denn niemand geringerer als der Teufel war sein Herr. Es wäre jetzt für Björn einfach gewesen, mit der Pistole auf das Monster zu schießen, aber die Kugel hätte das Tier im besten Fall verletzt. Ein Kampf mit einem verletzten Wrhool wäre fast aussichtslos.
Er schnappte sich das Seil von Peters Schulter und legte eine Schlaufe auf den Boden, das andere Ende gab er Peter in die Hand.
In dem Moment, als Björn die Schlinge positionieren wollte, hechtete das Ungetüm auf ihn zu und schnappte nach seinem Arm, den er in letzter Sekunde zurückziehen konnte. Als das Wesen sich auf der

Schlaufe befand, zog Peter an dem Seil. Die Schlinge schloss sich, doch das Monster konnte noch rechtzeitig herausspringen.
Peter holte mit der Axt aus, um auf das Untier einzuschlagen. Die Kreatur wuchtete sich zwischen die beiden Männer und drückte Peter gegen die Wand. Björn wurde sofort klar, dass, wenn der Wrhool noch ein Stück zurückging, er Peter unweigerlich zerdrücken würde. Um das zu verhindern, musste er das Tier dazu bewegen, dass es auf ihn zukam. Er griff nach dem Seil, das noch vor dem Wesen am Boden lag und zog es zu sich.
Der Wrhool sprang auf ihn zu und Björn leuchtete ihm genau in die Augen, sodass er für einen Augenblick geblendet wurde. Dies nutzte Björn und schlang das Seil schnell um die Beine des Wrhools und verknotete es. Das Wesen der Unterwelt kam zu Sturz, im gleichen Augenblick hieb Peter mit der Axt mehrmals auf ihn ein. Vergeblich!
Der geschliffene Stahl konnte der glitschigen Lederhaut nichts anhaben. Schnaubend wollte sich der Wrhool befreien und schnappte mit seinem Maul nach den beiden. Björn bohrte sein Messer gezielt in den Hals des Tieres. Die Klinge drang zwar durch die Haut, blieb aber im zähen Fleisch stecken. Dickflüssig kam das grünfarbene Blut zum Vorschein. Kurz ging die Bestie zu Boden, um sich gleich wieder zur Wehr zu setzen.
Vor Schmerz brüllend ging der Wrhool auf Peter los. Björn riss sich das Amulett vom Hals. Mit einem Satz schleuderte er das Unwesen zu Boden und drückte ihm das geweihte Silber in die frische Wunde. Zischend brannte sich das Edelmetall in den Körper und grünlich leuchtender Rauch stieg auf. Der Wrhool bäumte sich auf und brüllte vor Schmerzen.
»Der Höllenfürst wird euch das nie verzeihen.«
Er ergriff die Flucht und sackte gleich wieder zusammen. Das geweihte Amulett leistete ganze Arbeit. Der Körper verbrannte zu Asche, die sofort vom Wasser weggespült wurde. Nachdem der Wrhool sich aufgelöst hatte, verschwand auch der penetrante Gestank. Lediglich die beiden Hauer zeugten noch von der Existenz des soeben krepierten Höllenwesens.
Erleichtert und erschöpft blickten sich die Männer an. Björn holte sein Amulett und das Messer.

»Jetzt aber nichts wie raus!«, gab er das Kommando zum Gehen.
»Wird auch Zeit, an meinen Füßen wachsen schon Schwimmhäute«, scherzte Peter und zog das verdreckte Seil hinter sich her.
Beim Verlassen des Schachtes brach Jubel bei den Wartenden aus. Erlöst umarme Larissa ihren Freund, sein Geruch ließ sie aber wieder ein Stück zurückweichen. Björn hielt die Hauer wie eine Trophäe in die Luft und übergab sie mit der Waffe an die Sicherheitsbeamten. Schultheiß bedankte sich im Namen der Mitarbeiter, die erleichtert waren und nahm die Waffe wieder an sich. Nach einer ausführlichen Dusche in den Umkleideräumen fuhren sie wieder zurück in ihre Unterkunft.
Voller Freude, dass alles gut ausgegangen war, verbrachte das junge Paar noch einige schöne Tage in der grünen Landschaft der bayrischen Berge.

Stellas Zuflucht

Marena Jovic

Stella drehte sich um und sah die Jungs hinter sich herlaufen und hastete Richtung Wald. Noch einige Meter, dann hatte sie ihn erreicht! Vorbei an niedrigen Sträuchern und kleineren Bäumen, immer tiefer lief sie hinein.

Unablässig hörte sie den Krach, den Gregor mit seiner Clique machte. Sie hoffte, dass ihr dunkelgrünes Leinenkleid mit dem Grün des Waldes verschmolz und ihr so Schutz bot. Ihre Füße spürte sie schon nicht mehr, jedoch ließ ihre Angst vor der skrupellosen Clique sie stetig weiterlaufen. Äste peitschten ihr ins Gesicht. Ihre Lungen brannten von der Anstrengung, aber sie gab nicht auf.

Wieder hielt sie kurz an, um sich umzusehen. Sie hörte die Stimmen auf sich zukommen. Panik erfasste sie. Plötzlich legte sich eine Hand auf ihren Mund. Ein Arm schlang sich um ihre Hüfte und Arme. Bewegungsunfähig wurde sie hinter ein Gebüsch gezerrt. Sie musste sich hinknien.

»Pssst, ruhig …!«

Der Druck auf ihren Mund ließ nach und ein Finger zeigte auf eine Gestalt in kurzer Entfernung, die auf sie zukam. Stella erschrak und wollte schreien, denn sie nahm Gregor wahr. Doch im selben Moment wurde ihr wieder kurz die Hand vor den Mund gelegt.

Sie drehte ihren Kopf, so weit es ging, und blickte in zwei braune Augen, die sie freundlich ansahen. Ein Zeigefinger legte sich auf seine Lippen, der ihr bedeutete, still zu sein. Beide schauten jetzt wieder in die Richtung, aus der Gregor hervortrat.

Jetzt kamen auch die anderen der Gang. Sie erkannte Ben.

»Wo ist sie? Sie war doch eben noch hier!«, hörte sie Gregor wütend rufen.

»Wo ist die Schlampe hin?«, schrie Ben.

»Lasst sie! Aus diesem Wald kommt eh keiner mehr lebend heraus, das wisst ihr doch. Wir hauen lieber ab, sonst bekommen wir noch Ärger!«, mischte sich nun Sebastian außer Atem ein, den alle nur den ›Fetten‹ nannten.

»Ja, genau. Kommt Jungs, wir gehen. Außerdem wird es bald dunkel.«

»Das war´s dann mit der!«, hörte sie Gregor wieder lachen. »Los kommt mit!«
Schließlich liefen sie wieder zurück. Hörbar atmete Stella die zuvor angehaltene Luft aus. Ihr Herz raste.
»Was wollten die von dir?«, fragte er leise.
»Die spielen sich gerne als Beschützer auf, wollen aber nur jedes Mädchen ins Bett kriegen, egal auf welche Art. Die sind schon länger hinter mir her. Heute bin ich einfach hier zum Wald gelaufen«, flüsterte sie.
Beide erhoben sich und Stella sah plötzlich zwei weitere Fremde auf sie zukommen und zeigte ängstlich in deren Richtung.
»Keine Angst, das sind meine Freunde«, beruhigte er sie.
Die blonde, kurzhaarige Frau war etwa fünfundzwanzig Jahre alt. Der Mann schien etwas älter. Beide hatten je eine braune Lederhose und Lederweste an. Ihr Retter war dagegen in schwarzes Leder gehüllt.
»Wen hast du denn da Hübsches aufgegabelt?«, fragte die Frau ihren Retter freundlich.
»Sie wurde von der Horde verfolgt«, antwortete er, der jetzt immer noch den Arm um sie gelegt hatte und mit dem Kopf in die Richtung nickte, in die Gregor und die anderen verschwunden waren.
»Wie heißt du?«, fragte die Frau neugierig.
»Stella.«
»Ich bin Miranda. Das hier«, sie zeigte auf den Mann neben sich, »das ist mein Freund Nick. Und neben dir steht sein Bruder Darian.«
»Und was wollten die Jungs von dir?«, fragte nun Nick.
»Sie meinen, dass ich mit meinen achtzehn Jahren einen Mann haben müsste, einen, der mich auch beschützt. Aber ich kann auf mich alleine aufpassen«, antwortete sie trotzig.
»Kommt, wie gehen nach Hause. Dort kann Stella sich etwas ausruhen, dann bringen wir sie zurück ins Dorf«, sagte Nick.
»Ich will nicht mehr zurück! Überall ist es besser als bei denen da!«, sagte Stella bestimmt.
Erschrocken blickte sie zu den beiden. Sie kannte sie ja noch nicht einmal. Aber das war ihr egal. Lieber so als in das verhasste Haus zurück. Miranda sah zu Nick, der eine Augenbraue hochzog. Kurz darauf kamen sie auf eine Lichtung mit einer Holzhütte. Sie traten ein und es empfing sie ein großer Wohnraum mit angrenzender Küche. Ein Holz-

ofen spendete wohlige Wärme. Obwohl es ein ungewöhnlich warmer Spätherbst war, ließ die untergehende Sonne Stella leicht frösteln. Fahles Licht kam durch die kleinen Fenster.
»Stella, setz dich!«, zeigte Miranda auf die verschlissene Couch.
»Und ihr Jungs holt Holz, damit das Feuer im Ofen nicht ausgeht!«
Ohne Widerworte, aber lachend, gingen beide hinaus. Darian nahm sich die Axt, welche neben dem Kamin lag. Hierbei traf sein Blick auf Stella. Ein Lächeln umspielte seine Lippen. Seine Augen strahlten eine Wärme aus, die sie lächeln ließ. Eine Röte überzog ihr Gesicht und sie blickte nach unten.
»Scheinbar hast du Darian ganz schön den Kopf verdreht«, flüsterte Miranda ihr ins Ohr. Stella sah sie nur an, sagte aber nichts.
»Wohnt ihr alleine hier im Wald?«
»Ja. Darian und Nick haben vor einigen Jahren einem Mann aus dem unteren Dorf diese Hütte abgekauft. Er hatte sie als Jagdhütte genutzt. Damals war der Wald noch nicht so dicht. Ich habe mich damals hier verlaufen und bin direkt in den Armen von Nick gelandet. Wir haben uns sofort so gut verstanden, dass ich hiergeblieben bin. Seitdem leben wir zu dritt hier.«
»Hast du denn keine Familie?«
»Meine Eltern sind bei einem Unfall gestorben, als ich zwölf war. Danach wuchs ich bei meinen Großeltern auf. Von dort bin ich abgehauen, weil sie mich mit einem Jungen verheiraten wollten. Den mochte ich aber nicht. Und du? Wieso meinen die Jungs, dass sie dich beschützen müssten?«
»Meine Mutter ist bei meiner Geburt gestorben, meinen Vater habe ich nie kennengelernt. Ich wohne in einem Jugendheim, zusammen mit Gregor und seiner Clique. Ich hasse die meisten Erzieher dort. Demnächst soll ich in eine Wohngemeinschaft ziehen, genau wie Gregor und seine Jungs. Ich wollte schon abhauen, wusste aber nicht, wohin. Ich habe doch niemanden mehr. Außerdem wollen die keinen beschützen, sondern nur alle Mädchen ins Bett kriegen.«
Die Tür ging auf und Nick kam mit einem Arm voll Holzscheite wieder hinein. Darian folgte ihm. Er hielt seine Weste in der Hand.
Stella sah ihn an und konnte ihren Blick nicht von ihm abwenden. Seine Muskeln bewegten sich bei jeder Bewegung und endeten in einem aus-

geprägten Sixpack. Er legte die Axt wieder neben den Kamin und begab sich in die Küche, um sich zu waschen. Nick stapelte das Holz neben den Ofen.

Stella erhob sich, lehnte sich an die Tür und sah zu, wie die Wassertropfen Darians Körper hinab liefen. Er schaute sich um und ihre Augen trafen auf seine.

Ein Lachen breitete sich aus und entblößte eine Reihe weißer Zähne, welche an den Ecken bedrohlich spitz zuliefen. Miranda trat zu den Dreien.

»Wie wäre es, wenn du diese Nacht erst einmal bei uns bleibst, Stella? Dann kannst du dir immer noch überlegen, ob du wieder zurückwillst. Oben auf dem Boden ist noch ein freies Zimmer. Das kannst du haben.«

»Meinst du wirklich, das geht?« Sie sah Miranda an.

»Ja, warum nicht? Denkst du, es sucht dich jemand hier in diesem Wald? Es heißt, wer hier hineinläuft, kommt nie wieder raus.«

»Ja, aber warum? Was ist denn mit diesem Wald?«

»Hier leben Vampire.«

»Vampire?«, fragte Stella ungläubig.

»Hey, keine Angst«, lachte Miranda, »ich lebe auch noch, wie du siehst. Aber ja, Vampire.«

»Und du fürchtest dich nicht?«

»Nein, warum sollte ich? Ich hab doch die Jungs! Heute kannst du nicht mehr zurück. Schau, es ist schon dunkel«, zeigte Miranda auf das Fenster. »Komm, ich zeige dir, wo du schlafen kannst. Das Zimmer wurde noch nie benutzt.«

Mit noch feuchtem Oberkörper stand Darian nun ganz dicht bei Stella. Sie hatte nicht bemerkt, dass er zu ihnen getreten war.

»Miranda hat recht, Stella. Bleib bei uns!«, flüsterte Darian ihr ins Ohr. Sein Atem streifte dabei ihren Nacken, sodass ein wohliger Schauer ihre Haare aufrichtete. Sein männlicher Geruch stieg ihr in die Nase und löste ein Gefühl in ihr aus, das sie so nicht kannte.

Verwirrt drehte sie sich um und ging die Treppe hinauf. Miranda war schon vorausgegangen. Der aufgewirbelte Staub kitzelte in ihrer Nase. Es gab nur ein Zimmer unter dem Dach. Sie ging hinein und sah sich um. Plötzlich stand Darian hinter ihr. Seine braunen, honigfarben gesprenkelten Augen blickten sie an. Eigentlich zogen sie Stella aus, so gierig, wie der Blick war. Erneut spürte sie die Röte in ihrem Gesicht. Stella biss sich leicht auf die Unterlippe. Sanft streichelte er ihre Wange. Seine Berührung setzte erneut ein nicht gekanntes Gefühl in ihr frei. Sie war nur Strenge und Lieblosigkeit gewohnt. Das Kribbeln spürte sie mit jeder Faser ihres Körpers.

Miranda verschwand lächelnd aus dem Zimmer und ließ die beiden alleine zurück. Darian nahm Stellas Gesicht in seine Hände und legte seine Lippen auf ihre. Seine Zunge streichelte sie und sie ließ ihn ein. Unfähig, sich zu bewegen, ließ Stella es geschehen. Beide Zungen trafen aufeinander. Ihr Herz schlug immer schneller. Sie wollte, dass dieser Augenblick niemals verginge. Darian löste ein Gefühl in ihr aus, das so unbeschreiblich war, etwas, das sie noch nie erlebt hatte. Ihr Körper vibrierte, als er begann, sie überall zu streicheln. Seine Wärme durchströmte sie.

Dann ließ Darian von ihr ab. Wusste sie, dass er ein Vampir war? Hatte Miranda schon etwas erzählt? Er musste vorsichtig sein, denn er wollte sie nicht verschrecken.

»Stella, was tust du mit mir?«, sagte er zärtlich. »Seit ich dich im Wald getroffen habe, will ich nur noch bei dir sein.«

Damit ließ er sie stehen. Er konnte nicht riskieren, dass seine Fänge ausfuhren. Stella erregte ihn. Bis jetzt hatte er die Menschen nur als Beute gesehen. Mit ihr jedoch war es anders. Sie betrachtete er als etwas Besonderes, etwas, das er nicht verletzten durfte. Er wollte sie, aber nicht als Nahrung.

Zwei Wochen wohnte Stella nun bei ihnen. Sie war nicht wieder zurückgekehrt. Darian suchte immer wieder ihre Nähe. Sie genoss seine Aufmerksamkeit.

Nick und Darian kamen von einem Ausflug zurück. Bald würde es wieder anfangen, hell zu werden. Ihr Leben spielte sich immer mehr nachts ab. Stella konnte sich keinen Reim darauf machen.

Sie und Miranda waren heute im oberen Dorf gewesen, um Lebensmittel zu besorgen. Diese tauschten sie gegen die Tiere ein, welche Darian und Nick fingen.

Stella schlief schon. Auch Nick und Miranda suchten ihr gemeinsames Zimmer auf. Darian musste wieder an Stella denken. So nutzte er die Gelegenheit, um zu ihr zu schleichen. Er musste sie sehen. Leise öffnete er die Tür. Die Fenster waren verhangen, aber Darians scharfen Augen entging nichts.
Stella lag auf dem Rücken. Ihr dunkelgrünes Kleid lag auf dem einzigen Stuhl im Zimmer. Lautlos schlich er zu ihrem Bett und betrachtete sie. Die Bettdecke war verrutscht. Frech lugte eine rosige Brustwarze hervor, die auf einer kleinen Brust thronte. Der Anblick erregte ihn. Wenn er doch nur einmal ganz kurz darüber lecken könnte. Vorsichtig kniete er sich nieder, beugte sich über sie und leckte sanft über das rosige Fleisch. Sofort stellte sie sich auf. Er leckte erneut, bis sie hart wurde. Mit einem Finger berührte er sie. Plötzlich öffnete Stella die Augen. Er hielt inne und schaute sie an. Ein Lächeln umspielte ihr Gesicht, als sie ihn erkannte. Stella hob die Bettdecke und rückte ein Stück zur Seite. Darian sah sie verwundert an. Dann begriff er. Schnell entledigte er sich seiner Kleidung und legte sich zu Stella.
»Gefällt dir, was du siehst?«, flüsterte sie in sein Ohr.
»Oh ja, ich wollte dich schon damals im Wald, als ich dich traf«, flüsterte er zärtlich.
Sein Mund senkte sich auf ihre Lippen, die sie bereitwillig öffnete. Ihre Zungen fanden sich und umspielten einander. Seine Hände glitten an ihrem Körper entlang, streiften die Innenseiten ihrer Schenkel, was ihr ein wohliges Stöhnen entlockte. Er unterbrach sein Zungenspiel und widmete sich nun ihren kleinen festen Brüsten. Er umkreiste ihre harten rosigen Nippel, um sie dann abwechselnd in den Mund zu nehmen, sie zu necken. Stellas Atem wurde immer schneller. Ihr Stöhnen lauter. Seine Hände waren überall auf ihrem Körper. Was tat er nur mit ihr? Natürlich hatte sie auch schon selbst Hand angelegt, aber dieses Gefühl war etwas anderes. Sie wollte mehr. Ihre Hände strichen seinen Rücken entlang, ihre Nägel gruben sich in seine Haut und hinterließen rote Spuren auf ihr. Auf einmal spürte Stella seine Hand an ihrem Schambereich, dort, wo noch kein Mann sie zuvor berührt hatte, während er weiter mit ihrer Brustwarze spielte. Ihr Atem wurde flacher und schneller. Sie öffnete ihre Beine weiter für ihn. Vorsichtig rollte er ihre Perle und glitt mit seiner Hand durch ihre feuchte Spalte. Ihr Herz

schlug mittlerweile wie ein Presslufthammer. Dann schob Darian sich über sie und drang vorsichtig in sie ein. Ein kurzer Schmerz durchfuhr sie, dann war der Widerstand durchbrochen. Darian hielt inne.

»Du hast noch nie …?«

Stella lächelte.

»Nein, noch nie. Alles gut, Darian.«

Sie nickte. Dann nahm er seine Bewegung wieder auf und fand langsam zu seinem Rhythmus. Er beobachtete sie, während er zustieß.

»Oh Stella, du machst mich wahnsinnig!«

Immer schneller wurden seine Bewegungen. Dabei strömte ihm ein bekannter Duft in die Nase. Er roch Blut. Seine Fangzähne schoben sich aus, nun musste er aufpassen. Seine Gier wurde unersättlich. Stella ahnte nichts von der Gefahr, in der sie sich befand, sie hatte ihre Augen geschlossen. Ihr Stöhnen wurde lauter. Sie merkte, wie der Orgasmus sich langsam aufbaute und dann wie eine Welle über sie hereinbrach. Wenige Augenblicke später ergoss sich auch Darian zuckend in ihr. Er konnte sich kaum beherrschen. Sein Kopf wollte zu Stellas Vene, die er pochen hörte. Er musste alle Kraft aufbringen, um sie nicht zu verletzen. Er würde sich beherrschen, für Stella. Kurze Zeit blieb er noch in ihr, dann zog er sich zurück und legte sich neben sie. Nur gut, dass er zuvor eine Mahlzeit gehabt hatte. So konnte er die Kraft aufbringen, sie nicht zu verletzen.

Stella indes sah zu Darian hinüber und erschrak. Seine Augen waren glühend rot und Fänge lugten aus seinem Mund. Sie setzte sich auf und starrte fassungslos auf ihn, unfähig etwas zu sagen. Er nahm Stella sofort in seine Arme.

»Hab keine Angst Stella! Ich wollte nicht, dass du es auf diese Weise erfährst. Die Vampire, von denen dir Miranda erzählt hatte, das sind wir. Ich tu dir nichts. Bitte, glaub mir!«

Stella löste sich aus seinen Armen und sah ihn durchdringend an. Konnte sie ihm vertrauen? Das, was er eben mit ihr gemacht hatte, war so wunderschön. Hätte er ihr etwas tun wollen, wäre eben die Gelegenheit gewesen. Sie konnte immer noch die Gier in seinen Augen erkennen, aber auch so etwas wie Angst. Angst, sie zu verlieren?

»Du wirst mich nicht beißen?«

»Nein! Nur, wenn du es willst. Nick und Stella leben schon seit einigen Jahren zusammen. Sie ist seine Gefährtin. Er ernährt sich nur noch von ihrem Blut. Ich werde dir nichts tun!«
Stellas Blick wurde ruhiger und sie sah ihn an. Sie nahm ihre Hände und legte sie auf seine Wangen.
»Ich glaube dir, Darian.« Dann zog sie ihn zu sich heran und senkte ihre Lippen auf seine. »Ich werde später mit Miranda sprechen. Ich möchte bei euch bleiben, bei dir«, entgegnete Stella.
Darian nahm sie in seine Arme, während er sich hinlegte. Ihr Kopf ruhte auf seiner Brust. Die Sonne erhellte bereits das Zimmer, als sie einschliefen. Als sie erwachte, lag Darian immer noch neben ihr. Ein Lächeln stahl sich in ihr Gesicht, als sie ihn erblickte.
Als sie später hinunter zu Nick und Miranda gingen, hielt er Stella in seinen Armen. Miranda und Nick sahen sich an und wussten, was geschehen war. In dieser Nacht unterhielten sich alle noch lange über Vampire. Sie wusste, dass jetzt auch Darian seine zukünftige Gefährtin gefunden hatte.

Lotta goes nature

Michaela Schreier

»Lotta! Hast du nicht was vergessen?!«
Der empörte Ausruf schallte über den Hof und stoppte das dreizehnjährige Mädchen mitten im Gang. Genervt drehte es sich um und maulte.
»Was ist denn nun schon wieder los?«
Der vorwurfsvolle Blick der Teamleiterin Bettina verfehlte bei Lotta seine Wirkung, doch er sorgte zumindest dafür, dass dem Mädchen wieder einfiel, warum es zurückgepfiffen wurde. Zum xten Mal hatte sie ihre Hausschuhe nicht ordentlich in das Regal gestellt. Wieder einmal lagen sie mitten auf dem Boden der Schmutzschleuse herum und bildeten die perfekte Stolperfalle. Also seufzte Lotta theatralisch, schlurfte ergeben zur Waldhütte zurück und feuerte ihre Schuhe mit Schwung in das Holzregal.
»Es ist sehr wichtig, dass ihr eure Straßenschuhe in der Schmutzschleuse auszieht, sie ins Regal stellt und eure Hausschuhe anzieht. Andersherum verhält es sich natürlich genauso. Ich will hier keinen mit Dreckschuhen im Haus rumlaufen sehen! Außerdem dürfen nie Schuhe auf dem Boden herumliegen. Das ist bei so vielen Hausbewohnern einfach zur gefährlich. Ruckzuck stolpert wer drüber und dann haben wir den Salat!«
Das waren die eindringlichen Worte gewesen, welche die Schulklasse von ihren Teamern Bettina und Louise gleich nach ihrer Ankunft in der urigen Waldherberge zu hören bekamen. Und das war noch lange nicht alles! Den Kindern wurde zudem offenbart, dass sie sich bis auf das Mittagessen selbst um ihre Verpflegung kümmern mussten, dass es einen festen Spül- und Tischdienst gab und dass sie ihre Handys nur vor dem Zubettgehen für eine Stunde zugeteilt bekamen. Schließlich sollten sie ihre Klassenfahrt sinnvoll nutzen und nicht allein in der Ecke vor ihren Smartphones hocken.
Lotta hatte in Anbetracht all dieser Regeln lauthals protestiert! Sie sollte ihr geliebtes iPhone abgeben? Darüber hinaus noch den Tisch decken, Essen zubereiten und Geschirr spülen? Das war ja wohl ein Scherz! Das Mädchen kam sich vor wie in einem Sträflingslager!

Generell hatte Lotta mit diesem ganzen Ordnungs- und Sauberkeitskram nicht viel am Hut. Sie war – wie ihr Name schon sagte – ein echtes *Lottchen* und hielt es mit der Reinheit nicht so genau. Zu Hause sorgte immer ihre Mutter dafür, dass es in der vornehmen Stadtwohnung schön aufgeräumt war. Lotta musste nie im Haushalt helfen und noch nicht einmal ihr Zimmer in Ordnung halten. Für sie war es völlig normal, dass ihre *Mum* ohne Murren hinter ihr auf- und herräumte.
Lotta liebte das *süße Leben* in der Großstadt mit all dem Blink-Blink und den ganzen Annehmlichkeiten. Deshalb war sie auch nicht begeistert gewesen, als verkündet wurde, dass die diesjährige Klassenfahrt mitten *ins Grüne* führte. Erlebnistage in einem ›der schönsten deutschen Naturschutzgebiete‹ sollten sie verbringen! Pah!
Ein cooler Aufenthalt in Berlin oder Hamburg, inklusive Shoppingtour durch die großen Kaufhaus-Galerien – DAS wäre ein Erlebnis gewesen! Aber ein blöder, oller, grasgrüner Wald … Verzweifelt hatte Lotta zum Telefon gegriffen und ihre beste Freundin Clara angerufen.
»Wir fahren in den Dschungel! In so ein langweiliges Naturschutz-Dingsbums, mitten in der Pampa!« Fast hätte sie die Worte ins Telefon geschrien. »Wir sind doch keine Rentnertruppe! Was sollen wir da bloß fünf Tage lang machen?«
Dann war der Tag der Abreise gekommen. Lottas Überredungsversuche, das Reiseziel doch noch zu ändern, waren allesamt gescheitert. Als sich der voll besetzte Bus durch das dünn besiedelte Waldgebiet schlängelte, war ihre Laune auf den Tiefpunkt gesunken. Daran hatte auch der atemberaubende Blick aus dem Fenster nichts ändern können. Die Natur zeigte sich hier wirklich von ihrer schönsten Seite. Lottas Klassenkameraden waren aus dem Staunen gar nicht mehr herausgekommen! Die schroffen Felslandschaften, aus denen Wasserfälle sprudelten, die tief eingeschnittenen Täler, die wilden Flussläufe und die tiefgrünen Wälder – alles sah aus wie in einem Bilderbuch. Das war Natur pur und roch geradezu nach Abenteuer! Doch Lotta war das völlig egal gewesen. Selbst das schöne Wetter hatte ihre Stimmung nicht heben können.
Der Bus hatte schließlich vor einer großen Waldhütte gehalten, die von einem weitläufigen Außengelände umgeben war. Dort gab es Kletterbäume, Sitzgruppen, zwei Tischtennisplätze und eine große Lagerfeuer-

stätte. Umgeben war das Ganze von einem sattgrünen, unendlich scheinenden Tannenwald. Lotta hatte gequält aufgestöhnt! Ihre Klassenkameraden hingegen waren johlend aus dem Bus gestiegen, um sofort die Umgebung zu erkunden. Nur Lotta hatte dagestanden, mit angesäuertem Gesicht und leise vor sich hinknurrend.
»Ich hab´s doch gesagt: Voll die Pampa!«

*

Aber allen Unkenrufen zum Trotz – die schier unberührte Natur schaffte das fast Unmögliche: Sie zog die zickige Lotta nach und nach in ihren Bann! Auch wenn sie es nicht zugab; Lotta fühlte sich jeden Tag ein bisschen wohler. Morgens stand sie oft am geöffneten Fenster ihres Vier-Bett-Zimmers, das sie sich mit Clara und zwei weiteren Freundinnen teilte. Dann sog sie die frische Waldluft tief in ihre Lungen, spürte die warme Sonne auf ihrer Haut und freute sich über das fröhliche Gezwitscher der Vögel. Nach einem ausgiebigen Frühstück wartete stets ein abwechslungsreiches und aktives Tagesprogramm auf die Kinder. Das hatten sich die Teamer Bettina und Luise ausgedacht, zwei junge, taffe Frauen, die bei allem Spaß sehr konsequent waren und richtig streng sein konnten.

Das Klettern war ein wesentlicher Bestandteil des Wochenprogramms. Lotta wuchs immer mehr über sich hinaus und traute sich sogar, den ziemlich eindrucksvollen Kletterbaum direkt vor der Waldhütte zu bezwingen. In voller Klettermontur und in dem Bewusstsein, dass sie von der erfahrenen Bettina vom Boden aus gut gesichert wurde, kraxelte sie bis ganz nach oben und läutete die Glocke, die am höchsten Klettersteig befestigt war. Ihre Klassenkameraden klatschten und johlten und Lotta? Ja – Lotta hing hoch oben in dem Baum und schaute unheimlich stolz auf ihre Freunde hinunter. Sie war zwar ziemlich erledigt, aber das Glücksgefühl, das sich in ihr breitmachte, wog alles auf!

Die Kinder hatten so viel Spaß zusammen, dass sie am dritten Abend sogar auf ihre Handystunde verzichteten. Auch Lotta hielt es mitunter problemlos ohne das ständig nervende Smartphone aus. Viel lieber tollte sie gemeinsam mit den anderen im Wald herum und sammelte Holz für das abendliche Lagerfeuer.

Als die Kinder später mit den Lehrern und Teamern um das flackernde Feuer saßen, Marshmallows grillten und sich lustige Geschichten

erzählten, fühlte sich Lotta schlicht und einfach sauwohl! Sie musste zugeben, dass ihr die Zeit in der *Pampa* tatsächlich gefiel. Wenn da nur nicht der blöde Küchendienst und die ständige Aufräumerei wären.
Gerade machte Tim, Lottas Klassenkamerad, einen Scherz darüber, dass sie heute schon wieder als Einzige vergessen hatte, ihre Schuhe ins Regal der Schmutzschleuse zu räumen, da fragte Louise:
»Weißt du eigentlich, liebe Lotta, wie wir den jüngeren Kindern beibringen, dass sie ihre Schuhe immer schön ordentlich ins Regal stellen?«
Lotta sah auf und zuckte mit den Schultern.
»Keine Ahnung!«
»Wir erzählen ihnen die Geschichte von den Moosmuffeln«, erklärte Louise.
»Von den was???«
Lotta sah sie mit einem verdutzten Gesichtsausdruck an.
»Den Moosmuffeln!«, lachte Louise. Dann beugte sie sich vor und begann zu erzählen.
»Die Moosmuffel sind kleine putzige Waldwesen, die sich tagsüber im Laub verstecken. Sobald ihnen Gefahr droht, legen sie sich auf den Rücken und strecken ihre dicht mit grünem Moos bedeckten Füße in die Luft. So sind sie perfekt getarnt und werden von uns Menschen nicht gesehen. In der Nacht jedoch schleichen sie sich gern in die große Waldhütte, um in unseren Schuhen zu schlafen. Dort fühlen sie sich nämlich besonders wohl. Da die Moosmuffel so klein sind, können sie natürlich nur in die Schuhe kriechen, die nicht in den Regalen stehen. Wer also nicht morgens einen nach Dreck und Moos müffelnden Moosmuffel in seinen Schuhen finden möchte, der stellt sie besser in das Regal!«
»So ein Käse!« Lotta verzog ihren Mund zu einem spöttischen Grinsen und winkte lässig ab. »Solche Märchen könnt ihr echt nur den kleinen Knirpsen erzählen!«
»Bei denen wirkt es jedenfalls!«, lachte Bettina und knuffte dem Mädchen freundschaftlich in die Seite. »Bei dir scheint ja in Sachen Ordnung Hopfen und Malz verloren zu sein!«

*

Als Lotta und ihre Zimmergenossinnen einige Zeit später in ihren Betten lagen, unterhielten sie sich noch einmal über die Moosmuffel-Geschichte.
»Ist schon krass, wie die Teamer die kleinen Kinderchen veräppeln«, fand Lotta.
»Hoffentlich hast du deine Schuhe nicht wieder irgendwo liegen gelassen«, feixte Clara, »sonst macht es sich ja vielleicht wirklich ein stinkiger Moosmuffel darin gemütlich.«
»Du spinnst!«, lachte Lotta und schleuderte ihrer Freundin ein Kissen ins Gesicht. Dann löschten die Mädchen das Licht. Schließlich wollten sie morgen fit für die große Wanderung sein.

*

Die Sonne stand bereits strahlend am Himmel, als die Schulklasse mit ihren Lehrern und Teamern durch den Wald streiften. Die Gruppe war unterwegs zu einer Kupfer- und Eisenerzgrube, die sie besichtigen wollten. Doch die Wanderung dorthin gestaltete sich gar nicht so einfach. Sie führte fernab befestigter Wege und hielt einige ordentliche Anstiege parat. Nach einer gefühlten Ewigkeit nörgelte Lotta.
»Wann kommt denn endlich diese blöde Grube?«
Ihr taten die Füße weh und Hunger hatte sie auch. Ihre Freundin Clara zuckte nur lustlos mit den Schultern und gab ein müdes »Keine Ahnung« zurück. Die Erwachsenen bemerkten von dem Unmut der Mädchens nichts.
Bettina und Luise führten die Wanderer an und die zwei Lehrer waren wie so oft in ein Gespräch vertieft. Lotta wunderte sich über die Energie, die ihre Klassenkameraden an den Tag legten. Tim, Max, Susann und Leon erklommen gerade einen steilen Felsvorsprung. In einem Affenzahn rannten sie den Berg hinauf und blieben oben auf der Kuppe stehen. Linus, Jonathan und Chris diskutierten inzwischen, wie man sich am besten verhält, wenn sich einem plötzlich ein kampferprobter Waschbär in den Weg stellt. Von Waschbären sollte es hier ja nur so wimmeln! Der schlaue Jonathan versuchte gerade, eine komplizierte Fangvorrichtung zu erklären, als Max oben vom Felsvorsprung rief:

»Luise, Bettina – dürfen wir hier runterspringen? Da ist alles voller Moos. Das sieht voll flauschig und weich aus!«
»Wartet! Wir wollen uns das erst einmal anschauen«, rief Bettina.
Nun wurde selbst Lotta neugierig und kraxelte zu den anderen den steinigen Felsen hinauf. Oben angekommen, bestaunte sie die zentimeterdicke, dunkelgrüne Moosoberfläche, die sich unter ihnen erstreckte. Doch trotz des weich anmutenden Untergrunds sträubte sich Lotta davor, in die Tiefe zu springen.
»Ich will da nicht runterspringen! Das ist viel zu hoch!«
»Stell dich nicht so an«, murrte Chris, »du bist doch nicht aus Glas!«
Luise machte einen Vorschlag.
»Kommt – wir machen das zusammen! Stellt euch alle in einer Reihe auf. Jeder fasst seinen Nachbarn an und bei DREI springen wir.«
Rasch stellten sich die Kinder und Erwachsenen nebeneinander auf – der eine ganz mutig, der andere noch etwas zögerlich.
»Na komm schon«, sprach Clara ihrer Freundin Mut zu, »das Moos federt unseren Sprung ganz super ab!«
Endlich hatten sich alle aufgestellt, die Hände fest in die des Nachbarn verschlungen. Luise zählte laut:
»Eins – zwei - DREI!«, und schon sprang die Menschenkette mit Gejohle und Gekreische den rund zweieinhalb Meter tiefen Abhang hinab. Wie angenommen landeten sie erst auf dem weichen Moos, doch dann sackte der Boden unter ihrem Gewicht ab und die ganze Gruppe fiel weiter in die Tiefe!
Die Mädchen kreischten in den höchsten Tönen, auch die Jungen und die Erwachsenen schrien entsetzt auf. Zum Glück landeten sie einigermaßen weich, da der Boden des Erdlochs aus weichem Lehm bestand. So verletzte sich niemand ernsthaft. Nur Felix hatte sich den Kopf an Tims Ellenbogen angeschlagen und Linus, Max und Jonathan waren unsanft auf ihr Steißbein gefallen.
Lotta rappelte sich stöhnend auf.
»Alter! Das war n´Schlag!«
Mit schmerzverzerrtem Gesicht drückte sie ihr Kreuz durch und schaute benommen in die Runde.
Ihr Blick fiel auf Luise, die ungläubig auf eine Stelle vor ihren Füßen starrte.

»Das … das kann doch nicht möglich sein!«, flüsterte sie entgeistert. Da nur wenig Tageslicht in das Erdloch fiel, holte sie vorsichtig ihre Taschenlampe hervor. Der Lichtstrahl erfasste zwei Moosklumpen, die mitten vor ihr auf dem Boden lagen. Doch das waren keine normalen Moosklumpen. Diese hier bewegten sich – eindeutig! Lotta quiekte erschrocken auf und drückte sich ängstlich an die kühle Erdwand. Da ertönte ein heiseres, schadenfrohes Kichern! Es kam von den bemoosten Erdklumpen, die mit einem Mal hochsprangen und sich dabei flink umdrehten. Zwei rosafarbene, faltige Körper kamen zum Vorschein! Eine spitze Schnauze ragte witternd in die Höhe und rote, raubtierähnliche Augen funkelten die Menschen an. Die Wesen sahen aus wie nackte Ratten, nur, dass ihre Beine und Füße mit dichtem, grünem Moos bedeckt waren.

»Moosmuffel!«, stieß Bettina angewidert aus. »Das müssen Moosmuffel sein! Es gibt sie wirklich!« Die junge Frau schüttelte fassungslos den Kopf.

Als die Moosmuffel erneut ihr gemeines Kichern ausstießen und lauernd auf die Menschen zukrochen, brach in der Grube Panik aus! Die Mädchen stießen vor Ekel spitze Schreie aus und die Jungen drückten sich geschockt an die kalte Grubenwand, während die Moosmuffel geifernd ihre spitzen Zähne bleckten.

»Die sehen aber nicht gerade friedlich aus!«, bibberte Jonathan.

»Von wegen, die kommen nur ins Haus geschlichen, um in unseren Schuhen zu schlafen«, rief Lotta dazwischen. »Wahrscheinlich sind unsere Schuhe das Einzige, was von uns übrigbleibt, wenn die Viecher erst einmal mit uns fertig sind!«

»Ruhig bleiben!«, mahnte nun Herr Meier, der Klassenlehrer. »Vielleicht sind sie gar nicht so garstig wie sie aussehen.« Mutig ging er in die Knie und versuchte einen der Moosmuffel anzulocken.

»Na komm mal her, du Kleiner, du!«

Vorsichtig streckte er die Hand nach dem fleischfarbenen Wesen aus. Das hörte auf, die Zähne zu fletschen, und reckte sich der Hand schnuppernd entgegen. Fast hatte Herr Meier den Moosmuffel berührt, als dieser plötzlich sein Maul aufriss und gierig nach ihm schnappte! In letzter Sekunde zog der Mann seine Hand zurück und das messerscharfe Gebiss klappte geräuschvoll ins Leere.

»Nee, dann doch lieber Waschbären!«, murmelte er geschockt und überprüfte im Schein der hereinfallenden Sonnenstrahlen, ob sich noch alle fünf Finger an seiner Hand befanden.
Luise war immer noch ganz außer sich.
»Das war doch alles nur ein Märchen! Diese Wesen haben wir erfunden. Es KANN sie gar nicht wirklich geben!«
»Tja«, gab Tim nüchtern zurück, »anscheinend gibt es sie doch und sie haben uns auch noch in eine 1a-Falle gelockt.«
Genau in diesem Augenblick sprangen weitere Moosmuffel von oben in das Bodenloch hinein. Wie eine Flut prasselten sie auf die Wanderer herab.
»Aua!«, schrie Lotta und strich sich mit der Hand über den blutenden Oberarm. Ein Moosmuffel hatte sie mit seinen scharfen Zähnen erwischt und ihr eine ordentliche Schramme verpasst. Alle Kinder und Erwachsenen sprangen nun in Windeseile zur Seite und drückten sich panisch an die abgerundeten Wände der Grube. So bildeten sie einen Außenkreis, während sich die immer mehr werdenden Moormuffel in der Mitte formierten und die Menschen gierig anfauchten.
Louise zog ihr Taschenmesser heraus und hielt es schützend vor sich. Doch schnell sah sie ein, dass sie damit nicht viel ausrichten konnte.
»Sie sind in der Überzahl! Da haben wir keine Chance!«, schrie sie über das immer lauter werdende Fauchen hinweg. »Wir müssen hier irgendwie raus!«
Verzweifelt versuchte die sportliche Frau, an der Wand hochzuspringen, doch sie verfehlte den oberen Grubenrand stets um mehrere Zentimeter. Es schien keinen Ausweg zu geben …
Die Moosmuffel fletschten weiter ihre Zähne und machten sich für den Angriff bereit. Gleich würden sie sich auf die verängstigten Wanderer stürzen!
»Wir müssen eine Räuberleiter machen!«, stieß Bettina hektisch hervor.
Sogleich stellte sich Herr Meier in Position und faltete seine Hände ineinander. Die flinke Louise trat mit einem Fuß hinein und drückte sich kraftvoll nach oben. Endlich erreichte sie den rettenden Grubenrand! Ächzend zog sie sich nach oben und kletterte aus dem Erdloch heraus. Lotta atmete erleichtert aus!

Aber die Moosmuffel begriffen sofort, dass ihre Beute fliehen wollte. Also wagten sie den Vorstoß und krochen lauernd auf die Kinder und Erwachsenen zu. Die hatten jedoch neuen Mut gefasst und stellten sich den hässlichen Kreaturen mutig entgegen. Luise hatte inzwischen ein Seil in die Grube heruntergelassen. Daran konnten die Kinder, eins nach dem anderen, aus dem Erdloch klettern. Bald waren alle gerettet. Nur Herr Meier und Lotta waren noch mit den hungrigen Moosmuffeln in der Grube. Bettina hatte bereits ein zweites Seil heruntergelassen, sodass die beiden auf ihr Kommando gleichzeitig herausgezogen werden konnten. Doch gerade als Lotta sich mühsam am Seil hoch hangelte, spürte sie, wie die Moosmuffel an ihr hochsprangen und sich in ihren Schuhen verbissen. Lotta spürte, wie sich spitze Zähne in ihre Haut bohrten! Sie schrie laut auf und strampelte wild um sich!
»Hey! Was ist denn in dich gefahren! Lotta – WACH AUF!«
Plötzlich saß Lotta kerzengerade in ihrem Bett! Claras besorgtes Gesicht tauchte vor ihr auf. Sie hielt Lotta fest an den Schultern. Pure Erleichterung machte sich in dem Mädchen breit: Alles nur ein Traum! Gott sei Dank!
Doch - was pikste sie denn da immer noch an den Füßen? Rasch fasste Lotta unter die Decke und holte schließlich ihre Haarbürste hervor. Die hatte sie mal wieder einfach im Bett liegen gelassen, anstatt sie in ihre Kulturtasche zu legen. Als ihre Freundinnen fragten, was sie denn Schreckliches geträumt hatte, musste Lotte erst einmal überlegen. Sie wollte auf keinen Fall zugeben, dass ihr das Kindermärchen über die Moosmuffel so einen Schrecken eingejagt hatten. Also dachte sie sich kurzerhand einen furchterregenden Albtraum aus, in dem sie von einer Horde Zombies verfolgt wurde. Es dauerte eine ganze Weile, bis wieder Ruhe einkehrte und sich die Mädchen endlich wieder schlafen legen konnten.

Als sich die Schulklasse am nächsten Morgen zu der Wanderung aufmachte, war Lotta die Erste, die ihre Hausschuhe fein säuberlich in das Regal stellte. Alle schauten sie erstaunt an. Besonders die Blicke von Bettina und Louise sprachen Bände! Doch Lotta grinste nur und antwortete keck:

»Was gibt's denn da zu gucken? Ein bisschen Ordnung hat schließlich noch nie jemandem geschadet!«

Grün

Wie die Liebe

Grün ist die Hoffnung und die stirbt zuletzt

Britta Meer

Da liegt er nun und schnarcht, mein neuer Loverboy. Wie lange habe ich auf diesen Tag hingearbeitet, um diesen Mann endlich zu mir nach Hause zu bekommen? Tage, Wochen, Monate vergingen, immer wieder verließ mich der Mut, die Ideen verpufften, bis ich so weit war, ihn zu fragen, ihn einzuladen. Jetzt war es geschehen, ich hatte all meinen Mut zusammengenommen und nun, ja, nun lag er da auf meinem grünen Sofa und schlief. Was für ein schönes Bild, diesen Mann in meiner maigrünen Froschköniginnenbettwäsche auf dem daunengefüllten Kopfkissen liegen zu sehen.

Ein Traum, ja, ein großer Traum von mir geht hier gerade in Erfüllung. Ich habe ihn, den Mann fürs Leben, jetzt ist er mein.

Es scheint ihm gut zu gehen, wie er so auf meinem grünen Sofa liegt, leise vor sich hin schnarchend, in diese Froschköniginnenbettwäsche gehüllt. Habe ihm vorsichtshalber noch einen kleinen grünen Bettvorleger vor das Sofa gelegt, damit er gleich beim Aufstehen das Gefühl von saftiger grüner Wiese bekommt. Dass ich und mein grünes Topmodell-Sofa einmal so weit kommen würden! In meinen kühnsten Träumen gab es diesen Mann, dieses Bild, er in meinem Reich! Doch in der Realität? Da stand nur dieses grüne Sofa, symbolisch sozusagen, für diesen Traummann in meinem 1,5 Zimmer-Appartement.

Und nun, heute, am 1. Mai, da war es geschehen, er liegt auf meinem grünen Sofa. Wie hatte ich das nur hinbekommen? Was war da gestern Abend geschehen?

Wieso ist er hier bei mir? Ich hatte mich mal wieder auf einen langweiligen Singleabend eingestellt. Hatte die Fernsehzeitung bereits durchgekaut und es war klar, heute mal wieder ein Tatort, was auch sonst?

Meine Busenfreundin Mathilda hatte mich am Nachmittag angerufen und überredet, zum Maitanz in die Scheune mitzugehen. Hier auf dem Land ist alles anders, da gibt es keine Discos, keine großen Bälle, nein hier trifft sich alles in der Scheune von Joe, und dann geht's richtig ab – wenn Frau Glück hat.

So stopfte ich mich in mein grünes Grützen-Käfer-Kleid und meine Tanzschühchen und trottete mit Mathilda zur Scheune.
Tja, und dieses Mal, da sollte ich doch wahrhaftig Glück haben!
Aufgefallen war und gefallen hat er mir ja bereits seit einem halben Jahr. Immer wieder sind wir uns über den Weg gelaufen, nichts kam dabei herum. Dass er nun hier auftauchen würde, war eher unwahrscheinlich. Doch auch eine jahrelang unglückliche Singlefrau kann einmal Glück haben. *»Auch ein blindes Huhn findet mal ein Korn.«*
Er kam, als die Fete gerade ihren Höhepunkt erreicht hatte, stand da im Scheunentor, in abgewetzten Jeans. Die Haare frisch gewaschen und gelegt, gut nach Rasierwasser riechend – so hoffte ich –, ›Mein Loverboy‹. Mir blieb fast das Herz stehen, als er da unter der grünen Blätterranke stand. Dieser Mann! Wow, hat der sich rausgeputzt!
Da kam eine blonde Tussi angeschwebt, schnappte ihn am Arm und zog ihn auf die Tanzfläche!
»Das kann ja wohl nicht wahr sein! Der gehört heute Nacht mir!«
Jetzt musste alles schnell gehen.
Was tun?
Wie komm ich an ihn ran?
Wie setze ich mich in Szene?
Wer kann mir helfen?
Wie bekomme ich das allein hin?
Oh Mann, so viele Fragen rasten durch meinen Kopf, so viel Unordnung und Chaos. Mir blieb nicht viel Zeit, vielleicht noch zwei, drei Stunden, dann würde alles vorbei sein. Ich wollte ihn haben, er sollte endlich mein grünes Sofa füllen. Mich erfüllen. My Loverboy forever!
Jetzt erst einmal den Kopf frei bekommen und einen kleinen Ouzo schlucken, der würde sicher schnell wirken. Wo war eigentlich meine Busenfreundin Mathilda? Und ich dachte ja auch, dass ich vielleicht die eine oder andere Dämlichkeit vom Ouzolinen-Club hier treffen würde, da sind ja einige erfahrene Anglerfrauen dabei!
Doch nix, gähnende Leere auf weiter Scheunenflur. Also, dann noch einen Ouzo, *»auf einem Bein steht es sich schlecht«*, so der Spruch meines treuen Lieblingsfreundes Cordian.
Die Wirkung ließ nicht lange auf sich warten und ich wurde mutiger. Ging noch mal schnell zur Toi, legte mir die Haare frisch, wischte mir

über die Zahnweiß-Zähnchen, Lippenstift nochmal nachziehen und los ging's.
»Auf in den Kampf, in die Arena, du Gute.« – So sprach ich mir Mut zu. –
Das Universum meinte es gut mit mir. Da lief mein alter Schmusesong ›Love hurts‹ aus den Siebzigern, genau passend für meinen bestehenden mutigen Auftritt. Ich startete durch, wackelte meinen lässigen Hinterteil-Wackler und stand vor ihm. Er zwitscherte gerade ein Bierchen. Brauchte wohl eine Pause. Nicht mit mir, ich streckte meine Hand aus und er, was machte er? Er griff zu, nahm mich kraftvoll an der Hand, und schon standen wir auf der Tanzfläche. ›Bitte lass den Song noch eine Runde drehen, ich brauch das jetzt‹, so mein Wunsch. Es klappte, der Song lief und lief. Wir sprachen nichts, kamen uns immer näher und näher. Dann flüsterte er mir ins Ohr.
»Bist du nicht die Fachverkäuferin beim Bäcker Loch?«
Oh nee, ich wollte nichts hören! Legte meinen Kopf an seine Schulter und pustete ihm ins Ohr. Er zuckte leicht zusammen, und ich spürte Gänsehaut auf seinem Arm …
Glück gehabt, der Trick hatte funktioniert. Dann ging es nahtlos über zum nächsten Kuschelsong. Das Glück war auf meiner Seite, wir tanzten weiter. Waren ein schönes Traumpaar. Ich fühlte mich gut und sicher in seinen Armen und in meinem Grützen-Käfer-Kleid.
Wie es dann weiter ging an diesem Abend weiß ich nicht, ist mir vollends entfallen, Filmriss …! Diese Erfahrung war mir bis heute völlig unbekannt.
Doch nun liegt er hier in meiner grünen Parklandschaft und schlummert schnarchend vor sich hin. ›Soll ich mich vielleicht zu ihm legen?‹ Ich blicke in den Spiegel und stelle mit Erschrecken fest, dass ich noch immer mein Grützen-Käfer-Kleid trage.
»Ist da in der Nacht wohl nix passiert?«, brummele ich in meinen Hals.
Doch da, ein Grunzen kommt vom grünen Sofa herüber, und dieses Geschöpf macht eine schnelle Drehung. Es dreht sich um und schaut mich an.
›Oh Gott! Ist das die Wirklichkeit? Das ist gar nicht mein Lover Boy! Kann doch nicht wahr sein! Wo kommt denn dieser Kerl hier her?‹,

rasen meine Gedanken. Nun bin ich froh, dass ich mein Grützen-Käfer-Kleid noch am Leibe trage.

Raus hier, nix wie raus hier aus diesem Raum.

»Hilfe! Mathilda! Hilfe!«

Ich muss mit jemandem reden, mich sortieren, einen klaren Kopf bekommen. Doch wie? Der Restalkohol und dieser fremde Kerl da in meiner grünen Parklandschaft, das schafft mich, haut mich fast um.

Ich muss nun erst Mathilda ans Ohr bekommen. Fragen, was da in der letzten Nacht passiert ist. Doch dazu kommt es nicht mehr, der unbekannte Kerl steht schlagartig auf, wickelt sich meine grüne Bettdecke um den behaarten Körper und fragt nach dem Bad.

»Da, die linke Tür!« Ich deute auf die rechte Tür zu meinem Schlafzimmer. »Stopp! Halt, die **linke** Tür!«

»Okay, Okay, ich hab's kapiert!«, und er verschwindet erst einmal hinter der Badezimmertür.

Ich schnell zum Telefon, doch Mathilda geht nicht ran. Ich glaub, ich haue einfach ab! Der wird, wenn er aus dem Bad kommt, schon von alleine gehen. Geht ihm sicherlich genauso wie mir, ist doch alles voll peinlich. Wäre die sicherste und einfachste Lösung für uns beide. Ich verlasse das sinkende Schiff, und wir sehen uns nie wieder.

So meine Fluchtgedanken.

Diese Idee gefällt mir gut.

Ja, ich werde einfach gehen.

»Hey du, ich muss jetzt weg, bitte schließ die Tür, wenn du gehst! Das war's dann mit uns.«

Ich gehe und schließe die Eingangstür. Nix wie hoch in den dritten Stock, dort werde ich warten, bis er gegangen ist.

Da sitze ich nun eine geschlagene Stunde auf den Treppenstufen, mir tut bereits der Hintern weh. Verflixt, der Kerl kommt einfach nicht heraus. Was soll ich nur machen? Das wird mir jetzt zu bunt, ich gehe und schaue nach.

Tür auf und »Hallo, bin wieder zurück!«

Doch da, die Balkontüre steht auf und der Vorhang weht sanft vor sich hin. Der Typ, wo ist er? Hockt der wohl noch im Bett? Erstmal schnell die Balkontüre schließen. Ich gehe an die Tür und da, das darf nicht wahr sein! Da steht er doch in voller Pracht und qualmt eine.

»Ich dachte, du bist bereits gegangen?«
»Nein, wie kommst du darauf? Ich wollte noch auf dich warten und mich mit dir unterhalten. Der Abend mit dir war so schön gewesen.«
»Nein danke, ich habe kein Interesse. Ich denke, das war eine schöne Nacht mit dir. Doch nun ist es zu Ende. Wir werden uns nicht wiedersehen. Bitte geh!«
Er schaut mich etwas verwundert an, drückt seine Zigarette aus und geht Richtung Ausgang. Dreht sich noch einmal zu mir um, wirft mir einen verächtlichen, enttäuschten Blick zu. Dann knallt die Tür ins Schloss. Mir läuft es eiskalt den Rücken hinunter. Weg ist er!
Mir fällt ein Stein vom Herzen.
Mein Traummann war zwar ein Mann und lag in meiner grünen Parklandschaft, ABER er war das falsche Pferd.
›Mein Hengst‹ ist mir in dieser Nacht abhandengekommen.
So bleibe ich als ›*Singlefrau*‹, allein in meiner Froschköniginnenbettwäsche auf grüner Parklandschaft zurück und schlürfe ein Glas Maibowle und träume von einem neuen Prinzen.

Einige Tage später im ›SoWas-Anzeiger‹:

»Zu einem Tänzchen nicht abgeneigt.
Froschkönigin sucht gutaussehenden Prinzen
Zwecks gemeinsamer grüner Parklandschaft.«

Die Hoffnung ist grün
Beate Kidd

»Komm schon. Melde dich an. Du hast doch nichts zu verlieren.«
»Laura. Du nervst!«
Laura zog ihre Augenbrauen nach oben und sagte noch einmal: »Jetzt mach endlich.«
Laura war meine beste Freundin und hatte seit Wochen nur ein Thema: Ich, Nathalie, sollte mich auf einer ›Bald-bist-du-nicht-mehr-Single‹ Webseite anmelden. Sie saß im Schneidersitz neben mir auf der Couch, ihren Laptop auf dem Schoß. Das Anmeldeformular der Partnerbörse hatte sie bereits aufgerufen. Erwartungsvoll sah sie mich an. Ich seufzte.
»Gib schon her.«
Laura grinste und achtete darauf, dass ich ja alle gewünschten Angaben wahrheitsgemäß beantwortete. Mit feierlicher Stimme sagte sie:
»Jetzt musst du nur noch ein Bild von dir hochladen und dann schauen wir uns die Typen hier mal an.«
»Wir? Mir war nicht bewusst, dass du jetzt auf einmal auch Single bist.«
Laura stieß mir ihren Ellbogen in die Seite:
»Logisch, dass ich auch mitschauen will, oder? Gucken darf man doch.«
Ich musste zugeben, dass manche Männer auf ihren Profilbildern wirklich gut aussahen. Wieso die wohl Single waren?
Bestimmt waren die Bilder gefaked oder diese Männer hatten unschöne Eigenarten, die sich keine Frau antun wollte. Neben mir jauchzte Laura laut auf:
»Wie cool, da will gleich einer mit dir chatten!«
Auch das noch. Genau genommen wollte ich ja nicht mal auf dieser Single-Seite sein und jetzt sollte ich auch noch mit einem wildfremden Mann chatten. Das konnte ja heiter werden. Ich war noch nie gut in so Smalltalk-Sachen gewesen, aber genau das erwartete mich wohl jetzt.
»Nathalie, jetzt schreib du auch was! Der ist sonst wieder weg«, hörte ich Lauras drängende Stimme.
Ich tippte »Hallo. Mir geht es gut, danke.«
Oh, ich hatte wohl gerade meine kreative Phase, ich hatte gleich sechs Wörter auf einmal geschrieben.

Die Frage: »Und? Was suchst du hier?«, tauchte auf meinem Bildschirm auf. Ich sah Laura an.
»Was ist das denn für einer? Was wird man wohl auf einer Single-Seite suchen?«
Mit meiner Antwort »Na, was wohl?«, schien ich meinem potentiellen Partner eine große Freude zu machen. Er schickte eine Zeile voller Smileys und Herzen. Darunter schrieb er: »Wollen wir uns bei dir oder bei mir treffen?«
Laura und ich sahen uns an.
»Der geht aber ganz schön ran«, meine Laura.
»Der geht gar nirgendwo hin und schon gleich gar nicht ran.« Ich tippte: »Weder - noch.«
»Ah, ich verstehe. Du magst lieber ungewöhnliche Orte. Kein Problem, schlag einfach etwas vor.«
Ungewöhnliche Orte? Wie war der denn drauf?
»Laura, sorry, aber der ist echt komisch. Wenn die hier alle so sind, dann melde ich mich sofort wieder ab. Das ist ja die reinste Zeitverschwendung.«
Der Bildschirm zeigte eine neue Nachricht von Mr. ungewöhnliche Orte an.
»Hallo? Noch da? Wo genau willst du dich treffen? Wo verschafft es dir den richtigen Kick?«
Ich antwortete: »Kick? Was für ein Kick? Ich weiß nicht, was du meinst«.
»Beim Sex, meine ich« kam die prompte Antwort. Ich klappte den Laptop zu und gab ihn an Laura zurück.
»Auf sowas kann ich echt verzichten!«
Laura lachte. »Ja, der Einstieg war jetzt nicht so optimal.«
Über eine Woche später startete ich aus Neugierde noch einmal einen Versuch. Ich öffnete die Seite des Online Portals und stellte dieses Mal fest, dass das Ganze eigentlich schon sehr ansprechend gestaltet war. Verschiedene Grüntöne zierten die Webseite. Ich schmunzelte. Grün, die Farbe der Hoffnung. Na ja, die Hoffnung stirbt ja bekanntlich zuletzt. Also einloggen. Ich war erstaunt, wie schnell und oft ich angeschrieben wurde. Wahrscheinlich gehörte ich für den Moment in die Schublade ›Frischfleisch‹.

Leider habe ich nicht mitgezählt, wie oft die Frage »Was suchst du?« gestellt wurde. Es gab aber auch durchaus sehr nette Nachrichten und Chats. Mit einigen Männern schrieb ich dann sogar regelmäßig, da der Austausch wirklich sehr interessant und angenehm war. Als es dann bei großer gegenseitiger Sympathie irgendwann um ein persönliches Treffen ging, folgte für mich jedes Mal die Ernüchterung. Der Eine wollte mich zu sich auf einen Kaffee einladen und mir bei der Gelegenheit seinen Wohnanhänger zeigen. Ich, in meiner Naivität, fand so einen Wohnanhänger toll. Das klang nach Urlaub, Ruhe und Erholung. Es stellte sich jedoch heraus, dass dieser Mann direkt in seinem Wohnanhänger lebte und gar keinen festen Wohnsitz hatte. Aber Internet, das hatte er.

Der Nächste war handwerklich sehr begabt und bastelte auch in seiner Freizeit an allem Möglichen herum. Leider hatte er sehr viel Freizeit, da er nur halbtags arbeitete. Dies würde ihm völlig ausreichen, denn er war ja auch täglich unterwegs um Pfandflaschen an allen möglichen und unmöglichen Orten zu sammeln. Das Pfand reichte ihm für seine täglichen Mahlzeiten. Alles klar.

Wieder ein anderer wollte mit mir gemeinsam fernsehen. Er ging nämlich, außer zur Arbeit und in den Supermarkt, nirgendwo hin und wollte unbedingt seinen Alltag mit mir teilen. Mit Alltag meinte er die Zeit, die er ausschließlich vor dem Fernseher und wohl auch vor dem PC verbrachte. Aha.

Dann gab es auch welche, die ihren Fetisch mit mir ausleben wollten. Einem sollte ich regelmäßig die Windeln wechseln. Auweia. Und natürlich gab es auch noch die verheirateten Männer, die sich zu Anfang gut getarnt hatten und deren Ehen ja völlig in Ordnung waren. Ja, klar.

Während ich immer verzweifelter wurde, amüsierte sich Laura prächtig über meine Erzählungen. Die grüne Webseite wirkte nicht mehr sonderlich hoffnungsvoll auf mich. Die Seite hätte von mir aus auch schwarz sein können.

Als ich dann von einem wirklich gutaussehenden Mann, südländischer Typ, Fotos in Unterwäsche bekam, war das Maß voll. Er trug auf den Fotos eine Art Body oder Turnanzug und fand sich selbst darin sehr erotisch. Hilfe! Zu Lauras großer Enttäuschung gab ich die Aktion ›grüne Hoffnung‹ auf und meldete mich bei dem Portal ab.

Ein paar Tage später legte ich beim Einkaufen im Supermarkt meine Sachen in den mir am nächsten stehenden Einkaufswagen und ging dann auch mit diesem weiter. Und zwar so lange, bis mir jemand von hinten auf die Schulter tippte und mir mit einem umwerfenden Lächeln erklärte, dass ich einen falschen Einkaufswagen durch die Gänge schob. So peinlich! Aber ich musste über mich selbst sehr lachen.
Nach etwas Blödelei und einem kurzen Gespräch schlug der Mann vor, die Einkäufe zu teilen und gemeinsam zu kochen. Begeistert sagte ich zu und stellte fest, dass Hoffnung nicht zwangsläufig grün sein musste. Hoffnung konnte vielseitig und somit auch ein Spiel der Farben sein.

Hope
Denise Träbing

Sarah sah aus dem Fenster. Dicke Schneeflocken fielen vom Himmel. Sie tanzten im Wind zu einer Musik, die nur sie hören konnten. Manche von ihnen landeten an ihrer Scheibe. Fasziniert betrachtete sie die wunderschönen kleinen Eiskristalle. Inzwischen waren auch Garten, Gehweg und Straße von einer Schicht, die aussah wie feinster Puderzucker, bedeckt. Ein letztes Aufbäumen des Winters.

Diese Unberührtheit gefiel ihr für gewöhnlich. Wenn alles unter einer weißen Decke zu schlafen schien. Doch heute machte es sie traurig. Denn Sarah wartete. Sie wartete seit Wochen. Sie wartete auf ein Lebenszeichen von Jack. Über achtzehn Monate war es her, dass er in seiner Uniform die Haustür hinter sich geschlossen hatte. Solange lebte sie nun ohne sein warmherziges Lachen, seine weichen Lippen, seinen Duft und die gemeinsamen Gespräche. Er fehlte ihr so sehr.

Im ersten Jahr hatte sie jeden Monat einen Brief von ihm erhalten. Sie wusste, wenn der Briefträger sich die Mühe machte und an ihrer Tür klingelte, war wieder einer für sie dabei.

Es waren unterschiedliche Briefe gewesen. Manche kurz, manche lang. Mit persönlichen Zeilen, die nur für ihre Augen bestimmt waren. Zeilen, die ihr ein Lächeln auf die Lippen zauberten und gleichzeitig Tränen in die Augen trieben. Aber auch Berichte von Dingen, die er erlebt hatte. Jack erzählte von Einsätzen, von Kameraden, die verwundet wurden. Sie wusste, dass seine Worte nur an der Oberfläche kratzten. Dass er sie vor den wirklich schlimmen Dingen beschützen wollte. Sie kannte die Nachrichten, hatte genügend Bilder gesehen. Sie hasste es, dass er dort war. Die Angst war zu einem stetigen Begleiter geworden. Sie träumte von ihm. Liebevolle Träume, in denen er sie in ihren Armen hielt. Aber auch Albträume, die sie mitten in der Nacht schweißnass hochschrecken ließen. Anfangs war es am schlimmsten gewesen. Bei jedem Klingeln, egal ob Tür oder Telefon, hatte sie mit einer Nachricht über seinen Tod gerechnet. Dann war eine Zeit gekommen, in der es ihr besserging. Jack war für ein paar Tage nach Hause gekommen. Danach hatte sie ihre Angst weggesperrt, hatte ihr Rütteln am Schloss ignoriert. Sich auf seine Briefe konzentriert. Sie immer und immer wieder gelesen. Die schönen

Stellen auswendig gelernt. Daran hielt Sarah sich fest. Auch heute noch. Denn eins wollte sie nicht verlieren – die Hoffnung. Sie war es, die sie jeden Morgen aufstehen ließ.
Seit drei Monaten kam der Postbote nun schon ohne einen Brief von Jack. Sein Kriegseinsatz war längst beendet. Doch Jacks eigener Kampf hatte erst begonnen. Sarah stand voll und ganz hinter ihm. Wollte ihm die Zeit geben, die er brauchte, um seine Erlebnisse zu verarbeiten. Auch wenn das hieß, noch länger auf ihn zu verzichten. Natürlich machte sie sich weiterhin Sorgen um ihn. Passieren konnte ihm nicht nur dort etwas. Doch seine Entscheidung, allein durch das Land zu reisen, um den Kopf freizubekommen, hatte sie stets unterstützt.
Aber genau wie der Frühling bald die Natur erobern würde, so würde auch Jack bald zu ihr zurückkommen. Sie schloss die Augen. Ja, genau so würde es sein. Sarah irrte sich nicht, sie konnte es fühlen. Der Gedanke gab ihr Kraft. Er vertrieb die Traurigkeit aus ihrem Herzen und gab ihr Energie für den neuen Tag.
Nachdem sie ihren Magen gefüllt hatte, trat sie vor die Tür. Ihre Schuhe hinterließen ein schmatzendes Geräusch im Schnee. Die Temperaturen waren zu mild gewesen in den vergangenen Tagen. Es taute bereits wieder. Sarah ging zu dem Apfelbaum, der im Vorgarten stand. Von den kahlen Ästen tropfte der geschmolzene Schnee. Aber auch etwas anderes entdeckte sie bei genauerem Hinsehen. Die ersten kleinen Knospen streckten zaghaft ihre Köpfe gen Himmel. Noch blieb das satte Grün der Blätter im Verborgenen. Lange würde es jedoch nicht mehr dauern, und neues Leben würde in all seiner Pracht heranwachsen.
Glücklich und zufrieden lächelte Sarah. Zum ersten Mal an diesem Tag. Sie fasste mit beiden Händen an ihren Bauch. Ihre Schwangerschaft war nicht mehr zu übersehen. Die kleinen Tritte, die sich anfangs wie das zarte Schlagen eines Schmetterlingsflügels angefühlt hatten, wurden von Mal zu Mal fester. Die Kleine wuchs und entwickelte sich bestens. In ein paar Monaten würde Babygeschrei die Räume füllen.
Sie hoffte für sich und dieses winzige Geschöpf, dass sie bis dahin nicht mehr allein wären. Bisher wusste Jack nichts von ihrer Schwangerschaft. Sie war fest entschlossen es ihm persönlich zu sagen.
Sarah ging ins Haus zurück und zog ihre Schuhe aus. Als sie den ersten Schritt ins Wohnzimmer machen wollte, klingelte es an der Tür. Kurz

überlegte sie, ob sie öffnen sollte. Ihr fehlte die Lust auf Gesellschaft. Irgendwie fühlte sie sich heute merkwürdig. Es musste am Wetterumschwung liegen. Oder an den Hormonen. Es klingelte erneut. Sie gab sich einen Ruck, ging zurück und öffnete die Tür.
Bei seinem Anblick verlor ihr Herz für einen Augenblick den Rhythmus, bevor es wild zu pochen begann. Konnte es sein? War er es wirklich? Groß, mit breiten Schultern, einem Vollbart und den blausten Augen der Welt.
Es war nicht der Jack, der vor vielen Monaten dieses Haus verlassen hatte. Aber es war ihr Jack. Sie versank in seinen Armen, zog gierig seinen Duft ein. Jack sagte nichts, hielt sie einfach nur fest. Auch ihr fehlten die Worte. Die Welt um sie herum hatte aufgehört zu existieren. Es gab nur sie beide – und das Baby.
Nach einer Weile schob Jack Sarah ein Stück von sich weg. Sie beobachtete, wie sein Blick, der sich nur schwer von ihren Augen lösen konnte, nach unten wanderte. Auf ihrem gewölbten Bauch verweilte er einen Moment. Vorsichtig, als könnte seine Berührung Schaden anrichten, streichelte er mit den Fingern darüber. Dann sah er sie wieder an. In seinem Gesicht überschlugen sich die Emotionen.
»Es wird ein Mädchen. Ich würde sie gerne Hope nennen.«
Jack antwortete mit dem begehrenswertesten und liebevollsten Lächeln, das sie je gesehen hatte. Anschließend bedeckte er ihre Lippen mit einem langen, leidenschaftlichen Kuss. Schwindelig vor Glück schloss Sarah die Augen.

Villa Frosch
Veronika M. Dutz

Mira freute sich auf den heutigen Tag seit Wochen. Dieser Zeitraum im Jahr war alles, was ihrem Leben einigermaßen Halt gab! Sie hangelte sich von einem Urlaub zum anderen. Es lagen dunkle Zeiten des Verlustes hinter ihr. Manchmal fragte sich Mira, wie sie das alles geschafft hatte. Bekanntlich ging das Leben weiter! Obwohl die junge Frau es sich oft anders gewünscht hätte …

Sie packte ihre Tasche in den Kofferraum, endlich sollte es losgehen. Gute 900 Kilometer lagen vor ihr, das machte nichts, sie nahm diesen Weg gerne auf sich. Früher war sie ihn mit ihren Schwestern gemeinsam gefahren, es war eine schöne Zeit gewesen. Die Frauen hatten viel gelacht und gemeinsam während der Fahrt gesungen. Leider würde diese Fröhlichkeit nicht zurückkommen, dafür war zu viel passiert. Mira wischte ihre Gedanken beiseite, stieg in den Wagen und fuhr los, schaltete das Radio ein, summte den Takt der Melodie mit. Gedankenverloren fuhr sie über die Autobahn, als vor ihr ein Lkw ausscherte. Mira musste heftig bremsen, zum Glück rechtzeitig! Die junge Frau hätte früher ins Bett gehen sollen, sie hatte zu lange herumgebummelt, bis spät in die Nacht!

Ihr Blick fiel auf die Tankanzeige.

»Oh … nein!«, entfuhr es ihr.

Mira hatte vergessen, vorher zu tanken, also blieb ihr nichts anderes übrig, als an die nächste Raststätte zu fahren. Beim Tankstellenschild fuhr sie raus. Die Schlange war zum Glück nicht sonderlich lang. Sie war heute gedankenverloren, es lag daran, dass es nicht wie früher war! Die junge Frau musste ihre Gefühle zur Contenance rufen, es brachte nichts, in alten Erinnerungen zu schwelgen. Das Leben ging weiter im Hier und Jetzt!

Als sie an der Reihe war, positionierte Mira das Fahrzeug an der Zapfsäule und stieg aus dem Wagen, nahm den Zapfhahn und versuchte, ihn in den Tankstutzen zu steckten. Der Hahn wollte ihr nicht den nötigen Gehorsam leisten. Nach einem kurzen Kampf ließ sich die Tankpistole trotzdem nicht feststellen. Wie sollte es heute an diesem Tag anders sein, es war nicht der ihre! Also hielt sie verkrampft den klobigen Zapfhahn fest, was ihr sichtlich schwerfiel.

Jörn war auf dem Weg nach Hause, er hatte geschäftlich in der Schweiz zu tun gehabt und freute sich auf sein Heim. Jörn war erst vor Kurzem in das neue Haus gezogen, in das er sich sofort verliebt hatte. Es stand am Rand einer Feriensiedlung, die lediglich in den Sommermonaten hoch frequentiert war. Er sehnte sich nach Ruhe, weshalb er sein neues Zuhause weit ab vom Schuss gewählt hatte. Jörn war Informatiker, er brauchte kein Büro im üblichen Sinne. Einen ruhigen Ort, sein Power-Notebook und eine gute Internetleitung. Er gestaltete sich seinen Tagesablauf gerne selber, arbeitete in Phasen, wodurch Raum und Zeit für ihn egal waren. Letztlich zählte das Endresultat!

Jörn fuhr an die nächste Raststätte, allmählich meldete sich sein Magen. Als er aus dem Wagen stieg, zog ein leuchtend roter Haarschopf seine Aufmerksamkeit auf sich. Eine Frau kämpfte mit der widerspenstigen Tankpistole. Jörn ging zu ihr und fragte:

»Darf ich Ihnen helfen?«

Mira erschrak ein wenig, als sie neben sich die tiefe Stimme eines Mannes vernahm. Abrupt richtete sie ihren Blick auf die Person, die sie angesprochen hatte. Es trat ein kosmischer Moment ein. Mira sah einzig allein seine grauen lebhaften Augen, alles andere nahm sie in diesen Moment nicht mehr wahr. Sein Blick berührte sie an einer Stelle tief in ihrem Innersten, die sie für sich selbst nicht mehr existent gehalten hatte. Als auf seine Frage keine Antwort folgte, legte Jörn seine Hand auf die ihre, die verkrampft den Zapfhahn umklammerte. Er löste sanft ihre Finger und übernahm das Ruder.

Mira ließ alles mit sich geschehen. Die kurze Berührung der beiden ließ Mira erschaudern und bei Jörn setzte sie ein angenehmes Kribbeln frei. Einen Moment später hatte sich Mira wieder gefangen und erwiderte:

»Vielen lieben Dank, mir hat schon die Hand wehgetan. Der Feststellmechanismus wollte nicht richtig funktionieren. Ich bin Ihnen für Ihre Hilfe sehr dankbar!«

Bei diesen Worten rieb sie sich unbewusst das Handgelenk. Sobald der Tank voll war, steckte der Mann die Tankpistole zurück an ihren Platz. Er drehte sich zu Mira.

»Bitte, gern geschehen!«
Jörn war kein Mann der vielen Worte. Ihre Blicke trafen sich für einen weiteren langen Moment. Mira ging widerwillig zum Bezahlen. Als sie zurückkam, war ihr netter Helfer verschwunden.

Jörn fuhr bereits einige Kilometer auf der Autobahn, als sein Magen sich erneut meldete und diesmal mit einem lautstarken Knurren. Er hatte sich von dem roten Lockenkopf mit ihren tiefgrünen Augen irgendwie total ablenken lassen.
Jörn hatte ihr Antlitz vor seinem inneren Auge. Diese total wildfremde Frau hat ihn nicht kaltgelassen. Das hatte ihn überrascht und gleichermaßen erschreckt! Seitdem er Leonie an diese schreckliche Krankheit verloren hatte, war er innerlich zu Stein geworden. Eben gerade hatte er wieder Lebenszeichen aus den Tiefen seines Selbst gespürt, was ihn aus der Bahn geworfen und weswegen er augenblicklich das Weite gesucht hatte.
Jörn war ein hilfsbereiter Mensch, doch diese Empfindung war ihm bis zum heutigen Tag nicht mehr untergekommen.
Während der gesamten restlichen Fahrt ließ Mira dieser Typ nicht mehr los. Seine grauen wachen Augen, sein hellblond bis rötliches Haar. Wieso war er ihr dermaßen unter die Haut gegangen? Durch das ständige Nachdenken war die Zeit wie im Fluge vergangen, es war bereits später Nachmittag.
Mira bog in die Ferienhaussiedlung ein. Am Ende der Straße stand es! Mira ging das Herz auf, als sie es sah. Es war ein eigentümliches Ferienhaus für Dänemark. Alle vier Hausseiten hatten eine andere Farbe, zwar grün, aber immer in einer anderen Nuance. Deswegen hatte es den Namen ›Villa Frosch‹ bekommen!
Mira liebte dieses Haus. Sie hatte früher mit ihren Eltern und Schwestern unzählige Male hier ihre Ferien verbracht. Später, nachdem ihre Eltern bei einem Autounfall schwer verunglückt waren, ab und zu mit ihren Schwestern. Mira war ein Familienmensch, allein zu sein fiel ihr ungemein schwer. Dieses Ferienhaus war in ihrer Familie Tradition gewesen. Mira tat es in der Seele weh, dass ihre Schwestern diese nicht beibehalten wollten. Menschen veränderten sich im Laufe ihres Lebens, das war für manche schwierig zu verstehen. Besonders Kathi, ihre älteste

Schwester tat sich ausgenommen schwer damit! Mira schob die trüben Gedanken beiseite. Das Auto musste ausgeladen werden. Sie wollte noch kurz auf die Düne und an die Nordsee, bevor die Dämmerung hereinbrach. Die junge Frau musste wenigstens einen Blick auf das Meer geworfen haben.

Als die Taschen im Haus verstaut waren, machte sich Mira auf den Weg zur Düne, die hinter dem Haus lag. Es war ein schwieriger Aufstieg. Der Sand war weich, lose und trocken, was für diese Jahreszeit normal war. Die junge Frau sank bis zu den Knöcheln ein, was sich anstrengender gestaltete, als es aussah. Oben auf der Düne angekommen, ließ Mira ihren Blick einen Moment über den atemberaubenden Horizont schweifen. Sie genoss diesen wunderschönen Ausblick über das hereinkommende Meer, welches sich in sanften Wellen ergoss. Das Dünengras bewegte sich leicht im Wind, der vom Meer her kontinuierlich wehte.

Mira machte genüsslich einen ersten Strandspaziergang. Die junge Frau genoss es, ihre Haare im Wind wehen zu lassen. Sie liebte es, sich die leicht salzige Luft um die Nase wehen zu lassen und auf den Lippen zu schmecken.

Genau das war es, was die junge Frau gebraucht hatte. Dieser Ort hier an der Küste, das Meer und der breite Sandstrand. Hier würde sie ihren Akku wieder vollständig aufladen können, um den alltäglichen Kampf des Lebens zu bestehen.

Auf dem Rückweg die Düne herunter machte sie sich Gedanken über ihr Abendessen. Zwei herannahende Scheinwerfer weckten ihr Interesse. Diese suchten in der beginnenden Dämmerung ihren Weg. Hier am Ende der Straße der Siedlung gab es lediglich zwei Häuser. Die Villa Frosch und ein kleines reetgedecktes Haus, das wohl kein Ferienhaus zu sein schien. Solange Mira hierher in den Urlaub kam, war dieses Haus unbewohnt gewesen. Es stand meistens leer. Der alte Besitzer wollte es nicht vermieten, sondern verkaufen. Anscheinend hatte das kleine Haus einen neuen Besitzer gefunden. Mira war unbewusst auf dem Weg zur Villa Frosch stehen geblieben, das Fahrzeug hatte ihre vollkommene Aufmerksamkeit. In dem Moment, als der Fahrer ausstieg, verschlug es ihr den Atem. Es war der rotblonde Typ von der Autobahnraststätte, der ihr beim Tanken geholfen hatte. Das war vor Hamburg gewesen, also

gut über 350 km entfernt. Außerdem war Bjerregard ein echt kleines Nest an der dänischen Küste, wo es Urlauber oder Kenner hin verschlug. Hatte hier das Schicksal eventuell seine Hände im Spiel?
Oder war das ein außerordentlicher Zufall? Mira stand wie angewurzelt da und harrte der Dinge, die kommen mochten.
Jörn stieg aus und drehte sich zu ihr um. Sein Blick traf sie und zeigte genau dieselbe Überraschung, die Mira zuvor an den Tag gelegt hatte. Es dauerte einen Moment, bis Jörn realisierte, wer die Frau war. Er ging auf sie zu, um kurz vor ihr stehenzubleiben. Irgendetwas in ihm brachte ihn dazu, dies zu tun. Mira sah ihn auf sich zukommen und hörte ihr eigenes Blut in den Ohren rauschen. Ihre Hände wurden feucht und ihr Herz begann zu rasen. Wieso reagierte ihr Körper dermaßen auf diesen Mann, den sie überhaupt nicht kannte? Jörn sagte nichts, sondern blickte Mira an. An ihrem sich heftig hebenden und wieder senkenden Brustkorb sah er, dass sie sehr schnell atmete. Augenblicklich packte es ihn. Er nahm ihr Gesicht in seine Hände, danach küsste er sanft ihre Lippen. Mira ließ ihn gewähren, als sei es das Normalste der Welt. Allmählich wurde sein Kuss forscher und zunehmend von ihr erwidert. Nach einer gefühlten Ewigkeit trennten sich die beiden voneinander. Jörn sah in ihre tiefgrünen Augen und sagte:
»Abendessen um 20:00 Uhr bei mir, es gibt frischen Fisch. Ich hoffe, du magst Seefisch?«
Mira schaute ihn ganz erstaunt an, dieser Mann hatte sie eben gerade geküsst und jetzt lud er sie zum Abendessen ein? Jörn strich ihr über die Wange, drehte sich um und ging zurück zum Wagen. Sie stand wie angewachsen auf dem Weg und sah ihm nach.
Er holte seine Tasche aus dem Auto und ging ins Haus. Mira erwachte langsam aus ihrer Starre und tat es ihm gleich, jedoch in die Villa Frosch. Ihre Gedanken fuhren in ihrem Kopf Karussell. Ihre Gefühlswelt war aus dem Gleichgewicht. Sollte sie wirklich die Einladung annehmen?

Das Ferienhaus bot den altbewährten Charme, wie jedes Mal aufs Neue. Mira packte ihre Taschen aus, sie war dabei geistesabwesend. Der Blick auf die Uhr verriet ihr, wenn sie sich noch duschen wollte, musste sie sich beeilen, um rechtzeitig fertig zu werden. Die junge Frau war unzählige Male an diesem Ort im Urlaub gewesen, diesmal war es das erste

Mal, dass sie ein Date hatte. Sie glaubte es nicht, sie hatte eine Verabredung zum Essen mit einem Mann, der sie geküsst hatte. Mira war dermaßen aufgeregt!

Die junge Frau stand vor seiner Tür. Zum Glück hatte sie eine Flasche ihres Lieblingsweines im Gepäck. Zwar eine Beerenauslese, aber besser, als mit leeren Händen zu erscheinen. Jörn öffnete die Tür.

Er war sofort hin und weg von ihrem Erscheinungsbild! Sie trug hellblaue Jeans und ein passendes Shirt dazu. Ihre roten Locken kringelten sich wild um ihren Kopf herum. Die Augen leuchteten in einem teuflischen Grün. Mira war ebenfalls angetan von seinem Äußeren. Er hatte eine lässige Jeans an, darüber ein T-Shirt mit V-Ausschnitt, wodurch man seine Brust mit den vereinzelt feinen rotblonden Härchen sehen konnte. Allein dieser Anblick weckte in ihr Dinge, welche gewissermaßen mit einem Hunger gleich zu setzen waren. Zum Abendessen gab es Seefisch, der köstlich schmeckte. Dieser Mann konnte sogar kochen. Während des Essens hatten seine wachen grauen Augen sie mehrere Male anvisiert. Die beiden plauderten, als würden sie sich ewig kennen. Was wirklich skurril war. Mira fühlte sich wohl bei Jörn und förmlich wie zu Hause. Für ihn war es total ungewohnt, eine Frau im Haus zu haben, in diesem war bis heute keine gewesen. Er hatte den Kamin angezündet, um eine gemütliche Atmosphäre zu schaffen. Die beiden hatten auf der Couch davor Platz genommen. Jörn öffnete in diesem Augenblick den mitgebrachten Wein.

»Willst du den wirklich trinken?«, fragte Mira.

»Ja … warum nicht, ich mag Beerenauslese. Süß und fruchtig«, antwortete er.

Die junge Frau blickte ihn an und fragte sich, wo dieser Mann ihr ganzes Leben lang versteckt gewesen war.

»Was ist, du schaust mich verwundert an?«, fragte Jörn.

Mira sagte nichts, sie antwortete auf eine andere Weise. Sie rutschte näher an ihn ran, dann gab sie ihm einen leidenschaftlichen Kuss. Jörn war überrascht, genoss es indes in vollen Zügen. Sein Kopf sagte ihm, das, was du im Moment tust, widerspricht allem und doch schreit dein Innerstes … ja!

Mira hatte sich in seinen Arm gekuschelt. Um seine Nähe zu spüren, die ihr dermaßen viel Wohlbehagen gab.
»Ich fühle mich gut bei dir, ich spüre eine Art Verbundenheit zwischen uns. Am liebsten würde ich nie mehr gehen!«, flüsterte Mira ihm offen entgegen. Er zog sie fester in seinen Arm.
»Ich kann es selbst nicht glauben, ich bin ein eher zurückgezogener Mensch, seitdem ich diesen Schicksalsschlag erlebt habe. Aus diesem Grund habe ich mir an diesem schönen abgeschiedenen Ort ein neues Zuhause gesucht. Die Begegnung mit dir kann ich mir nicht erklären. Mein Innerstes sagt, du gehörst zu mir, da gibt es kein Wenn und Aber. So sicher war ich mir in dieser Beziehung noch nie im Leben! Das mit dir fühlt sich richtig an!«
Mira drehte sich in seinen Arm um und blickte ihn an.
»Jörn … ich habe meine Eltern verloren, das hat mich abstürzen lassen. Ich bin ein gefühlsvoller Mensch, was meine Schwestern nie akzeptieren konnten. Mir fehlen meine Mum und mein Dad unermesslich, obwohl es viele Jahre her ist. Die extrem kalte Seite meiner ältesten Schwester Kathi machte mich krank und es schmerzt. Ich fahre jeden Sommer, na ja … mittlerweile jeden Urlaub in die Villa Frosch, um ihnen nahe zu sein. Ich weiß nicht, ob du das verstehen kannst? Dieses Ferienhaus, die Erinnerungen, der Strand, das Meer und die Dünen. Das alles macht sie lebendig für mich und gibt mir meine innerliche Ausgeglichenheit zeitweise zurück«.
Jörn sah die Tränen in ihren wunderschönen Augen schimmern, die nahe dran waren, sich einen Weg nach draußen zu suchen.
»Warum ziehst du nicht an diesen Ort?«, fragte Jörn. Mira begann zu lachen und erwiderte:
»Du bist gut, wie soll das gehen? Ich habe meine Arbeit und meine Schwestern«.
Jörn blickte sie ernst an.
»Jeder ist der eigene Schmied seines Glücks, nur du selbst kannst dein Schicksal ändern, in dem du zurzeit gefangen bist. Was für ein Job? Bist du Bundeskanzlerin? Und deine Schwestern scheren sich einen Dreck um dich und dein Seelenwohl, sonst wären sie mal auf dich eingegangen. Sie hätten akzeptiert, dass du unter dem Verlust eurer Eltern lei-

dest. Jeder Mensch trauert auf seine ganz eigene Art und Weise! Außerdem kann man sich gegenseitig besuchen.«

Mira wusste nicht, was sie sagen sollte, er hatte recht mit allem, das wurde ihr schmerzlich bewusst.

»Du ziehst zu mir und wir werden sehen, was das Schicksal für uns bereithält, es hat uns an diesem Ort zusammengeführt!«

Nach diesen Worten verschloss er ihren Mund mit einem fordernden Kuss, sodass sie nichts mehr erwidern konnte. Die Sache war für ihn beschlossen, sein Gefühl sagte ihm, das war das Richtige. In Miras Bauch flatterten tausend Schmetterlinge.

Grün ist meine Lieblingsfarbe

Petra Weise

Grün, ja grün ist alles, was ich habe.
Grün, ja grün ist alles, was ich mag.
Darum lieb ich alles, was so grün ist,
weil es meine Lieblingsfarbe ist

Meine Augen sind grün. Grüne Augen sind extrem selten, nur zwei Prozent der Augen aller Menschen sind grün. Mein Freund hat braune Augen, so wie bei 90 Prozent aller Menschen. Allerdings bekommen seine Augen grüne Sprenkel, wenn er sich aufregt, vor allem dann, wenn er sich über mich ärgert. Er behauptet, dass meine grünen Augen die einer Katze sind, einer lieb wirkenden Schmusekatze, die sich unvermittelt in eine Raubkatze verwandelt und unberechenbar gefährlich wird. So sehe ich mich nicht, ich halte mich für ruhig und ausgeglichen.

Meine Schwester neckte mich oft.
»Grüne Augen, Froschnatur. Von der Liebe keine Spur.«
Sie schenkte mir zum zehnten Geburtstag einen großen grünen Frosch aus Keramik. Seitdem bekomme ich in jedem Jahr einen neuen Frosch von ihr. Ich habe inzwischen eine stattliche Sammlung von großen und kleinen Fröschen aus Glas, Holz, Gips und Porzellan, auf meinem Bett sitzt einer aus Plüsch.

Grün steht für Harmonie, das entspricht meinem Wesen. Ich mag keinen Streit, mir ist Übereinstimmung sehr wichtig. Ich freue mich, wenn mein Freund und ich uns einig sind, den gleichen Film ansehen möchten und uns in der gleichen Gesellschaft wohlfühlen.
Für mich muss alles passen. Auch die Farbe der Kleidung. Das ist nicht leicht, wenn man grüne Augen hat, die so intensiv leuchten, dass ich unmöglich Rot oder gar Lila tragen kann. Deshalb sind alle meine Kleider grün - hellgrün, seegrün, apfelgrün, dunkelgrün, gelbgrün und am liebsten smaragdgrün. Ich kombiniere sie untereinander und trage dazu dunkelblaue oder schwarze Jeans.

Grün harmoniert sehr gut mit Braun, aber braune Farben mag ich gar nicht. Nur meine braunen Haare finde ich schön. Ich würde sie niemals färben, auch dann nicht, wenn sie vielleicht eines Tages grau werden. Denn Grün steht auch für Natürlichkeit.

In der Natur ist Grün die häufigste Farbe, erst im Herbst zeigen sich die gelben und roten Naturfarbstoffe im Laub. Ich halte mich sowieso am liebsten im Grünen auf und gehe gern mit meinem Hund im Wald spazieren. Unser Wald ist die grüne Lunge der Stadt. Mein Freund liebt die Natur ebenfalls. Doch er begleitet mich nur selten, denn er verbringt einen großen Teil seiner Freizeit auf dem grünen Rasen, dem Fußballfeld.

In meiner Wohnung stehen auf sämtlichen Fensterbrettern und dem Raumteiler zwischen Küche und Wohnzimmer Grünpflanzen, von den Regalen hängen lange Efeuranken herunter und auf freistehenden Hockern wuchern Grünlilien. Auf dem Balkon habe ich mein grünes Kräutergärtchen mit Petersilie, Schnittlauch, Basilikum, Dill und Kresse. Ich koche sehr gern und dazu brauche ich meine Kräuter.

Es heißt: Grün wirkt beruhigend. Deshalb habe ich die Wände meines Schlafzimmers lindgrün gestrichen. Auf meinem Nachttisch liegen viele grüne Handsteine, denen man Heilkräfte nachsagt. Am liebsten ist mir der Aquamarin. Er sieht nicht nur wunderschön aus, sondern stärkt das Selbstbewusstsein, schützt die Liebe, das eheliche Glück und die partnerschaftliche Treue.
An besonderen Tagen lege ich meinen Lieblingsschmuckstein, den wunderbar funkelnden Smaragd, an. Der Stein ist in Gold gefasst, was ihn noch strahlender leuchten lässt. Es heißt, dass er für seelische Ausgeglichenheit sorgt und man jung im Geist bleibt.
Im Alltag trage ich Schmuck aus Türkis wie meine türkise Perlenkette. Dieser Stein soll Stimmungsschwankungen und Antriebslosigkeit vertreiben. Allerdings glaube ich nicht, dass allein die Steine für meine Ausgeglichenheit verantwortlich sind.

Mein allererstes Auto war ein grasgrüner R4. Dieses winzige Auto bot erstaunlich viel Platz im Innenraum. Später kaufte ich mir einen tannengrünen Honda Civic, einen richtig sportlichen Flitzer. Mein Freund fährt seit zwei Jahren einen graugrünen 5-er BMW.
Ich mag es gern, wenn die Verkehrsampel auf Grün schaltet und mich weitergehen oder fahren lässt. Es ist für mich jedes Mal wie ein neuer Start.
Grün ist die Farbe des Lebens, der Pflanzen und des Frühlings. Im Frühling erwacht das Leben, das Gras sprießt. Doch es gibt Leute, die sehen das Giftige in der grünen Farbe, das Dämonische oder zumindest das Unreife. Zu jungen Leuten sagt man:
»Du Grünschnabel bist noch grün hinter den Ohren.« Außerdem gibt es den Ausspruch: »Jemandem nicht grün sein.«

Am ersten Advent saß ich im Sessel und genoss meine Tasse grünen Tee, als mein Freund strahlend zur Tür hereinkam. Er griff nach meiner Hand und zog mich zur Eingangstür. Dort küsste er mich sehr lange und innig. Das war wunderschön. Als ich ihn hinterher fragend anschaute, zeigte er nach oben und ich entdeckte den Mistelzweig über dem Türrahmen.
»Wer sich unter dem Mistelzweig küsst, bleibt ein Leben lang zusammen«, sagte er bedeutungsvoll.
Dann zog er eine kleine Schachtel aus seiner Jackentasche und überreichte sie mir. Meine Hände zitterten, als ich sie öffnete und mir traten Freudentränen in die Augen, denn ich erblickte einen wunderschönen Verlobungsring. Er ist aus Silber mit einem Band aus Türkisen in der Mitte und passt wie angegossen. Dann hat er mir die Frage aller Fragen gestellt und gesagt:
»Grün ist die Hoffnung, ich hoffe, dass du ja sagst. Ich habe nur eine Bedingung für unsere grüne Hochzeit: Dass du kein grünes Kleid trägst.«
Ich habe nur gelacht und dazwischen immer »jaja jaja« gestammelt und gejubelt. Natürlich wird mein Kleid weiß sein, aber ich werde meinen Smaragdschmuck dazu tragen und mein Kleid mit grünen Schleifen verzieren.

Wir heiraten im Mai, wenn überall frisches Grün sprießt. Das ist ein guter Start in unser neues Leben.

Ein Sommertagstraum, immergrün, auf dass er mich niemals vergisst

Katja Michels

»So fjordgrün wie das Meer zur Zeit der Dämmerstunde, so weiß wie die Gischt auf den Kronen der brausenden See. So rein muss ich sein, damit er mich lässt gehen. Bitte, lass mich nicht sterben, einfach so, auf meines Vaters Schoß, da wollte ich sein froh, Glück und Liebe fühlen immerzu. Nimm diesen immergrünen Strauß zu Dir, verschone mich, lass mein Leben mir.«

Johanna rannte um ihr Leben, wohl wissend, dass es trotz all ihrer Anstrengungen nicht mehr zu retten war. Als Gefangene im eigenen Heim schien die junge Frau dem sicheren Tod nicht mehr entfliehen zu können. Lautes Knacken verriet Johanna, dass er, ihr eigener Vater, unaufhörlich näher kam, um sie, seine einzige Tochter, aus dem Leben scheiden zu lassen. Er hätte sie lieben sollen, nun, die Zwanzigjährige wusste, dass er es nie getan hatte. Ihre Mutter war am Kindbettfieber verstorben, womit ihr also auch die liebevolle Zuneigung dieses Elternteiles vorenthalten wurde.

Graf von Büsen jagte Johanna, als sei sie sein größter Feind, er schrie, befahl ihr stehenzubleiben, sich nicht zu verstecken, gottesfürchtige Wege einzuschlagen. Das Mädchen verbarg sich schluchzend unter dem schweren Eichentisch im Essbereich des Sommerhauses. Als das knisternde Geräusch lauter wurde, wusste sie, dass er seine Drohungen in die Tat umgesetzt hatte und sie wirklich umzubringen gedachte. Die orangeaufflammende Lichterflut erreichte das Esszimmer und schließlich den massiven Holztisch, welcher noch rascher als der Rest der Hütte Feuer fing. Johanna faltete die Hände und betete.

»Gott, ich weiß, dass du nichts mehr daran ändern kannst und vielleicht habe ich es nicht besser verdient, aber ich möchte dich dennoch um eines bitten. Bitte, lass mich noch erfahren, was wahre Liebe wirklich bedeutet, bevor du mich zu dir rufst, ich möchte nur ein einziges Mal in meinem Leben geliebt werden.

Versteh mich nicht falsch, ich liebe dich, aber das ist nicht dasselbe, was ich mir wünsche. Es ist ein Sommertag angefüllt mit Liebe und Glück, etwas, das ich niemals erleben durfte. Was ich damit meine? Ich wünsche mir von dir einen immergrünen Sommertagstraum!«

Vincent Hennig saß auf der Kante des einfachen Metallbettes und versuchte sich Klarheit über seine momentane Situation zu verschaffen. Aus welchem Grund war er hier, wie kam es, dass man ihn seit vier Wochen in der psychiatrischen Abteilung der Uniklinik Hamburg – Eppendorf festhielt?

Ein gemütlicher Urlaub an der Nordsee hatte sich auf diese Weise, innerhalb weniger Minuten, in eine nicht enden wollende Geisterbahnfahrt gewandelt.

Swantje Klaasen, was war nur mit ihr geschehen, wieso glaubten sie ihm nicht? Vincent war nicht verrückt, das wusste er. Sie war dort gewesen, in dem alten, reetgedeckten Haus, unweit des Büsumer Deiches. Als er Swantje Ende Juli das letzte Mal gesehen hatte, stand ihre Sommerresidenz in Flammen.

Sie hatte ihm während der letzten Momente ihres viel zu kurzen Lebens noch einige quälende Sekunden lang genau in die Augen gesehen. Swantjes smaragdgrüne Augen, die ihn anflehten, sie gehen zu lassen, sie endlich zu vergessen.

Warum, in Gottes Namen, hatte sie das Fenster geöffnet? Jedes Kind weiß doch, dass der frische Sauerstoff die Flammen erst richtig entfacht! Warum beging sie Selbstmord? »Herr Hennig?«

Erschrocken fuhr Vincent zusammen und erblickte Dr. Marxen, welcher lässig im Türrahmen des Patientenzimmers lehnte und ihn neugierig musterte.

›Dieser Kerl hat mir gerade noch gefehlt, Tag für Tag stellt er mir die gleichen dämlichen Fragen, Fragen, die ich nicht beantworten kann, Fragen, die mich als Schizophrenen entlarven sollen!‹

Diese Gedanken bewegten sich langsam durch Vincents Gehirnwindungen, während der Psychiater den Türrahmen verließ und sich neben ihn auf die Bettkante setzte.

»Herr Hennig, was sollen wir nur mit Ihnen anstellen? Die Hütte, von der Sie sprechen, existiert gar nicht, Swantje Klaasen ist verschwunden und niemand kann uns sagen, was in der Nacht zum 31. Juli am

Büsumer Deich geschehen ist. Lassen Sie sich von uns helfen, Sie scheinen verwirrt, möglicherweise depressiv oder paranoid zu sein.«
»Nein!«
Vincent schüttelte zwar langsam aber dennoch durchaus überzeugt den Kopf,
»Nein, ich mag vieles sein, Dr. Marxen, aber verrückt, nein, ich weiß, was ich gesehen habe, Swantje ist ...«
»Ich sag es Ihnen im Guten, mein Junge, aber nur noch ein einziges Mal, entweder Sie packen endlich aus und geben zu, Swantje Klaasen in der Nacht zum 31. Juli ermordet zu haben, oder ich persönlich lasse Sie noch heute Abend auf die forensische Abteilung verlegen, wo es dann richtig zur Sache geht!«

Zur gleichen Zeit blätterte Jan van Fleeten, Pfarrer der St. Clemens - Kirche zu Büsum, in den alten, vergilbten Unterlagen eines Mannes namens Matthäus von Büsen. Matthäus hatte eine Art Tagebuch geführt, aus dem hervorging, dass er im frühen 17. Jahrhundert, als adliger Großgrundbesitzer, eine Flotte, bestehend aus mehreren Kuttern und Segelschiffen, sein Eigen genannt hatte. Nach seinen Aufzeichnungen schien er ein rechtschaffener Mann gewesen zu sein, doch aus welchem Grund fiel Pfarrer van Fleeten dieses Tagebuch erst jetzt auf? Warum hatte es aus heiterem Himmel auf seinem Schreibtisch gelegen?
Als der Kirchenmann jedoch die dritte Seite des Buches aufschlug, wusste er plötzlich ganz genau Bescheid und seine Gelassenheit diesbezüglich ängstigte ihn weitaus mehr als das, was die Seiten dieser Unterlagen aus einer düsteren und dennoch mystischen Zeit preisgaben.
Ein winziges, beinahe zu Staub zerfallendes Bündel getrockneter Immergrün-Pflänzchen fiel ihm entgegen. Wie in Trance hielt Jan das alte Relikt in seinen Händen und ihm war, als spräche da jemand zu ihm.
»Nimm diesen immergrünen Strauß zu dir, verschone mich, lass mein Leben mir.«
Da wusste er plötzlich, was er zu tun hatte und verließ augenblicklich die Sakristei. Als der Pfarrer die Stufen der St. Clemens - Kirche hinunter hastete, war ihm, als triebe nicht nur er selbst sich zur Eile an, sondern als ob die unbarmherzigen Strahlen der wie ein Feuerball am Horizont schwebenden Sonne ebenso dies noch stärker taten. Er hoffte, noch

rechtzeitig zu kommen, sie durften den jungen Mann nicht unschuldig verurteilen, denn er war nicht der Erste, der in diesen, fast könnte man es Betrug nennen, Zwischenfall verwickelt worden war.
Jan kannte dieses Tagebuch, er hatte dessen Geschichte nur verdrängt, nicht ahnend, dass sich das gleiche Schauspiel alle zehn Jahre wiederholen würde.

»Was ist mit Swantje Klaasen geschehen? Sie sollten endlich kooperieren, Sie sind noch jung, bei guter Führung sind Sie nach zwölf Jahren wieder draußen.«
Vincent hob den Blick von seinen blank polierten Stiefeln.
»Warum tun Sie mir das an, ich weiß doch gar nicht, was Sie von mir wollen. Ich habe Swantje vor sechs Wochen in Büsum kennengelernt, wir haben zwei wundervolle Wochen miteinander verbracht und jetzt ist sie nicht mehr da. Egal, was Sie oder Ihre Hilfspsychologen auch denken mögen, ich habe nichts mit dieser ganzen Sache zu tun. Sie war die Liebe meines Lebens, sie war innerhalb dieser beiden Wochen alles für mich, verstehen Sie das nicht, ich ...«
»Mäßigen Sie Ihren Ton, junger Mann, oder …!«
»Oder was? Was glauben Sie eigentlich, wer Sie sind, niemand kann mir irgendetwas nachweisen, es gibt keine Leiche, Swantje lebt! Ich weiß nur, dass diese Hütte brannte, die sie als ihre Sommerresidenz bezeichnete, am besten sag ich gar nichts mehr!«
Somit schwieg Vincent, behielt den Verdacht von Swantjes Selbstmord für sich und wandte seinen Blick stattdessen einigen vorüberziehenden Schönwetterwolken zu.

Als der Pfarrer die psychiatrische Abteilung des Hamburger Klinikums betrat, hallten seine schweren Schritte in dem verlassenen Korridor wider und die nackten Glühbirnen warfen ihre zitternden Schatten an die abwechselnd mintgrün und weiß getünchten Wände.
»Ist jemand gestorben oder aus welchem Grund hat man Sie gerufen?«
Jan wandte sich um und erblickte Dr. Marxen am Ende des langen Flures.
»Ja, es ist jemand gestorben, eine S…«
»Swantje Klaasen?«

Schnellen Schrittes kam der Oberarzt auf Pfarrer van Fleeten zu.
»Hat man Sie geschickt, um mit ihm zu reden?«
Jan nickte und bat Dr. Marxen darum, ihn zu Vincents Zimmer zu führen. Er hatte ein solches Bild fast erwartet, aber nicht nur die Trauer des jungen Mannes ließ ihn innerlich erschauern, sondern ebenso das noch nicht ganz erloschene Funkeln seiner Augen.
›Er hat sie wirklich geliebt‹, dachte der Pfarrer bei sich, während dieser den Raum betrat.
Jan zog sich einen Stuhl von der anderen Seite des Zimmers heran, nahm Platz und streifte die zusammengesunkene Gestalt vor sich mit einem kurzen, mitleidsvollen Blick. Erst danach räusperte er sich vernehmlich, sodass Vincent ihn zum ersten Mal wahrzunehmen schien.
»Ich bin nicht hier, um Sie zu verurteilen, Herr Hennig, ich glaube Ihnen, Sie haben nichts mit dem To… ich meine, dem Verschwinden von Frau Klaasen zu tun. Ich werde Ihnen das alles versuchen, zu erklären, aber zunächst muss ich Ihre Geschichte hören!«
»Meine … ich habe Swantje vor sechs Wochen in Büsum …«
»Nein, diese Geschichte meinte ich nicht, noch nicht. Was war es bei Ihnen? Warum glauben Sie, nicht lieben zu können?«
Vincents Gesichtszüge nahmen einen verwirrten Ausdruck an.
»Diese Frage verstehe ich nicht Herr …«
»Jan van Fleeten, entschuldigen Sie, dass ich mich nicht eher vorgestellt habe, ich bin Pfarrer der St. Clemens - Kirche in Büsum. Ich habe beobachtet, wie man sie fortbrachte und ich möchte Ihnen gerne helfen. Nein, ich fühle, es ist sogar meine Pflicht. Die Frage, ich muss zunächst etwas Bestimmtes über Sie erfahren, denn erst dann kann ich sicher sein, ob meine Theorie aufgeht oder eben nicht! Vincent, ist es in Ordnung, wenn ich Sie so nenne?«
Vincent nickte und versuchte, seine zerstreuten Gedanken zu bündeln.
»Glauben Sie aus irgendeinem Grund, nicht lieben zu können? Sie müssen nur mit ja oder nein antworten, ich werde nicht von Ihnen verlangen, mir Genaueres zu erzählen!«
»Ja, ich weiß nicht, wie Sie dazu kommen, mir diese Frage zu stellen, aber ja, ich glaube, seit ich zwölf bin daran, dass ich nicht liebenswert bin, keine Liebe verdiene und auch nicht dazu in der Lage bin, jemand anderem diese Liebe zu schenken.«

»Das genügt schon, vielen Dank Vincent, dann schildern Sie mir jetzt bitte Ihre Begegnung mit Swantje Klaasen.«

»Ich habe Swantje vor sechs Wochen während einer Tagestour nach Helgoland kennengelernt. Wir haben uns auf Anhieb verstanden, so als gäbe es eine Art unsichtbarer Verbindung zwischen uns.

Am Himmel zeigte sich keine einzige Wolke und auch die Nordsee schien mir niemals zuvor so geheimnisvoll meeresgrün zu funkeln. Wir haben einen wirklich wunderschönen Tag auf der Insel verbracht und auch die anderen Tage dieser beiden Wochen waren einfach nur traumhaft. Ich kann es so schwer beschreiben, ich denke, dass ich Swantje liebe, aber ich kann es nicht mit Bestimmtheit sagen. Nur, wenn sie nie wieder auftaucht, ist das ohnehin nicht mehr wichtig.

Der letzte gemeinsame Tag mit ihr, der 30. Juli, war der schönste und gleichzeitig schrecklichste meines Lebens. Sie ist verschwunden, die Hütte, ihre Hütte am Deich, stand plötzlich in Flammen und das Schlimmste von alldem, Swantje war dort, sie ist verbrannt, aber sie wollte sterben, sie stand am geöffneten Fenster und starrte mich regungslos an. Swantje schrie nicht um Hilfe oder versuchte zu entkommen, sie hat es einfach geschehen lassen und das kann ich nicht verstehen, wieso behauptet sie, mich zu lieben, wenn sie vorhatte, sich umzubringen?«

Pfarrer van Fleeten hüstelte nervös und schritt langsam im Zimmer auf und ab. Er kannte diese Geschichte, dennoch schien es fast unmöglich, es war schließlich nur ein Mythos, keinerlei Fakten stützten dieses Märchen. Jan wollte, musste, unbedingt herausfinden, was es mit diesem jungen Mann und einem verschwundenen Mädchen namens Swantje auf sich hatte. Als er von dem mysteriösen Hüttenbrand am Büsumer Deich in der Zeitung gelesen und dass man einen verwirrten, jungen Mann in die Uniklinik nach Hamburg gebracht hatte, war dem sechzigjährigen Pfarrer das Ausmaß der unglaublichen Übereinstimmungen erst richtig bewusst geworden.

»Warum hat man sie hergebracht, Vincent?«

»Weil sie mir nicht geglaubt haben. Sie sagten, dass dort keine Hütte gebrannt hätte. Was Swantje angeht, so weiß niemand, wo sie ist und sie geben mir die Schuld an ihrem plötzlichen Verschwinden. Vor allem Dr. Marxen geht davon aus, dass ich betrunken oder unter Drogeneinfluss

Swantje getötet und mir dann diese Story des brennenden Hauses aus den Fingern gesogen habe, um das Ganze zu vertuschen. Er will nachweisen, dass ich halluziniere, dass ich verrückt bin. Verrückt und gefährlich.«

»Ich kann Ihnen versichern, dass Sie das nicht sind.«

»Woher glauben Sie, das zu wissen, Sie waren nicht dabei, vielleicht bin ich tatsächlich nicht ganz normal, ich habe keine Ahnung.«

»Ich dafür umso mehr.«

Jan spielte mit dem Bündel getrockneten Immergrüns, ließ es kreisen, bis sich die grüne Farbe vor seinen Augen, mit dem schmutzigen Braun des Linoleums vermischte.

»Ich werde Ihnen gleich etwas erzählen, Sie müssen mir nicht glauben, aber eines dürfen Sie dennoch niemals vergessen, ich bin Pfarrer und verabscheue Lügen und Unehrlichkeit, vertrauen Sie mir, ich möchte Ihnen wirklich nur helfen.«

Vincent schlurfte zum einzigen Fenster des äußerst spärlich eingerichteten Zimmers und öffnete es schwungvoll. Die drückende Hitze der letzten Augustwoche war am heutigen Tag besonders deutlich zu spüren. Wie sehr wünschte er sich, in der Nordsee zu schwimmen, am Deich spazieren gehen zu können. Noch während er die Klinke des Rahmens in Händen hielt und auf das vergitterte Fenster starrte, fiel ihm die Frage des Pfarrers wieder ein.

»Was war es bei Ihnen? Warum glauben Sie, nicht lieben zu können?«

»Herr van Fleeten, es war mein Vater, er war Pfarrer, wie Sie. Ich wollte nicht zur Messe, ich konnte mit dem, was man dort erzählte, nicht viel anfangen. Ich weiß, ich war erst zwölf Jahre alt, aber Papa war einer von der alten Schule. Er zwang mich und eines Abends gerieten wir in Streit, weil ich mich weigerte, meinen Dienst als Messdiener anzutreten. Daraufhin schlug er mich: Mit seinen Fäusten, mit einem alten Kelch, mit allem, was er finden konnte. Er behauptete, ich sei schlecht und hätte eine weitaus größere Strafe verdient als diese Tracht Prügel.«

Als Vincent weitererzählte, erwähnte, wie er ihn die Treppen hinuntergestoßen und ihm somit den rechten Arm gebrochen und eine Gehirnerschütterung zugefügt hatte, liefen dem jungen Mann Tränen des Schmerzes, aber auch der Erleichterung über das Gesicht.

»Von da an wuchs ich im Heim auf.«

Jan rückte den Stuhl näher an Vincents Bett heran.
»Was war denn mit ihrer Mutter?«
»Meine Mutter ist gestorben, als ich drei Jahre alt war, sie starb an einer schweren Kopfverletzung. Man konnte ihm nie etwas nachweisen, aber ich bin mir sicher, dass mein Vater sie auf dem Gewissen hat.«
»Haben Sie Swantje von Ihrem Vater erzählt?«
Vincent nickte.
»Ja, und sie hat mir von ihrem berichtet. Er hätte sie beinahe getötet, er hat sie angeblich in ihrem Zimmer eingeschlossen und ein Feuer gelegt, in dem sie verbrennen sollte. Deshalb verstehe ich nicht, wieso sie gerade auf diese Weise Selbstmord beging.«
Jan van Fleeten zog daraufhin das vergilbte Tagebuch aus seiner Tasche und entnahm diesem ein mit Kohlestift gezeichnetes Porträt. Er reichte es Vincent.
Lange Zeit saßen die beiden Männer beieinander, ohne ein Wort zu sprechen, bis Vincent die Stille durchbrach.
»Ist das Swantje? Sie sieht ihr sehr ähnlich, aber das Papier scheint uralt zu sein.«
»Nein, das ist nicht Swantje Klaasen, das porträtierte Mädchen hieß Johanna von Büsen, sie war eines der vielen Opfer der Inquisition des 17. Jahrhunderts. Man warf ihr unter anderem vor, für ein schweres Unwetter von Büsen verantwortlich gewesen zu sein. Büsen, der frühere Name von Büsum. Ihr Vater, Graf Matthäus von Büsen, verachtete Johanna für ihre Taten und glaubte dem damaligen Domherren, dass seine Tochter vom Teufel besessen, und nur der Tod durch Verbrennung sie vom Bann des Leibhaftigen befreien könnte. Aus seinem Tagebuch geht hervor, dass er sie von Geburt an als böse empfand und sie wegen ihres scharlachroten Haares im Keller versteckt hielt.
An einem Sommerabend des Jahres 1620 wagte es Johanna, ihr gut gesichertes Versteck zu verlassen. Man weiß nur noch, dass die Sommerresidenz des Grafen in der Nacht Feuer fing und seine einzige Tochter in den Flammen umkam. Seinem Tagebuch vertraute er seine Erleichterung darüber an, dass sein frevelhaftes Geheimnis endlich und für immer aus den Tiefen des stattlichen Herrenhauses verschwunden sei. Graf von Büsen hat seine Tochter nie geliebt, er sah in ihr immer nur die Versuchung des Teufels.

Man erzählt sich, dass er selbst dieses Feuer gelegt hat, um sich seiner ketzerischen Tochter zu entledigen.«

Vincent hob seinen Blick und schaute den Pfarrer verständnislos an.

»Das war eine schlimme Zeit, aber was hat das mit mir zu tun?«

»Junger Mann, machen Sie die Augen auf, Ihre Swantje ist genauso tot wie Johanna, denn Swantje ist lediglich eine modernere Abwandlung von Johanna.«

»Also ist Swantje gestorben?«

Der Pfarrer nickte zaghaft.

»Ja, aber nicht im Hier und Jetzt, sondern in einer Sommernacht des Jahres 1620. Vincent, Swantje Klaasen und Johanna von Büsen, das ist ein und dieselbe Person.

Alle zehn Jahre das gleiche Spiel, eine junge Frau taucht urplötzlich auf und verschwindet nach zwei Wochen spurlos. Immer sind es Menschen wie Sie, Menschen, die, ebenso wie Johanna, sehr viel Leid erleben mussten. Kurz vor ihrem Verschwinden wird behauptet, das Mädchen durch das geöffnete Fenster einer brennenden Hütte, hoch oben auf dem Deichweg, gesehen zu haben. Doch soll sie aus Leibeskräften geschrien haben, Sie dagegen behaupten jedoch, Johanna hätte Sie regungslos angestarrt und kein Ton sei über ihre Lippen gekommen. Ich weiß nicht, was das arme Mädchen dazu bewogen haben mag, jeden zehnten Sommer wiederzukehren, aber ich denke, dass Sie irgendetwas verändert haben, sodass sie letzten Endes erlöst wurde.«

»Ich habe nicht mehr und nicht weniger getan, als ihr zu sagen, dass ich sie liebe, worauf sie mir antwortete, dass dies noch niemals jemand zu ihr gesagt hätte. Sie erzählte mir etwas von einem immergrünen Sommertagstraum, und dass ich ihr diesen Traum nun erfüllt hätte.«

Vincents Faust entkrampfte sich und eine winzige immergrüne Blüte, schwebte sanft wie eine Elfe zu Boden.

»Glauben Sie, Swantje war wirklich der Geist von …?«

»Ja, davon bin ich überzeugt, denn diese Hütte auf dem Deich steht seit jener Nacht, in der sie vollständig ausbrannte nicht mehr, sie wurde demnach auch nicht neu erbaut, sie existiert ganz einfach nicht mehr, genauso wie Ihre verschwundene Swantje.«

Der Pfarrer blickte gedankenverloren aus dem vergitterten Fenster und bestaunte den Ansatz des leuchtend blauen Horizonts.

»Ich denke, dass Johanna all die Jahrhunderte auf der Erde verweilte, weil sie darauf hoffte, jemandem zu begegnen, der ihr ihren sehnlichsten Wunsch erfüllt, und ich gehe daher davon aus, dass dieser Brief hier von ihr stammt. Das Unglaublichste daran jedoch ist die Tatsache, dass er an Sie gerichtet ist!«
Vincent nahm das gelblich verfärbte Kuvert in die Hand und öffnete es behutsam.
›Liebster Vincent, ich konnte nicht länger an Deiner Seite verweilen. Man hat mich gerufen und ich bin nun endlich dazu bereit, meiner geliebten Mutter, die ich niemals zu Gesicht bekam, ins Himmelreich zu folgen. Ich danke Dir für all das, was Du mir in diesen wenigen Tagen gegeben hast. Mein größter Wunsch war es, einmal im Leben geliebt zu werden, und diesen Wunsch hast Du nun wahr werden lassen. Ich danke Dir vielmals für die Erfüllung meines Sommertagstraumes. Eines solltest Du noch wissen: Du bist kein Mensch, dem die Gabe des Liebens abhandengekommen ist, Du beherrscht sie nach wie vor, vergiss das niemals!‹

»So fjordgrün wie das Meer zur Zeit der Dämmerstunde, so weiß wie die Gischt auf den Kronen der brausenden See. So rein muss ich sein, damit er mich lässt gehen. Bitte, lass mich nicht sterben, einfach so, auf meines Vaters Schoß, da wollte ich sein froh, Glück und Liebe fühlen immerzu. Nimm diesen immergrünen Strauß zu Dir, hab Dank, dass Du verschontest mich und gabst ein Leben mir.«
Die zarte körperlose Stimme begleitete die ungeschriebenen Zeilen und verstummte mit Verklingen der Letzteren.
»Haben Sie das eben gehört?«
»Was denn?«, fragte Jan mit schelmischem Blick. Ehe Vincent zu einer erklärenden Ergänzung anzusetzen wusste, legte der Ältere ihm väterlich die Hand auf die Schulter.
»Manchmal bedarf es keiner weiteren Worte, um zu begreifen, dass ein Umbruch im Gange ist. Sie können draußen Ihre Entlassungspapiere abholen. Machen Sie es gut, Vincent, machen Sie etwas daraus, Sie sind anscheinend was Besonderes.«
Als sich die Türe schloss, war ihm, als sollte er von diesem Augenblick an niemals mehr alleine sein.

»Wir haben uns gegenseitig befreit, Johanna!«, flüsterte er und mit leisen Schritten verließ auch Vincent diesen Ort des vermeintlichen Schreckens für immer. Zurück blieb die winzige weiße Blüte des immergrünen Pflänzchens. Vielleicht als Zeichen dafür, dass wahre Liebe sogar den Tod zu überwinden vermag? Dass die bedeutsamsten Dinge im Leben, so klein sein können, wie diese winzige Blüte, die es eigentlich gar nicht geben dürfte? Dass es Wunder gibt, die man nur sieht, wenn man ganz genau hinschaut? Aber vor allem als Zeichen dafür, dass eine liebevolle Verbindung niemals stirbt.

Der Birkenzweig

Asmodina Tear

»Ah!«

Mit einem gequälten Aufschrei verzog Sylvia das Gesicht, während ihre Knie auf den Parkettboden schlugen und der Schmerz sich durch ihre gesamte Wirbelsäule zog.

Aus den Augenwinkeln sah sie das höhnische Lächeln ihrer Klassenkameradin und wusste in diesem Augenblick, dass es Absicht gewesen war. Eine weitere Attacke im Rahmen des psychischen Mobbings, dem sie seit einigen Jahren hilflos ausgeliefert war.

Das junge Mädchen biss die Zähne zusammen, um die Tränen zu unterdrücken, und versuchte aufzustehen, was jedoch kläglich misslang. Was zum Teufel hatte die dumme Kuh mit ihr gemacht? Silvia wusste es nicht, bemerkte aber die abschätzigen, schelmisch - vergnügten Blicke ihrer Mitschüler, doch niemand schickte sich an, zu helfen. Endlich kam der Sportlehrer, aber auch er zeigte wenig Interesse an der Situation, hob Sylvia lediglich auf die Beine und schickte sie in die Umkleide, während die anderen das begonnene Basketballspiel fortsetzten. Für den Lehrer war das Geschehene ein Sportunfall, wie er jederzeit passieren konnte und für die Klasse ein weiterer Beweis ihrer gemeinschaftlichen Dominanz, welche ihnen gestattete, jeden, der nicht in ihre Kreise passte, gnadenlos zu quälen.

Das junge Mädchen war unterdessen erleichtert, sich fern von den spöttischen Blicken umziehen zu können, und verließ, ohne zurückzuschauen, die Sporthalle. Bittere Tränen formten einen Schleier vor ihren Augen und machten sie blind für die schmale Silhouette, welche sie, an einen Baum gelehnt, besorgt musterte.

Trotz anhaltender Schmerzen schleppte Silvia sich nach Hause. Panik erfüllte ihr Herz, seit zwei Jahren wurde sie körperlich wie seelisch gemobbt, doch heute war es mit Abstand am schlimmsten gewesen. Erreichte dieses Spiel jetzt die nächste Stufe? Wie weit würden ihre Peiniger diesmal gehen? Musste sie vielleicht sogar um ihr Leben fürchten? Und die Lehrer? Warum unternahmen sie nichts, sondern schauten einfach weg? War sie, Sylvia, es vielleicht gar nicht wert zu leben?

Alles deutete darauf hin, doch eines stand für die Sechzehnjährige fest: Ehe die Mitschüler sie umbringen würden, würde sie freiwillig aus dem Leben scheiden.
Sylvia schluchzte ein letztes Mal, ehe sie sich die hellbraunen Locken aus dem Gesicht strich und das elterliche Wohnhaus betrat. Hoffentlich merkte ihre Mutter nichts und stellte unnötige Fragen, es war alles ohnehin schon schwer genug.
Die Stunden vergingen, wie sie es immer taten, Sylvia zeigte ihre lächelnde Fassade, schwatzte unbekümmert mit ihrer Mutter, als ob nichts wäre. Doch als das junge Mädchen in der Küche stand, um das Abendbrot vorzubereiten, passierte es:
Von einer Sekunde auf die andere erfasste sie ein heftiger Schwindel und die Welt verdunkelte sich vor ihren Augen. Das Letzte, was Sylvia sah, ehe sie das Bewusstsein verlor, waren die ängstlichen, besorgten Blicke ihrer Eltern, welche kein Lächeln der Welt mehr hätte überspielen können. Nur wenige Minuten später fuhr der Notarzt vor und brachte sie ins Krankenhaus.
»Schleudertrauma mit großflächigem Bluterguss an der Wirbelsäule«, stellte der Arzt fest und schaute die Patientin an. »Was ist passiert?«
Stockend berichtete Sylvia von den regelmäßigen Angriffen und der Mann Mitte vierzig schüttelte entrüstet den Kopf.
»Ich kann es nicht verstehen, Ihre Verletzung ist das Schlimmste, was ich in meiner bisherigen Laufbahn beobachten musste und dabei sind Sie auf einem Gymnasium, wo man eigentlich etwas mehr erwarten könnte.«
Er wandte sich an Sylvias Eltern.
»Wir müssen Ihre Tochter zwei Tage zur Beobachtung hierbehalten. Außerdem würde ich Ihnen raten, Anzeige wegen schwerer Körperverletzung zu erstatten.«
Die Eltern nickten synchron, in ihren Gesichtern stand die Angst, verbunden mit der Frage, wie weit dieser erbarmungslose Terror noch gehen würde? Würde er jemals ein Ende finden?

Der siebzehnjährige Joschka rieb sich verschlafen die Augen. So sehr er Schule und Lernen auch schätzte, seinem Empfinden nach konnte der Tag durchaus zwei Stunden später beginnen. Ein Blick auf den Stun-

denplan verriet ihm außerdem, dass es heute ein langweiliger Tag werden würde, denn jene vorwiegend naturwissenschaftlichen Fächer fielen ihm sehr leicht.
Joschka strich seine schulterlangen, schwarzen Haare zur Seite, er wusste, dass die Lehrer ihn heimlich als Genie bezeichneten und seine Mitschüler oft zwischen Bewunderung und Neid schwankten. Einige, besonders die Mädchen, nutzten diese Tatsache meistens, um mit ihm ins Gespräch zu kommen, wobei ihre eigentlichen Absichten ganz andere waren. Der junge Mann seufzte, mit solchen oberflächlichen Menschen konnte er nichts anfangen und konzentrierte sich lieber auf tiefgründige Gespräche mit den Schwerpunkten Kultur und Naturwissenschaft.
Gleichzeitig wusste Joschka, dass einzig allein sein attraktives, leicht asiatisch geprägtes Aussehen und seine höfliche Art ihn davor bewahrten, zum Opfer verbaler oder physischer Angriffe zu werden. Unwillkürlich wanderten seine Gedanken zu Sylvia, jenem Mädchen, das von ihm stets ein wenig mehr Beachtung erhielt als die anderen. Mit ihren langen, hellbraunen Haaren und der schlanken Figur war sie in seinen Augen eine absolute Traumfrau, zumal ihre schulischen Leistungen, gepaart mit einer sauberen, leicht gehobenen Ausdrucksweise, für eine ausgeprägte Intelligenz sprachen. Leider lag in ihrem Blick auch eine große Traurigkeit, welche sich oft am Rande der Verzweiflung bewegte.
Joschka ballte zornig die Fäuste, er hatte das Mobbing nicht in seinem ganzen Ausmaß mitbekommen, aber das, was er gesehen hatte, reichte aus. Stets hatte er sich gewünscht, mehr tun zu können als nur den Lehrern zu berichten. Zumal sie niemals etwas unternahmen.
»Ja, und die blöde Kuh ist gleich hingeflogen«, hörte er eine spöttische Stimme sagen.
»Genau! Und jetzt liegt diese dumme Schlampe im Krankenhaus, weil ich sie angeblich so schlimm verletzt habe«, die zweite Stimme troff vor Hohn und Joschka näherte sich, ihm gefiel diese Unterhaltung nicht und jedes einzelne Wort ließ ihn erschauern.
»Ach, mach dir nichts draus. Bestimmt hat Sylvias Familie den Arzt für die Diagnose bezahlt. Da wird schon nichts passieren und wenn doch, wird sie sich wünschen, nie geboren worden zu sein.«

Der junge Mann machte auf dem Absatz kehrt, er hatte genug gehört. Sylvia, jenes wundervolle Mädchen, lag aufgrund ihrer dummen, frustrierten, intoleranten Mitschüler mit Schmerzen im Krankenhaus.
Vergessen waren die schulischen Pflichten, Joschka würde den Stoff in wenigen Tagen aufholen können. Alles, was jetzt zählte, waren Sylvia und die Tatsache, dass es diesmal eindeutig zu weit gegangen war.
Eiligst verließ er das Schulgebäude und lief zum nächstliegenden Krankenhaus. Hoffentlich war Sylvia dorthin gebracht worden.
Unterdessen lag das junge Mädchen auf ihrem Zimmer und langweilte sich, der Schmerz hinter ihrer Stirn schien mit jeder Minute schlimmer zu werden und erzeugte ein Schwindelgefühl, welches Lesen oder andere geistige Aktivitäten unmöglich machte, was ihre Gedanken jedoch nicht davon abhielt, sich wie ein Strudel im Kreis zu drehen. Nicht zum ersten Mal fragte Sylvia sich, ob es nicht besser wäre, ihr Leben zu beenden.
Allein die Vorstellung, diesen psychischen Terror noch länger aushalten zu müssen, ließ sie innerlich aufschreien. Zumal jener durch diese Aktion eine neue Dimension erreicht hatte, deren Ausmaß sie noch nicht abschätzen konnte. Auch hatte das junge Mädchen oft nach dem Grund für dieses Verhalten gefragt und nie eine Antwort erhalten, stattdessen wurde entweder hartnäckig geschwiegen oder es endete im Fiasko.
Ihr Blick wanderte zu ihren Unterarmen, auf denen sich viele rot geschwollene Narben entlangzogen. Sie waren Zeugnisse ihrer Verzweiflung, der inneren Qual, jener vermeintlichen Ausweglosigkeit und dem Gefühl, abstoßender als Müll zu sein.
Tief im Innern wusste Sylvia, dass es nur noch eine Frage der Zeit war, ehe das ›Ritzen‹ immer tiefer werden und schließlich ihre Pulsadern erreichen würde. Nur eines hatte das junge Mädchen sich geschworen:
Bevor ihre Klassenkameraden sie umbrachten, würde sie den Zeitpunkt selbst bestimmen.
Ein zaghaftes Klopfen an der Tür beendete ihre Grübeleien und ließ sie überrascht blinzeln. Wer konnte das sein? Ihre Eltern waren beide arbeiten, die jüngere Schwester besuchte eine Ganztagsschule und Freunde hatte sie keine mehr.
»Herein.«
Sylvias Stimme klang ein wenig unsicher und im nächsten Augenblick entgleisten ihr die Gesichtszüge. Der Besucher war niemand anders als

Joschka, das Genie ihrer Schule. Während die anderen Schüler ihn entweder bewunderten oder insgeheim beneideten, hatte sie sich ihm stets ebenbürtig gefühlt und im Gegensatz zu vielen anderen wusste das junge Mädchen, dass zu guten Leistungen Intelligenz und Begabungen nicht ausreichten, es gehörten auch Fleiß, Disziplin und Ehrgeiz dazu und der Preis war oft sehr hoch. Auch sein anziehendes Äußeres mit den weichen Haaren und asiatischen Gesichtszügen war ihr nicht verborgen geblieben, jedoch hatte sie nie gewagt, ihn anzusprechen.
Die Selbstzweifel und ihre Angst vor den Konsequenzen hatten es verhindert, doch in jenen seltenen, unbeschwerten Momenten waren ihre Gedanken zu ihm gereist.
»Was machst du hier?«, stellte Sylvia die erste Frage, welche ihr in den Sinn kam, um sich gleich danach mental zu ohrfeigen. Denn Joschka kratzte sich verlegen am Kopf und wich ihrem Blick aus.
»Ich habe in der Schule gehört, was mit dir passiert ist und dachte, du brauchst vielleicht etwas Gesellschaft. Hier scheint es sehr langweilig zu sein.«
Die Antwort überraschte Sylvia, schon lange hatte sich außerhalb der Familie niemand mehr darum gekümmert, wie es ihr ging oder was sie brauchte und jetzt tat es ausgerechnet ein beinahe Fremder.
»Ich freue mich sehr darüber«, erwiderte das junge Mädchen und lächelte ein wenig. »Setz dich doch!«
»Gerne«, antwortete er und griff nach einem Hocker. »Doch zuvor habe ich etwas für dich.«
Joschka griff hinter seinen Rücken und zog einen Birkenzweig hervor. Seine Rinde war weiß wie frisch gefallener Schnee und an den zarten Ästen wuchsen die ersten Blättchen.
»Danke.« Sylvias Augen leuchteten auf. »Er ist wunderschön.«
Sanft strich sie über die einzelnen Triebe, von denen jeder einzelne neues Leben in sich trug. War dieses Naturspiel auch auf das menschliche Leben übertragbar? Gab es wirklich immer Hoffnung? Für den Bruchteil einer Sekunde wollte Sylvia es glauben und daran festhalten, aber die Depressionen waren zu schwer und legten sich wie ein Leichentuch über ihre Seele.
»Was hast du?«, fragte der junge Mann besorgt und griff reflexartig nach ihrer Hand.

Zu seiner Erleichterung machte Sylvia keine Anstalten sich zu befreien, schüttelte aber resigniert den Kopf.

»Ich … ich will nicht darüber reden«, brachte sie mühsam und tränenerstickt hervor, obwohl Mimik und Gestik das Gegenteil verrieten.

Entschlossen stand Joschka auf.

»Vielleicht solltest du es dennoch tun. Reden befreit normalerweise die Seele!«

Verwirrt blickte das junge Mädchen ihn an. Hatte er recht? Sollte sie ihm wirklich hier und jetzt ihre Gedanken anvertrauen? Natürlich bestand die Gefahr, dass alles, was sie ihm vielleicht erzählte, missbraucht und dazu verwendet wurde, ihr erneut zu schaden. Andererseits, war das überhaupt noch möglich? Sylvia schnaubte kaum hörbar, sie hatte schon sämtliche abwertende Namen von ›Streberin‹ bis hin zu ›Schulschlampe‹ erhalten und an die über ihr Sexualleben kursierenden Gerüchte wollte sie gar nicht denken. Außerdem wusste Sylvia nicht einmal, ob sie überhaupt an ihre Schule zurückkehren würde, die Erinnerung an den Vorfall und die allgemeine Sachlage sprachen eindeutig dagegen. Somit lag ihre schulische Zukunft im Ungewissen. Sie schluckte und blickte ihr Gegenüber ängstlich an.

»Also gut«, begann sie zu erzählen. »Ich weiß nicht, ob es an der Erziehung meiner Eltern oder einfach an meiner Natur liegt, doch von Kindesbeinen an liebte ich es, zu lernen und dadurch neue Dinge für mich selber zu erfahren. Auch war ich schon immer sehr neugierig und schätzte es, mich auch mal mit einem Buch zurückzuziehen anstatt nach draußen zu gehen und etwas zu unternehmen. Davon abgesehen wurde mir beigebracht, andersartige Menschen zu achten und ihre Lebensweise zu akzeptieren, aus diesem Grund kann ich es nicht mit ansehen, wenn Außenseiter verspottet oder gequält werden, deswegen ergriff ich stets für die Schwachen Partei. Ich meine, was gibt uns das Recht über andere Menschen zu urteilen? Am Anfang war ich auch gut in der Klasse integriert, doch plötzlich wandten sich alle von mir ab, von heute auf morgen war ich ganz allein und den Grund dafür habe ich nie erfahren.«

Sylvia stöhnte und fasste sich an die Schläfe.

»Niemals hätte ich gedacht, dass ich einmal wegen meinen Mitschülern im Krankenhaus liegen würde.«

»Das geht auch entschieden zu weit«, pflichtete ihr Joschka, der während ihrer Erzählung die Augen aufgerissen hatte, bei. »Ich habe nur einige Vorfälle mitbekommen, aber das schlägt dem Fass den Boden aus«, zögernd tätschelte er ihre Hand. »Aber du darfst dich davon nicht beeindrucken lassen. Ich weiß nicht, was in den Köpfen solcher Idioten vorgeht, wahrscheinlich haben sie vor lauter Impulsen und Gruppenzwang das Denken verlernt. Du bist ein ungewöhnliches Mädchen und hast viele Talente, das darfst du nie vergessen und wenn hier jemand abstoßend ist«, zornig ballte Joschka die andere Hand zur Faust, »…so sind es deine Klassenkameraden, denn auch, wenn sie mit deinem Charakter nichts anfangen können, es ist keine Entschuldigung, jemanden zu misshandeln.«
Sylvias Herz wurde weich, obwohl ihr gleichzeitig die Tränen aus den Augen strömten, zum ersten Mal ergriff jemand Partei für sie, anstatt einfach nur wegzuschauen. Schüchtern erlaubte sie Joschka eine Umarmung und schaffte es sogar, diese zu erwidern. Mit einem bedauernden Blick auf die Uhr wandte Joschka sich zum Gehen.
»Die Besuchszeit ist vorbei, aber morgen, wenn du entlassen wirst, komme ich wieder!«
Das junge Mädchen nickte und seit langer Zeit war ihr Lächeln wirklich und nicht nur Fassade.
»Ist gut, ich warte morgen auf dich«, sagte sie noch, ehe Joschka die Tür schloss und sich auf den Heimweg machte.
Die Freude auf seinem Gesicht war unverkennbar, er hatte es geschafft, dass Sylvias innere Mauer langsam bröckelte. Jetzt galt es, sie zum Einsturz zu bringen und danach die Steine aus dem Weg zu räumen.
Obwohl sie müde und seelisch erschöpft war, lag Sylvia an diesem Abend noch lange wach. Auch wenn ihr Herz eindeutig Vertrauen gefasst hatte, so blieb doch ein Rest Skepsis. War Joschka tatsächlich der nette, aufrichtige junge Mann, für den er sich ausgab? Oder war er ein gerissener Mensch hinter einer schönen Maske, die nur allzu bald fallen würde? Sie hoffte es nicht, denn Joschka hatte, ohne es zu merken, ihr Herz geöffnet und ihm freundschaftliche Zuneigung entlockt, welche Sylvia selbst schon verloren geglaubt hatte. Jenes Tor stand nun offen und ließ sich nicht mehr schließen. Das junge Mädchen blickte auf ihre

Narben, eine weitere Enttäuschung würde die Schnitte noch tiefer werden lassen und diesmal die Schlagadern nicht verfehlen.
Der Morgen ihrer Entlassung begrüßte Sylvia mit goldenen, warmen Sonnenstrahlen, die ihrem Lächeln Konkurrenz machten. Sie freute sich auf Zuhause, auf die Eltern und ihre kleine Schwester, auch wenn die Frage nach der schulischen Weiterführung noch nicht geklärt war. Ein bitterer Geschmack erfüllte ihren Mund, niemals mehr würde sie dorthin zurückkehren. Ein verhaltenes Klopfen an der Tür riss Sylvia aus ihren Grübeleien und Joschka trat ein.
»Hallo! Ich hoffe, du hast gut geschlafen«, sagte er und zog sie in eine kurze Umarmung. »Ich soll dir von deinen Eltern ausrichten, dass sie sich etwas verspäten, weil die Hauptstraße total verstopft ist. Was hältst du davon, wenn wir uns auf die Wiese setzen und dort warten? Das Wetter ist herrlich.«
Das junge Mädchen nickte zögernd und folgte Joschka nach draußen, wo sie sich nebeneinander auf die Wiese setzten. Das erfrischende kühle Gras hob Sylvias Stimmung, konnte die Angst jedoch nicht vertreiben.
»Was hast du?«, erkundigte Joschka sich nach einer Weile und schaute sie an.
»Ich fürchte mich«, gestand sie verlegen. »Wie soll es werden, wenn ich an die Schule zurückmuss? Sie werden mich umbringen!«
Zu ihrer Überraschung lächelte Joschka.
»Der Direktor hat beschlossen, dass du nicht mehr an die Schule zurückmusst. Er entschuldigt sich für sein Fehlverhalten und auch, dass er nicht früher etwas unternommen hat. Durch eine Sondergenehmigung kannst du wechseln!
Sylvias Augen weiteten sich ungläubig, doch Joschka nickte unbeirrt.
»Ich hoffe, du weißt jetzt, dass ich wirklich dein Freund sein will.«
»Das bist du«, erwiderte Sylvia und schloss ihn in die Arme.

Der Betriebsausflug, eine Hochzeit und ein Ohrring

Tamara Wiegand

Sie war geschieden, lebte nur für ihren Beruf. Als Sachbearbeiterin bei einer großen Versicherungsgesellschaft mit neunzig Mitarbeitern engagierte sie sich zusätzlich in der Gewerkschaft, nachdem man sie bereits bei der ersten, alle vier Jahre stattfindenden Wahl in die Arbeitnehmervertretung gewählt hatte. Noch mehr erfüllte es sie mit Stolz, dass sie das Vertrauen der Mitarbeiter gewinnen konnte, die sie immer wieder wählten, und in den Personalrat als Vorsitzende berufen wurde. Damit war sie die Ansprechpartnerin des Personalchefs geworden.

Gemeinsam konnten sie bestehende Personalprobleme gerecht lösen. Diese Personalratstätigkeit war ehrenamtlich, aber auch, wenn sie viel Zeit dafür investieren musste, machte es ihr Spaß. Die schriftlichen Angelegenheiten, welche damit verbunden waren, erledigte sie zu Hause an ihrem Computer.

Jedes Jahr im Herbst organisierte sie für die Mitarbeiter einen Ausflug, bei dem sie bereits an der Mosel, am Rhein und an der Ahr gewesen waren. Da auch die Kegelvereine und die Ämter zur gleichen Zeit fuhren, hatten sie diese Reisen auch des Öfteren gemeinsam durchgeführt. Man kannte sich untereinander und konnte durch den Zusammenschluss bessere Konditionen aushandeln.

***

Es war ein besonders schöner Herbsttag, die Sonne schien und es war angenehm warm. Diesen Ausflug machten sie gemeinsam mit der Kreisverwaltung, die wie jedes Jahr an diesem Tag geschlossen wurde. Man hatte sich auf einen Freitag geeinigt, denn da arbeitete man gewöhnlich nur bis Mittag. Nachdem das örtliche Busunternehmen zuerst die Mitarbeiter ihrer Firma aufgesammelt hatte, hielten sie an der Kreisverwaltung, um dann nach Köln aufzubrechen.

Aus ihrem Hause nahmen siebzig Mitarbeiter teil, die alleine schon mehr als einen Bus voll besetzten und die sich daher einen weiteren Bus mit den Angestellten der Kreisverwaltung teilten. Um zehn Uhr wurden diese mit großem »Hallo« begrüßt und die Fahrt konnte beginnen.

Da die Belegschaft der Kreisverwaltung überwiegend aus Männern bestand, während es in ihrer Firma genau umgekehrt war, war das Verhältnis dann etwas ausgeglichener. Die Stimmung war wie immer fröhlich und laut. Viele hatten Getränke dabei und Beutel mit Käsestückchen. Es waren fröhliche Menschen und liebten den Karneval, sangen viel und freuten sich des Lebens. Sie hingegen war eine sogenannte Zugereiste und ein wenig anders. Sie trank auf diesen Ausflügen niemals Alkohol. Das wussten ihre Kolleginnen. Sie versuchten immer wieder, dass sie doch wenigstens ein Glas Sekt mittrinken soll, was sie jedoch stets dankend ablehnte. Schließlich hatte sie die Verantwortung für den Ausflug und die Mitarbeiter, da fand sie es unpassend zu trinken.

Sorgfältig hatte sie die Aktivitäten für den Tag geplant. Eine kleine Panorama-Rundfahrt mit dem Schiff. Die Besichtigung des Schokoladenmuseums, eine Stadtführung zu Fuß und ein Besuch bei einer der ansässigen Brauereien mit Bierprobe. Der Rest des Tages stand dann zur freien Verfügung, um durch die zahlreichen Geschäfte zu bummeln oder den Dom, das Wahrzeichen der Stadt, zu besuchen. Ab achtzehn Uhr begann das Abendprogramm. Auf einem Schiff war dort ein reichhaltiges Buffet vorbereitet. Markus, ein Mitarbeiter der Kreisverwaltung, würde als Discjockey agieren. Er war mittlerweile bereits über die Kreisgrenzen bekannt und würde mit Sicherheit für gute Stimmung sorgen.

***

Die Busse hielten am Hauptbahnhof, direkt gegenüber vom Dom. Nach nur zwei Minuten kehrte man im ›Früh am Dom‹ ein, eine der bekanntesten Brauereigaststätten in Köln. Da es sonnig und warm war, belegte man beinahe den gesamten Außenbereich. Der Köbes, wie man die Kellner in Köln nennt, sorgte zusätzlich zum Kölsch, das man dort serviert bekam, mit seinen flapsigen Sprüchen für gute Laune. Im Anschluss besuchte man die Altstadt, die während des Zweiten Weltkrieges komplett zerstört und wiederaufgebaut worden war. Der Fremdenführer wartete mit allerlei interessanten Fakten, aber auch mit zahlreichen Anekdoten über die Stadt auf, was ihm ein mehr als großzügiges Trinkgeld einbrachte.

Danach teilte man sich auf, um in kleineren Gruppen die Stadt zu erkunden, bevor man sich um sechzehn Uhr zur Schifffahrt wieder treffen würde, wo das Buffet bereits auf die hungrigen Gäste wartete.

***

Schon vom Ufer des Rheins, der träge dahinfloss, hörte man die Musik auf dem Schiff. Die meisten der Ausflügler waren bereits an Bord und belagerten das mehr als appetitlich hergerichtete Buffet.
Anja beobachtete die Anwesenden. Obwohl sie bereits seit Jahren diese Ausflüge plante, war es jedes Mal so, dass sie extrem nervös wurde. Immer wieder fragte sie sich, ob sie den Geschmack der Kollegen getroffen hatte, ob die Organisation klappte und ob alle zufrieden waren. Doch als sie die zufriedenen und strahlenden Gesichter um sich herum sah, wusste sie, dass sie auch in diesem Jahr wieder ins Schwarze getroffen hatte. Dieter, einer ihrer Kollegen, kam auf sie zu.
»Siehst du Anja, es ist alles im grünen Bereich!«
»Da bin ich aber auch sehr froh, das kannst du mir glauben.«
Dieter stürzte sich wieder ins Getümmel, denn auch die Tanzfläche war inzwischen stark frequentiert. So stand Anja alleine an der Bar und sah einen sehr gut aussehenden Mann, der am anderen Ende der Theke stand und ihr genau in die Augen blickte.
Als er ihren Blick fing, lächelte er. Anja lächelte zurück und sah ihm weiter fest in die Augen.
Er gefiel ihr, gestand sie sich ein. Sie war schon eine Weile alleine und hatte, obwohl es mehr als genug Angebote gegeben hatte, noch niemanden getroffen, für den sie ihr Single - Leben auf Dauer aufgeben würde.
Er stellte sein Glas auf die Theke, kam auf sie zu, deutete eine leichte Verbeugung an und bat sie zum Tanz.
Anja war verblüfft. Er war ein mehr als hervorragender Tänzer und führte sie fest, aber ohne ihr das Gefühl zu geben, gefangen zu sein, über die Tanzfläche. Es fühlte sich für sie an, als ob sie schon hunderte Male miteinander getanzt hätten. In der Tanzpause brachte er sie an die Bar zurück.
»Mein Name ist Gerd und ich möchte dich heute noch zu einer Hochzeit einladen.«
»Zu einer Hochzeit heute Abend«, lachte sie.
Er erzählte Anja, dass er ebenfalls in ihrer Kreisstadt wohnte und im ›Corso‹ die Hochzeit eines Freundes gefeiert würde, den auch sie kannte, ein ›Roma‹. Dieser Mann betrieb die Floh - und Trödelmärkte, wohnte, wie alle Roma, im Osten der Stadt und war einer der wohlhabendsten Einwohner der Stadt.

Seine Braut, so erzählte Gerd, der das Ordnungsamt leitete, war eine Deutsche, die ihr als ›Wahrsagerin‹ bekannt war. Sie hatte Ilse, so war ihr Name, in der Vergangenheit bereits aufgesucht und hatte immer noch telefonischen Kontakt zu ihr.

Gerd und sie beschlossen, gemeinsam mit dem Bus zur Kreisverwaltung zu fahren und von dort aus zur Hochzeit zu gehen. Um halb elf war der Ausflug zu Ende und sie bestiegen die bereitstehenden Busse, die sie zurückbrachten.

***

Es war kurz nach Mitternacht, als Anja und Gerd im ›Corso‹ ankamen. Sie wurden fröhlich begrüßt und das Brautpaar freute sich, dass sie noch gekommen waren. Es war eine tolle und ungewöhnliche Hochzeitsfeier. Den männlichen Gästen sah man an, dass sie Zigeuner waren., von denen jedoch einige mit deutschen Frauen verheiratet waren. Viele lustige Kinder tanzten im Saal.

Anja in ihrem mintfarbenen, kurzen Kleid war ein Blickfang. Sie war schlank und zeigte auch gerne ihre langen Beine. Außerdem wäre es unpassend gewesen, in Hosen auf diese Feier zu gehen. Anja wusste, dass den Roma - Frauen das Tragen von Hosen untersagt war.

Man sah Gerd an, dass er stolz war, eine so attraktive Frau an seiner Seite zu haben und genoss, genau wie Anja, die bewundernden Blicke, die sie trafen. Aber vor allem hatten es ihm ihre Ohrringe angetan.

Sie waren etwas länger, bewegten sich, wenn sie den Kopf drehte und das Licht brach sich in den drei leuchtendgrünen Smaragden, mit denen jeder besetzt war. Ihr tiefschwarzes Haar harmonierte hervorragend mit ihnen.

Diese Ohrringe waren ein Geschenk ihres Ex - Mannes, zu denen sie noch das passende Armband und einen Ring besaß, diese aber am heutigen Abend nicht trug.

Anja wusste, dass sie gut aussah, und mit Gerd an ihrer Seite fühlte sie sich wohl. Immer wieder hörte sie »ein schönes Paar«, wenn sie sich von ihm über die Tanzfläche führen ließ. Sie spürte, wie sich ein leichtes Kribbeln in ihr ausbreitete, als Gerd ihr immer wieder Komplimente ins Ohr flüsterte. Mit jedem Tanz kamen sie sich näher. Sie schmiegte sich an ihn, ließ sich von ihm streicheln und wusste genau, wohin es führen

würde, als Gerd ihr leise gestand, dass er noch ein Zimmer im hauseigenen Hotel für sie beide bekommen hatte.
Sie waren beide erwachsen und alleine. Sie lächelte und gab ihm einen Kuss. Ja, sie wollte die Nacht mit ihm verbringen.

***

Gegen vier Uhr am Morgen verabschiedeten sie sich vom Brautpaar und gingen auf ihr elegant eingerichtetes Zimmer. Es dauerte nicht lange, bis sie sich in den Armen lagen. Sie gaben sich einander hin und Anja kam nicht umhin, Gerds wunderschönen Körper zu bewundern. Es war eine der schönsten Liebesnächte, die sie je erlebt hatte. Spät am Morgen schliefen sie erschöpft ein.
Als sie aufwachte, ging sie ins Bad, in dem Zahnbürsten und auch Zahnpasta bereitlagen und weckte Gerd, nur mit einem Badetuch bekleidet. Er lächelte sie an und zog sie noch einmal in die weichen Decken.
Später gingen sie gemeinsam zum Frühstück und Anja stellte mit Entsetzen fest, dass sie nur noch einen Ohrring hatte. Zurück im Zimmer durchsuchten sie es komplett. Unter den Decken, auf dem Boden, im Bad, sogar unter dem Bett sahen sie nach. Doch er blieb verschwunden, was Anja sehr traurig machte.
»Ich werde dir Neue kaufen«, tröstete Gerd sie. Gemeinsam nahmen sie ein Taxi, das zuerst Anja nach Hause brachte, bevor Gerd mit ihm weiterfuhr.

Inzwischen waren sie schon zwei Jahre verheiratet. Der Ohrring hatte sich im Unterhemd von Gerhard verhakt und er hatte ihn ihr noch am Samstagnachmittag vorbeigebracht. Sie hatte ihn nur angesehen und ihn einfach in ihre Wohnung gezogen, was er sich zu gerne gefallen ließ.
Anja arbeitete immer noch in ihrer Firma. Sie war nun eine glückliche berufstätige Frau. Gemeinsam kauften sie sich ein wunderschönes Haus, in dem sie auch heute noch glücklich leben.

Mein geliebter Sohn Oliver. Es ist nur eine erfundene Geschichte von einer heilen Welt.

Grün

Wie im Märchen

Willkommen in Meadow City

Andreas Petz

»Großvater! Großvater!«

Aufgeregt kamen meine beiden Enkelkinder, Finn und Leon, aus dem Wohnzimmer auf die Terrasse gerannt, wo ich gerade beim Frühstück saß. Sie verbrachten einen Teil ihrer Ferien bei mir und hatten soeben die Post aus meinem Briefkasten geholt. Während Finn mehrere Briefumschläge und Zeitungen in den Händen hielt, wedelte Leon aufgeregt mit einem grünen Prospekt in der Hand über seinem Kopf und stürmte freudestrahlend auf mich zu.

Er hielt mir das Prospekt vor die Nase und rief aufgeregt:

»Ist das nicht großartig? Da sollten wir unbedingt hingehen.« Ich musste lächeln, denn Finn war nicht bewusst, dass ich zwar die grüne Farbe des Prospekts wahrnahm, aber ohne Brille nicht lesen konnte, was darauf stand. Auch die Fotos sah ich nur verschwommen.

»Moment!«, bat ich Finn etwas um Geduld, und während ich ins Haus ging, um meine Lesebrille zu holen, legte Leon die restliche Post neben meinen Frühstücksteller.

Kaum hatte ich mich wieder an den Frühstückstisch begeben und die Brille aufgesetzt, da hielt mir Finn erneut das Prospekt vor das Gesicht. Vertrauensvoll legte er dabei seinen Arm um meine Schulter und er machte den erwartungsvollen Eindruck, dass ich von dem Flyer doch mindestens genauso begeistert sein müsste wie er.

»Willkommen in Meadow City – der Wiesenstadt!«, las ich da, nachdem ich das Prospekt in die Hand genommen hatte. In überwiegend grünfarbigen Fotos, die mit Schlagwörtern überschrieben waren, wurde da ein neu eröffneter Freizeitpark angepriesen.

›Fliegen Sie wie ein Käfer durch die grüne Wiese!‹, stand da, oder: ›Schaukeln Sie auf einer Blume im Wind!‹ die Fahrattraktionen sollten einem also das Gefühl verleihen, man selbst wäre ein Käfer, ein Grashüpfer oder sonst ein Kleinlebewesen auf einer Wildwiese.

»Das klingt interessant!«, sagte ich zu den beiden, und sofort kam die Bitte: »Gehst du mit uns dorthin?«

Ich schaute erneut auf den Flyer, um nachzusehen, wann die Wiesenstadt denn geöffnet wäre und wie weit sie überhaupt weg war.
Es wurden sogar Busfahrten angeboten. Meine Enkel standen mittlerweile beide stillschweigend links und rechts neben mir und ihre kleinen Hände streichelten mir liebevoll über den Rücken. Als ich mit dem Kopf nickte und sagte:
»Klar, das können wir uns nicht entgehen lassen!«, flogen sie mir um den Hals und drückten mich dankbar.
Dann wurde erst einmal fertig gefrühstückt und wir vereinbarten, dass wir in zwei Tagen die Fahrt nach Meadow City antreten würden, vorausgesetzt, es wären drei Plätze im Bus frei. Nach dem Frühstück würde ich das gleich am Telefon klären und die Plätze reservieren, versprach ich den beiden.

Es schenkt einem frische Energie und Freude, wenn man von zwei jungen Enkelkindern umgeben ist, die unbeschreiblich lebendig herumtollen. Dennoch war ich froh, als die zwei endlich auf ihren Sitzen im Bus Platz genommen hatten und sich hoch konzentriert ihrem kleinen Computerspiel widmeten. Ich nahm hinter den beiden Platz und als der Bus losfuhr, erlaubte auch ich mir ein wenig moderne Technik. Ich steckte mir die Ohrstöpsel meines MP3-Players in die Ohren, schloss die Augen und lauschte der wundervollen Musik.

Nanu, was war das denn? Vor mir erschien plötzlich ein grünes Tor. Davor stand ein merkwürdig aussehender, kleiner Kobold, der mich mit einem unglaublichen Lächeln im Gesicht und mit ausgestreckter Hand erwartete.
»Willkommen in Meadow City – der Wiesenstadt!«, begrüßte er mich fröhlich. Kaum hatte ich ihm meine Hand gereicht, zog er mich auch schon durch das grüne Tor.
»Unglaublich!«, konnte ich nur rufen. Was ich hinter dem Tor sah, war einzigartig; so etwas hatte ich, zumindest aus dieser Perspektive, noch nie gesehen.
Als wäre ich auf Ameisengröße geschrumpft, blickte ich von der Erde hinauf zum Himmel. Gigantisch hohe Grashalme wogten im Wind hin und her, höher als jeder von Menschen gebaute Wolkenkratzer. An den

Spitzen hingen, wie Christbaumkugeln, große und dennoch zarte Tautropfen und glitzerten im Sonnenlicht.
Dazwischen schimmerten die weißen Blüten von Margeriten vor dem hellblauen Hintergrund des Himmels. Überall krabbelten flinke Ameisen, große Käfer, dicke Raupen oder emsige Spinnen und in der Luft flogen fleißige Bienen, verschiedene Fliegen, schwere Hummeln und kunterbunte Schmetterlinge. Grashüpfer sprangen zielsicher von einem Halm zum anderen. Die Wiesenstadt war voller Leben.
»Lass uns losfliegen!«, hörte ich da plötzlich eine Stimme neben mir.
Es war das Koboldwesen, aber als ich mit fragendem Blick zu ihm schaute, entdeckte ich, dass es sich in eine Libelle verwandelt hatte. Sein Körper hatte wundervolle Farben und seine fast durchsichtigen Flügel leuchteten im Sonnenlicht. Die Libelle zeigte auf mich, und so wanderte mein Blick auf mich selbst. Was war ich erstaunt, als ich entdeckte, dass auch ich mich in eine Libelle verwandelt hatte. Urplötzlich sah ich die Welt um mich herum in scharfen Konturen und in unglaublichen Farben. Besonders das saftige Grün der Gräser beeindruckte mich. So hatte ich dieses Grün noch nie wahrgenommen.
Wie selbstverständlich flogen wir beide los. Ich hatte mir immer vorgestellt, dass es unglaublich anstrengend sein müsste, sich mit Hilfe von Flügelschlägen in die Luft zu erheben. Aber das war nicht der Fall; es ging federleicht und wie von selbst.
In Sekundenschnelle erreichten wir die Wipfel der Grashalme und Blumen. Mein kleiner Freund flog neben mir über die grüne Wiese hinauf bis hoch in den Himmel. Dann flogen wir mit Schwung mitten in die Wiese hinein. Nun hieß es ›aufgepasst!‹, denn jetzt mussten wir ständig Blumenstängeln ausweichen und zwischen eng stehenden Grashalmen hindurchfliegen. Mit ungeheurer Geschwindigkeit geschah das alles. Aus dem Hintergrund erklang die Melodie ›Flight to Neverland‹, von John Williams.
›Dieses Stück habe ich auch auf meinem MP3-Playe‹, dachte ich gerade, da musste ich mich auch schon wieder voll auf meinen Flug konzentrieren, denn direkt vor mir schimmerte plötzlich eine Spinnwebe im Sonnenlicht.

Wow! Großartig, wie schnell man als Libelle den Flug stoppen und sogar rückwärts fliegen kann. Da kam mir eine Idee. Ich flog hoch hinauf, mehrere Meter über der Wiese stand ich in der Luft.
Ob ich es schaffen würde, einen Looping zu fliegen?
Ich dachte und fühlte wie ein junges Kind, das voller Energie und Leben ist. Nur einen kurzen Moment lang drängte sich der Gedanke an mein wahres Alter in den Vordergrund und dass man so etwas in diesem gesetzten Alter doch besser nicht mehr wagen sollte, aber der Gedanke war schnell beiseitegeschoben, und los ging es.
Immer schneller flog ich Richtung Wiese unter mir, dann zog ich wieder nach oben, und tatsächlich, ich flog einen Looping. Yiippiieeh!
Keine Schmerzen in den Gelenken oder Muskeln, alles ging jugendlich leicht. Überglücklich setzte ich mich auf eine Blume und ließ mich von ihr gemütlich im Wind hin- und herschaukeln. Auf der Blume daneben saß das Koboldwesen und grinste mir fröhlich zu.

»Grooooßvaaaater!«
Was klingt da so vertraut?
»Oooooopa!«, die Stimmen kenne ich doch. Ich spüre ein Rütteln an meinen Schultern, und als ich die Augen öffne, erkenne ich meine beiden Enkel. Sie hatten mir die Ohrstöpsel meines MP3-Players aus den Ohren gezogen und Leon rief mir ins Ohr:
»Opa, wach auf! Wir sind da!«
Als wir zusammen den Bus verließen und auf den grünen Eingang zu gingen, der mir sehr vertraut erschien, entdeckte ich dort einen kleinen, lustig ausschauenden Kobold, der mir erkennend zublinzelte, uns an die Hand nahm und, während er uns durch das grüne Tor führte, mit fröhlicher Stimme sagte:
»Willkommen in Meadow City – der Wiesenstadt!«

Eine Fahrt ins Grüne
Christine Erdiç

Nepomuk steht schon ganz ungeduldig bei den Fahrrädern.
»Wir machen eine Fahrt ins Grüne!«, ruft er und hüpft dabei von einem Bein aufs andere.
Ich muss lachen, der kleine Kobold sieht aber auch gar zu drollig aus mit seinem roten Fahrradhelm. Er wird bei mir hinten auf dem Kindersitz mitfahren, denn Kobolde bleiben immer auf der Größe eines Kleinkindes, egal wie alt sie sind.
»Das heißt: Eine Fahrt ins Blaue«, berichtige ich ihn kichernd.
»Wieso ins Blaue, ich denke wir fahren hier durch den Harz? Hier ist doch alles grün.« Nepomuk sieht mich kopfschüttelnd an. »Manchmal weißt du nicht, was du sagst, Axana!«
Prüfend gehen seine Augen zum wolkenverhangenen Himmel. Nein, da ist auch nichts Blaues zu sehen.
»Das sagt man so, wenn man ins Ungewisse hineinfährt, also ohne bestimmtes Ziel, einfach so«, versuche ich ihm zu erklären.
»Mir gefällt die Fahrt ins Grüne besser«, unterbricht mich der kleine Kerl.
Vater kommt mit einem riesigen Picknickkorb, den er hinten auf seinem Rad befestigt. Mutter verstaut die Tüte mit der Decke und wirft einen sorgenvollen Blick zum Himmel. »Hoffentlich regnet es nicht, vielleicht sollten wir unsere Fahrt ins Blaue doch lieber verschieben.«
»Ins Grüne«, kommt es von Nepomuk.
»Glaube ich nicht, ist nicht angesagt.« Vater schüttelt den Kopf. »Wo sind eigentlich die Zwillinge?«
Da kommen sie auch schon angedüst. Mäxchen und Lily, sieben Jahre alt und nichts als Unsinn im Kopf. Ich bin schon elf und fühle mich für den kleinen Trupp verantwortlich. Auch für den Koboldjungen, nachdem er letztes Weihnachten in einem Paket durch den Kamin bei uns hereingeschneit ist. Aber das ist eine lange Geschichte, die ihr in dem Buch ›NEPOMUKS ABENTEUER‹ nachlesen könnt.
Endlich sind alle beisammen und wir können starten.
»Wohin fahren wir denn?«, fragt Mäxchen.
»Ins Grüne!«, kommt die prompte Antwort von Nepomuk.

Wir fahren ein gutes Stück die Straße hinunter und biegen dann in einen kleinen Waldweg ein. Das ist ganz schön holprig hier.
Diesen Weg sind wir noch nie gefahren, und das ist auch gut so, denn sonst wäre es ja keine Fahrt ins Blaue. Nach einer Weile kommt es von hinten:
»Axana, ich habe Hunger!«
»Nepomuk, wir sind doch gerade erst losgefahren und du hattest reichlich Frühstück.«
Ich habe keine Lust, jetzt schon anzuhalten.
Hier ist nichts, keine Lichtung, links und rechts des Weges stehen hohe Tannen dicht an dicht. Ich greife in meine Hosentasche und das Rad schlingert gefährlich. Freudestrahlend nimmt der Kobold ein Lakritzbonbon entgegen.
Wir fahren noch ein ganzes Stück, bevor wir an einen kleinen Teich kommen und anhalten. Mutter breitet die Decke aus und Vater stellt den Korb darauf ab. Alle setzen sich und plaudern vergnügt durcheinander. Mutter reicht belegte Brote herum und Vater füllt selbstgemachte Limonade in Pappbecher. Nepomuk ist seltsam ruhig.
»Hat es dir die Sprache verschlagen?«, frage ich ihn, doch er schüttelt den Kopf und zeigt auf seine Zähne.
Oh weh, schwarz und verklebt sind die von der Lakritze. Es dauert seine Zeit, bis der Koboldjunge etwas essen kann. Zum Glück haben wir genug Proviant dabei, denn Mäxchen scheint es drauf anzulegen, ihm alles wegzufuttern.
»Pass auf, dass du nachher kein Bauchweh bekommst«, warnt Mutter ihn.
Dafür ist sonst Nepomuk zuständig. Der lässt sich inzwischen sein Käsebrot gut schmecken. »Wann gibt es den Kuchen?«, nuschelt er und schielt nach dem Korb.
»Da musst du dich bis zum Nachmittag gedulden. Wir fahren gleich weiter und machen später noch eine Pause«, erklärt Vater ihm.
»Wir könnten im Teich schwimmen«, schlägt Nepomuk vor.
»Viel zu kalt«, kommt es von Lily, die eine kleine Frostbeule ist.
»Da sind bestimmt Blutegel drin!«, schreit Mäxchen und breitet die Arme aus. Brrrrm brrrrrrm … jetzt ist er ein Hubschrauber.

Blutegel? Nein, auf blutsaugende Würmer kann der Kobold gut verzichten. Er schüttelt sich und begutachtet misstrauisch das bräunlich schimmernde Wasser. Wer weiß, was da alles drin ist, man kann nicht bis auf den Grund sehen.

Vater drängt, er will weiter. Der Himmel klart auf und es wird angenehm warm. Doch schon bald wird der Wald düster, der holprige Weg noch schmaler. Die Sonne dringt kaum noch durch. Lilys Rad schlingert, als sie über eine Baumwurzel fährt und kippt zur Seite weg. Mäxchen muss beim Ausweichen aufpassen, dass er nicht auch umkippt. Beinahe hätte er seine Schwester noch umgefahren. Mutter ist sofort zur Stelle.

»Lily, hast du dir wehgetan?«

Das Mädchen zeigt weinend auf ihr blutendes Schienbein, was ihr eine »alte Zimperliese« von Mäxchen einbringt.

»Das heilt am besten an der Luft«, sagt Vater, der die kleine Wunde mit Wasser gereinigt hat. »Zum Glück ist es nicht das Knie, sonst wär es schwierig, weiterzufahren. Wir machen unsere Pause etwas eher, sobald sich eine Lichtung zeigt.«

Es zeigt sich aber eine ganze Weile gar nichts, und Lily tritt tapfer ins Pedal. Dann endlich kommt eine Wiese, riesig und mit schwarz-weiß gescheckten Kühen darauf.

Die grasen zum Glück hinter einer Einzäunung, wie Nepomuk erleichtert feststellt, denn er hat großen Respekt vor diesen Tieren. Schmatzend lässt er sich den Pflaumenkuchen schmecken, und auch Lily langt schon wieder kräftig zu. Mäxchen aber hat sich still und heimlich von der Picknickdecke entfernt. Mit seinem Stück Kuchen in der Hand sitzt er auf dem Holzzaun, der die Kühe umgibt. Eine Kuh kommt angetrottet und schaut ihn aus ihren schönen großen Augen an.

»Na komm«, lockt der Junge und hält der Kuh den Pflaumenkuchen entgegen.

Die Kuh setzt sich in Bewegung und muht plötzlich ganz laut. Vor Schreck fällt Mäxchen vom Zaun, zum Glück weich. Er spürt die Hand im Nacken und wird durch den Zaun zurück auf die andere Seite bugsiert. Vater ist außer sich.

»Was fällt dir ein! Weißt du, wie gefährlich das ist? Wenn nun der …« Plötzlich verzieht er das Gesicht. »Was ist das denn für ein Gestank?!«

Und dann sieht er die Bescherung.

Mäxchen ist bei seinem Sturz direkt mit dem Hintern in einem frischen Kuhfladen gelandet. Seine Jeans ist nun nicht mehr blau, sondern grün.
»IIIIh«, lacht Lily ihn aus, »du Stinkstiefel! Bleib bloß weg!«
Nepomuk findet, dass ihm das ganz recht geschieht, wo er vorhin doch so gemein zu seiner Schwester war.
»Gut, dass wir mit den Rädern unterwegs sind und nicht mit dem Auto«, sagt Vater und prustet los.
Mäxchen senkt beschämt den Kopf.
»Wir könnten zurück zum Teich, dort kann Mäxchen ein Bad nehmen«, schlägt Nepomuck kichernd vor.
Mir tut mein Bruder nun doch leid. Er ist inzwischen knallrot wie eine Tomate.
»Schluss jetzt«, sagt Mutter streng, »wir schieben die Räder bis zu der Straße da vorn und fragen den Bauern, ob wir Mäxchen kurz reinigen dürfen. Dann muss er eben mit nassem Hosenboden weiterfahren.«
Doch das erübrigt sich. Wie auf Kommando grummelt es plötzlich aus der Ferne und ein wahrer Platzregen ergießt sich auf unsere kleine Gruppe. Im Nu sind alle klitschnass.
»Jetzt aber flink auf die Räder, ehe es richtig losgeht mit dem Gewitter!«, ruft Vater. Wir fahren jetzt auf der Straße und kommen zum Glück schneller daheim an, als wir dachten.
»Hast du dich in einem Kuhfladen gewälzt?«, fragt Oma Mäxchen grinsend, als sie die Tür aufmacht.
Er darf zuerst ins Bad, denn noch immer will der Gestank nicht von ihm weichen. Nachdem alle warm geduscht haben und in frischen Klamotten stecken, gibt es heißen Tee und Kekse.
Nepomuk ist in seinem Element.
»Machen wir morgen wieder eine Fahrt ins Grüne?«, fragt er hoffnungsvoll und greift nach einem besonders schönen Erdnussbutterkeks.

Der grüne Apfel

Karin Biela

In einer städtischen Gartenkolonie, die über einen alten Baumbestand verfügt und deshalb üppig eingewachsen ist, befindet sich unter anderem die Parzelle Nummer 88. Die Besitzer sind sehr stolz auf ihr kleines Naturreich und obschon es kaum 300 Quadratmeter misst, ist es ein grünes Paradies, das mit Inbrunst gehegt und gepflegt wird.
Dort blüht es ab Frühling immerzu und im Sommer präsentieren sich die schönsten Stauden. Das Schmuckkörbchen oder Cosmea wetteifert mit den Nelken, wer über das schönere Purpurrot verfügt. Aber auch die leuchtend gelben Blütenblätter des Sonnenhutes machen der Sonnenblume Konkurrenz. Im blauen Bereich präsentiert sich gekonnt der Rittersporn und lebt in friedlicher Koexistenz mit dem romantischen Glockenblümchen. Gewiss handelt es sich um ein zauberhaftes Fleckchen Erde, wo überdies immer etwas los ist und keine Langeweile aufkommt. Schwarzgelb gestreifte dicke Hummeln, die so aussehen, als hätten sie ein Trikot des Dortmunder Bundesligavereins an, fliegen fleißig von Blüte zu Blüte. Bienen sammeln den süßesten Nektar, um die Honigproduktion anzukurbeln. Bunte Schmetterlinge tanzen durch die Luft und die zarten Flügel der Libellen erinnern an anmutige Elfen. Liebreiz und Harmonie sind spürbar und es gibt wohl niemanden, der sich hier nicht wohlfühlt.
Doch ein Bewohner hadert mit seinem Schicksal und ist unglücklich. Sein zugeschriebener Platz ist der wunderschöne Apfelbaum. Hier hängen seine vergnügten Kollegen und genießen ein Sonnenbad. Anders als bei den Menschen benötigen sie keinen Sonnenschutz und cremen sich nicht ein. Im Gegenteil, sie halten gar ihre prallen Backen in das wärmende Licht, damit diese erröten mögen. An einem alten, fast verdorrten Ast hängt ein grüner Apfel und ist sehr traurig. Er ist klein und mickrig und noch immer grün. Während seine Nachbarn wachsen und gedeihen, versucht er vergeblich, die ersehnte Färbung zu bekommen. In seiner Not bat er sogar die Sonne, sie möge sich erbarmen und ihm zu einem apfeltypischen Aussehen verhelfen.
Leider trat keine Besserung ein. Nach wie vor sieht das Sorgenkind unreif aus. Überhaupt ist er einfach anders und ein Außenseiter. Im Apfel-

baum wird schon über ihn getuschelt und viele Genossen meinen, dass was mit ihm nicht stimmen würde. Er passt so gar nicht in das Gefüge. Stumm leidet das grüne Äpfelchen und fühlt sich von der ganzen Welt verlassen. Während überall geschäftiges Treiben zwischen den Ästen zu beobachten ist, hängt das arme Geschöpf deprimiert am Zweig.

Währenddessen bekommen die Inhaber des Gartens Besuch von einem befreundeten Künstler. Es wird Kaffee und Kuchen serviert. Zwar gibt es noch keinen Apfelkuchen, denn die Ernte steht erst kurz bevor, dafür ließ es sich die Gastgeberin nicht nehmen, frischen Bienenstich zu backen. In geselliger Runde wird debattiert und philosophiert. Als der Freund des Hauses den Apfelbaum betrachtet und die köstlichen Früchte sieht, die sich noch gedulden müssen, ehe sie gepflückt werden, hält er inne. Lange schaut er die vielen roten Äpfel an, die kaum abwarten können, auf Reisen zu gehen. Man muss wissen, es ist der Höhepunkt in jedem Apfelleben, endlich vom Baum in den Korb zu gelangen, um dann auf dem Markt angepriesen zu werden. Für dieses wichtige Ereignis putzen sie sich prächtig heraus und legen extra Glanz auf, sodass sie knackig und frisch aussehen.

Nun mustert der Künstlerfreund den schmächtigen, noch immer grünen Apfel. Einsam hängt er im Baum, abseits von der Masse und traut sich kaum aufzublicken. Der Gast steht auf, geht auf den Baum zu und streicht behutsam über das verschüchterte Äpfelchen. Er spricht:

»Du wirst das Motiv für mein nächstes Gemälde sein! Du bist was ganz Besonderes, denn es gehört viel Kraft und Mut dazu, sich von der Masse abzuheben«. Er fragt den grünen Apfel: »Darf ich dich malen«?

Freudig nickt das Äpfelchen und weiß gar nicht, wie ihm geschieht. Noch im Stehen zückt der begnadete Künstler ein weißes Blatt Papier und einen Bleistift aus seiner Tasche. Er fertigt eine Skizze an, die er später als Vorlage verwenden wird, um das Ölgemälde zu vollenden. Das Modell streckt würdevoll sein Gesicht dem Zeichner entgegen und sein zuvor trauriges Herz jubelt vor Glück. Selig vernimmt er die plötzliche Wertschätzung seiner Gefährten. Sie erkennen die einmalige Chance, das praktische Leben wie beispielsweise Apfeltorte, Apfelmus, Most und Bratapfel hinter sich zu lassen und stattdessen als Kunst in berühmten Galerien zu hängen. Applaus und Bewunderung werden sie ernten. Sie wissen sehr wohl, wem sie diesen glorreichen Umstand zu verdanken haben. Beschämt bitten Sie den ›grünen Apfel‹ um Verzeihung und bedauern, ihn ausgegrenzt zu haben. Das grüne Äpfelchen wird ganz verlegen und es steigt eine sonderbare Hitze in sein Gesicht. Es fühlt sich ungewohnt und seltsam an. Und siehe da, plötzlich färben sich die Backen rot. Jetzt ist der ›grüne Apfel‹ einer von ihnen.

Es sei noch erwähnt, dass das Ölgemälde ›Der grüne Apfel‹ mittlerweile in der Pinakothek in München hängt und zahlreiche Kunstfreunde von nah und fern inspiriert.

Ein (fiktiver) Kinderaufsatz zum Thema GRÜN

Erich Röthlisberger

Heute haben wir von unserem Lehrer die Aufgabe bekommen, einen Aufsatz mit dem Thema ›GRÜN‹ zu schreiben.

Mir ist sofort klar gewesen, dass wir alle darüber schreiben sollen, was für uns Grün bedeutet.

Bevor ich begonnen habe zu schreiben, ist mir schlagartig bewusst geworden, dass ich eben nicht richtig weiß, was das Wort ›Grün‹ heißt oder besagt. Aber auch die Lehrer wissen es nicht so ganz sicher. Sonst müssten wir ihnen bestimmt nicht in einem Aufsatz erklären, was das Wort ›Grün‹ bedeutet.

Erst nach langem Studieren ist mir einiges in den Sinn gekommen. Hoffentlich ist es das, was der Lehrer sich vorstellt.

Das Interessanteste habe ich auf das Blatt geschrieben.

Grün

Natürlich stelle ich mir sofort die vielen Pflanzen und Blumen in der Natur vor. Die meisten davon sind voller grüner Blätter. Ja, ich weiß schon, die farbigen Blüten sind auch sehr schön, aber darüber darf ich nicht schreiben. Das will der Lehrer nämlich nicht lesen. Deshalb dürfen wir nur über Sachen, die grün sind, berichten.

Es ist komisch, dass jede Pflanze grün ist. Das Gras ist grün, die Blumen und die Bäume sind grün. Viele Gemüse sind es auch. Eigentlich bin ich froh darüber. Denn blaues Gras wäre sicher nicht schön!

Mein blöder Bruder, ich habe ihn nicht gern, weil der immer noch in die Windeln macht und es dann so stinkt, hat einmal in seinem Zimmer einen großen Fleck mit grüner Malfarbe hingeschmiert. Dafür hat er vom Papi Chlepfis bekommen. Mama hat gesagt, wir können ihn nicht zurückgeben. Er würde zu unserer Familie gehören.

Unterdessen glaube ich nämlich, dass Grün nicht nur eine Farbe zum Malen ist. Denn mein Papi hat mir einmal gesagt, ich sei noch richtig grün hinter den Ohren.

Nachdem ich mich in meinem Zimmer lange hinter den Ohren gerieben habe, hatte ich nichts Grünes an den Fingern. Sicherheitshalber bin noch ich im Badezimmer in den Spiegel schauen gegangen. Auf jede Art und Weise habe ich meine Ohren verbogen und trotzdem nichts Grünes gesehen. Sie waren dann eher rot.
Auch hat der Bruder, während ihn Mama mit Essen fütterte, wieder alles ausgespuckt. Mama war ganz voller grüner Punkte im Gesicht.
Einmal ist mir aufgefallen, wie meine ältere Schwester Manuela ganz grüne Gesichtszüge gehabt hat. Das war an einem Abend. Ganz spät kam sie so komisch torkelnd nach Hause und hat im Flur etwas gelallt, was ich nicht verstanden habe. Aber ich habe wirklich ganz genau gesehen, dass sie ganz grün im Gesicht war.
Ich habe nur mitbekommen, dass Mama mit ihr schimpfte und zu ihr sagte: »Manu, du bist ja blau. Geh in dein Zimmer«, obwohl sie grün im Gesicht war.
Meine Schwester hat nicht mal auf Mama gehört. Sie sprang nämlich ins Badezimmer, wo sie später ganz weiß wieder rauskam.
Mein Schulfreund, der Timo, konnte irgendwann in der Schule nicht richtig auf dem Stuhl sitzen. Also genaugenommen er ist so komisch hin und her gerutscht. Habe Timo gefragt, ob er auch wie mein Opa so Humoroiden habe. Opa sagt immer, die würden ihn so toll jucken, das sei gar nicht lustig und mit denen könne man kaum auf einem Stuhl sitzen. Aber wieso heißen die Dinger denn Humorioiden, wenn sie so jucken?
Trotzdem, als ich von Timo wissen wollte, was ihn nun eigentlich plage, erzählte er mir, was passiert war. Nachdem die Nachbarin seinem Vater gepetzt hatte, dass er mit einem Stein ihr Küchenfenster eingeschlagen habe, habe ihm sein Vater den Popo grün und blau geschlagen … Die Frau verpetzt immer alle Kinder. Mama hat auch schon gesagt, dass das eine blöde Schrulle sei. Wir dürfen es ihr aber nicht sagen, hat Mama uns befohlen.
Und letzten Sommer rauchten ich und ein paar andere Kinder in den Schulferien am Baggersee so grünes Pflanzenzeugs. Sara, Marc und André waren nämlich auch dabei. Mäthu, der ist aus einer anderen Klasse, hatte gesagt, er habe ein sehr gutes Kraut mitgenommen. Er wolle das

jetzt in Ruhe rauchen. Ich weiß, dass Kraut grün ist, denn wenn Mutti Krautstielen kocht, sind die auch grün.
Ich wusste aber nicht, dass einem die grüne Farbe vom Kraut ins Gesicht steigt, wenn man das raucht. Ob meine Schwester damals auch solches Zeug geraucht hat? Denn nachdem uns Mäthu ein, zwei Züge von dem stinkigen Stängel rauchen hat lassen, waren wir auf einmal ganz grün im Gesicht. Mir war danach so komisch und alles sah irgendwie schwammig und verzogen aus, dass ich mir vorgenommen habe, nie mehr zu rauchen und auch keine Krautstielen mehr zu essen.
Einmal sagten mir meine Eltern, ich müsse über das Wochenende die Tante Rosa besuchen. Sie würden zusammen eine Fahrt ins Grüne machen. Ich hoffe nur, dass sie in einem Hotelzimmer schlafen konnten und nicht draußen auf irgendeiner grünen Wiese!
Am Samstagabend musste ich mit der Tante einen alten Musikfilm schauen. Im Wohnzimmer stand so ein alter großer viereckiger Fernsehkasten. Wir sind zu Hause zum Glück viel neumodischer. Wir haben einen ganz flachen Fernseher. Dort kommen nämlich auch die moderneren Filme.
In dem Film haben die Leute andauernd gesungen und gesprochen. Ich glaube, sie konnten sich nicht richtig entscheiden, was sie eigentlich wollten. Eine arme Frau musste von einem alten Mann Sätze nachsprechen lernen. Zuerst haben sie die Wörter gesprochen und später auch noch zusammen gesungen.
Die Frau tat mir ganz toll leid. Der Mann war noch strenger als unser Deutschlehrer.
Den Satz musste sie so oft wiederholen, dass ich ihn auch nicht mehr vergessen habe. Das Tante Rösi hat dauernd laut und falsch mitgesungen.
»Es grünt so grün, wenn Spaniens Blüten blühen!«
Immer und immer wieder hat sie mit ihrer Quietschstimme geträllert.
»Es grünt so grün, wenn Spaniens Blüten blühen!« Bis ich plötzlich nicht mehr zuhören wollte und ich sie anschrie: »Dann lass es blühen, dann lass es blühen.«
Ich bin froh, dass ihr Gesicht nicht grün geworden ist. Das hätte mir Angst gemacht. Nur ein wenig rot hat es sich verfärbt. Das verging aber bald wieder.

Mehr kommt mir jetzt nicht mehr in den Sinn. Deshalb ist der Aufsatz fertig. Nun ist nämlich auch Pause.

Da es sich um einen fiktiven Aufsatz handelt, sind die erwähnten Personen (teilweise) unabsichtlich so genannt worden.

Ein kleines Buchenblatt entdeckt die Welt

Christiane Bienemann

Die große Buche stand majestätisch am Rande der Lichtung, direkt an einer Wiese, die zu dieser Jahreszeit über und über mit vielerlei Blüten gelb, weiß, rosé und blau gesprenkelt war. In der Morgendämmerung waberte Nebel auf dem kleinen Feld, Rehe traten aus dem Unterholz heraus, in alle Richtungen witternd, ob die Luft auch rein war. Zur Mittagszeit verirrten sich manchmal ein paar Wanderer hierher, die sich, ob der Schönheit der Natur, andächtig niederließen und ihr mitgebrachtes Mahl verzehrten. Am Abend warf der Mond sein fahles Licht auf die Landschaft, Käuzchen schrien und die Kreaturen der Nacht erwachten zum Leben.

Doch an diesem Tag war alles anders. Es war drückend heiß, kein Lüftchen spielte mit dem Laub der Buche. Unser kleines grünes Buchenblatt da oben hoch im Baum blickte gebannt auf Wolkentürme, die in Richtung Himmel quollen. Ein Himmel, dessen Blau mehr und mehr verschwand. Gleißendes Sonnenlicht fiel auf die nun schwarze Wolkenwand, die langsam, aber unbeirrbar, näher rückte. Kein Vogel muckste sich, die Tiere des Waldes hatten schon längst in der dichten Vegetation des Gehölzes Schutz gesucht. Eine Brise kam auf, erleichtert wisperten die Blätter leise miteinander in Ahnung drohenden Unheils.

Der Sturm brach los, der Donner grollte. Hagelkörner prasselten auf die Blätter nieder, die sich ängstlich ganz eng aneinander kuschelten. Äste brachen, grelle Blitze zuckten. Und auf einmal war da dieser schreckliche Schmerz. Ein heftiger Ruck ging durch den kleinen Blätterkörper, so messerscharf, dass ihm zuletzt ganz schwarz vor Augen wurde. Doch das war nichts gegen sein Entsetzen beim Erwachen. Wo waren sein Baum, seine Geschwister und die Wiese nur geblieben? Wohin der grandiose Ausblick von da oben bloß verschwunden? Es blickte sich zögernd um und fühlte den feuchten Matsch am Boden, in dem es gelandet war. Noch müde von den Schmerzen ließ es sich zurücksinken, wollte resignieren. Doch nein, nach einer Weile richtete es sich wieder auf.

Hier wollte es nicht bleiben!

Die Sonne stach nach der Gewitternacht schon wieder gnadenlos vom Himmel, als Jana ihr Fahrrad vor der Haustür ihrer Oma abstellte. Sie rastete das Speichenschloss ein, nahm den Pflaumenkuchen aus dem Körbchen am Lenker und klingelte.
Als auch nach dem zweiten Schellen nichts passierte, wühlte Jana nach dem Ersatzschlüssel in ihrer Handtasche. Sie fluchte kurz, bevor sie das Mäppchen endlich zu packen bekam, und trat schließlich ein.
Im Luftzug der sich öffnenden Tür wehte ein kleines Blatt herein, sie hob es behutsam auf und erkundete mit sachten Fingern die filigrane Samtigkeit seiner Oberfläche.
Angenehme Kühle empfing Jana im Flur, sie seufzte erleichtert auf. Während sich das Blatt interessiert in dieser Menschenwohnung umsah, folgte sie dem munteren Stimmengemurmel, das sie aus Richtung Terrasse empfing. Sie vermutete die Oma in Gesellschaft ihrer Nachbarinnen beim Kaffeeklatsch. Doch kurz bevor sie sich mit einem fröhlichen »Hallo zusammen!« bemerkbar machen konnte, fuhr sie erschrocken zusammen.
»Sex!«, jubelte von draußen unverkennbar die Stimme ihrer Ahnin.
»Boah, hast du ein Glück, und das in deinem Alter«, ertönte eine weitere Stimme.
Jana wich zurück. Wollte sie das wirklich hören? Intime Einblicke in das Geschlechtsleben von Oldies jenseits der Siebzig? Widerwillig fasziniert konnte sie sich jedoch nicht von der Stelle rühren.
»Will auch … Sex«, nörgelte die Stimme von Frau Jansen dazwischen.
Jana hatte das Bild von der schon recht betagten Dame mit dem Oberlippenbart und der kleinen Warze an der Stirn vor Augen und musste sich unwillkürlich schütteln.
»Wieder kein … Sex!«, erklang eine weitere Stimme. Frau Meyer, dachte Jana. Diese sehr sympathische Endsiebzigerin hatte sich vor kurzem sogar noch einen Lebensgefährten geangelt.
»Eins, zwo, drei, vier, fünf… Sex!«, tönte Janas Oma. »So Maria, jetzt werf ich dich raus und du fängst noch einmal von ganz vorne an!«
Ach, ›Mensch-ärgere-dich-nicht‹ … Jana fiel ein Stein vom Herzen und beschwingt trat sie auf die Terrasse.
»Hallo Ihr Lieben, hier kommt Euer Kuchentaxi!«

Beim anschließenden Tischdecken und Kaffeekochen hatte Jana unser Blatt ganz in Gedanken fallen lassen. Es kicherte leise vor sich hin, was waren diese Menschenwesen doch für seltsame Geschöpfe! Und es kam für sich zu dem Schluss, dass das Leben auch weit weg von seinem Baum und den vielen Geschwistern amüsant und lebenswert sein könnte. Ja, es wollte die Menschen erforschen!
So wartete es auf den nächsten leichten Windstoß, um weiterzuschweben. Es liebte den Wind, ritt auf ihm oder surfte auf seinen Böen, hatte sich ihn zum Freunde auserwählt.
Hoch oben in der warmen Luft sah es den weitläufigen See mit seinem weißen Sandstrand, einem hupenden Ausflugsboot und vor allem den vielen, vielen Menschen. Es kippte nach rechts ab vom Wind, ließ sich fallen und trudelte so fallschirmgleich in Richtung Wasser. Ein vollbesetztes Café erweckte seine Aufmerksamkeit und dieses nette Paar, das zusammen einen Cappuccino trank.

Anna und Gregor saßen in dem kleinen Strandcafé und genossen den Ausblick auf den unglaublich blauen See. Diese Farben, wie sie nur der Hochsommer hervorbrachte. Der Geruch des Wassers, das Lachen der Möwen hoch über ihnen. Und das Stimmenwirrwarr von den Nachbartischen. Wenn Anna die Augen schloss und dabei zuhörte, mutete es an, als wäre sie für kurze Zeit in einem anderen Leben. Wie würde dies wohl sein?
Eine sanfte Berührung holte sie zurück ins Hier und Jetzt. Ein Buchenblatt hatte ihr Gesicht gestreift, bevor es ihr buchstäblich in den Schoß gefallen war.
Annas Gedanken schweiften ab, verirrten sich. Wanderten zurück zur Anfangszeit ihrer Beziehung mit Gregor. Die Momente des Kennenlernens und der Leidenschaft. Das ›zur Ruhe kommen‹, ein Gefühl des ›angekommen sein‹ im Leben. Zueinanderstehen, miteinander die guten und die schlechten Momente teilen.
Unvergessen die Vorbereitungen zur Hochzeit. Eine Hochzeit, als alle Freunde und Verwandten längst aufgehört hatten, damit zu rechnen und danach zu fragen. Ein kleines Grinsen stahl sich auf Annas Gesicht - für Überraschungen waren sie schon immer gut.

Sie lehnte sich zurück auf ihrem Korbstuhl und schlug die Augen auf. Blinzelte unter ihrer Sonnenbrille und schaute Gregor fragend an. Ja, ihre Beziehung hatte sich verändert in den letzten Jahren. So lange waren sie beide noch mit niemandem zusammen gewesen. Klar, das musste ja jetzt kommen, all die negativen Gedanken und Zweifel, die Anna jetzt aus heiterem Himmel überfielen.
›Liebt er mich noch, ist er auch zufrieden mit unserer Beziehung?‹
Beim Blick auf die Bikinigirls rings um sie herum wurde ihr plötzlich ganz anders. Obwohl - sie guckte sich ja auch ab und zu ganz gerne die Sixpacks der männlichen Sahneschnittchen an …
»Bist du glücklich?«, platzte sie ganz unvermittelt heraus. »Oder ist dir langweilig mit uns und du wärst lieber mit jemand ganz anderem hier?«
Überrascht starrte Gregor sie an. Und dann sagte er diesen Satz, der verriet, wie gut er sie doch kannte. Eigentlich kein Mann der großen Worte oder gar von Liebeserklärungen fand er mit einem Augenzwinkern genau die Versicherung, die Annas Herz zum Klingen brachte. Und sie wusste, alles war gut, so wie es war.
»Solange du mit mir den Schaum von deinem Cappuccino teilst …!«

Ach ja, die Liebe, auch so eine Sache in der Menschenwelt … Verstohlen wischte sich das Blatt eine kleine Träne der Rührung aus den Augenwinkeln. Ob es denn wohl auch einmal eine sympathische Blätterfrau für sich gewinnen könnte? Aber nun hielt es erstmal Ausschau nach dem nächsten Windtaxi. Aufgesprungen und huiii, weiter ging die Reise.
Oh, was war denn das? Ein Gebäude mit großen Fensterfronten, auf einem gepflasterten Innenhof standen Grüppchen von ganz kleinen Menschen zusammen. Manche aßen ein Brot oder ein Stück Obst. Andere spielten Fußball oder hüpften in merkwürdigen weißen Kästchen umher. Plötzlich ertönte ein mächtiger Gong, und die Kleinen strömten zurück in das Innere des Gebäudes. Es fiel überhaupt nicht auf, dass sich ein kleines grünes Blatt an ihre Fersen heftete und ihnen ins Klassenzimmer folgte.
Die kleine Rika fühlte sich schrecklich. Scheinbar riesig lastete die Verantwortung auf ihren schmalen Schultern. So gerne sie seit ihrer überraschenden Wahl zu Beginn des Schuljahrs auch ihr neues Amt bekleidete. Nein, dass sie einmal eine angesehene Klassensprecherin sein

würde, damit hätte sie nicht im Traum gerechnet. Aber ohne dass ihr das selbst groß bewusst war, hatte sich in den letzten Jahren aus einem schüchternen Mäuschen eine gute und sehr beliebte Grundschülerin entwickelt.

Doch heute war wieder so ein Tag, da hätte sie liebend gern auf Ruhm und Ehre verzichtet. Denn ihre Klassenlehrerin, Frau Sperling, hatte einen Termin beim Rektor, wie sie der Klasse gleich zu Beginn der Unterrichtsstunde verkündete. Nicht den ersten in diesem Schuljahr, und Rika wusste genau, was auf sie zukam.

Im Sachkundebuch auf Seite 41 waren die Aufgaben eins bis drei zu lösen. Und wer war dafür verantwortlich, dass dies in vollkommener Ruhe und ohne beim Nachbarn abzuschreiben stattfand? Genau, nämlich sie, die kaum zehnjährige Klassensprecherin!

Es war Brauch, die Namen derjenigen an die große Tafel zu schreiben, die dagegen verstießen. Diese Schüler mussten in der darauffolgenden Woche zum Förderunterricht, also zwei verhasste Extrastunden, während die anderen jeweils eine Stunde länger schlafen konnten. Und bei der letzten Aufsicht hatte sich der wutschnaubende und leider gar nicht so unberechtigte Ausbruch von Klassenkamerad Stefan tief in ihr Gedächtnis und in ihr Gewissen gebrannt.

»Nie schreibst du Deine Freunde an die Tafel, die bekommen immer nur eine Verwarnung. Das ist so ungerecht!«

Seitdem nagte dieser Vorwurf an ihr, verfolgte sie sogar bis in ihre Träume. Was sollte sie beim nächsten Mal nur tun? Was, wenn ihre Freundinnen ihr darauf die Freundschaft kündigten?

Nun war es also wieder soweit. Frau Sperling verließ die Klasse und ließ eine schweißgebadete Rika an der Tafel zurück. Ja, sie hatte große Angst. Und es kam genauso, wie sie es befürchtet hatte. Nachdem sie Klassenclown Sascha und Zappelphilipp Tom verwarnt und an die Tafel geschrieben hatte, bahnte sich ein Zickenkrieg zwischen ihren beiden Freundinnen Stefanie und Manuela an.

»Manu, Steffi, bitte hört auf und seid ruhig«, redete sie den beiden ins Gewissen.

Doch schon kurze Zeit später flogen Papierkügelchen zwischen den verfeindeten Parteien durch die Luft. Und Stefan schaute sie lange und

vorwurfsvoll an. Rika biss die Zähne zusammen und schrieb die Mädchen auf. Ungläubiges Entsetzen bei den beiden.
»Du bist ja so gemein!«, ertönte es nun unisono von den beiden wie durch ein Wunder wieder versöhnten Streithühnern. »Mit dir wollen wir nichts mehr zu tun haben!«
Kurze Zeit später kam Frau Sperling zurück und Rika wankte wie betäubt zu ihrem Platz. Sie hatte es gewusst, nun war alles aus - oder? Doch plötzlich hatte sie eine Idee. Sie stand noch einmal auf und ging zur Tafel.
»Was ist los, Rika?«, fragte die Lehrerin überrascht.
»Ich hab noch jemanden vergessen«, entgegnete Rika gefasst - und schrieb ihren eigenen Namen an die Tafel.
Denn wenn sie mit den Freundinnen zusammen die Strafe absaß, so hoffte sie, würden ihr diese vielleicht auch verzeihen?
»Rika, nach der Stunde erwarte ich eine Erklärung von dir!«
Diese Erklärung hat Frau Sperling auch bekommen. Und etwas dazugelernt. Der Klasse schon in der nächsten Stunde einen Vortrag über Gleichbehandlung und Verantwortung gehalten.
Seitdem hat sie auch ihre Klassensprecher nie mehr damit gequält, ihre Mitschüler zu ›verpetzen‹. Und die beiden Förderstunden mit kleinen Spielen und Basteleien zum ersten Mal so ansprechend gestaltet, dass alle, die nicht daran teilgenommen haben, ganz neidisch wurden.
Nachdenklich hüpfte das Blatt zur Schultüre hinaus. Nie wäre es auf die Idee gekommen, dass die Menschen solch mannigfaltige Probleme haben könnten. Was für eine unglaubliche Vielfalt an Eindrücken es in der kurzen Zeit schon gesammelt hatte!
Doch nun war es erschöpft und suchte nach einer schönen Stelle, sein müdes Haupt zu betten.
»Wer bist denn du?«, hörte es plötzlich eine leise Stimme. Unser Blatt traute seinen Augen kaum, tanzte ihm doch dieses hübsche, rötlich verfärbte Stückchen Laub entgegen. Es hatte eine ganz andere Form, aber - unverkennbar ein weiteres Blatt im Wind.
Doch dies … ist wieder eine ganz andere Geschichte.

Warum ist die Trichine grün?

Marlies Hanelt

Karina ist ein junges Ding im zarten Alter von zehn Jahren. Karinchen, wie sie ihre Eltern liebevoll und einschmeichelnd nennen, liest exzessiv Kinderbücher, in denen weniger Text als Bilder vorkommen. Zudem liebt sie Tiergeschichten über alles. Diese sollten allerdings bunt und schillernd erzählt werden, da ihre Fantasie dazu spezielle eigene Entwürfe simuliert. Darum kann es schon einmal vorkommen, dass eine Trichine die Farbe Grün annimmt. Auch ein Bücherwurm wirkt irgendwie farbintensiver, als er es wirklich ist. Aus Braun wird ein leuchtendes Grün. Karinas Vorstellungswelt geht eben nicht über die Farbe Grün hinaus. Wie praktisch. Ein grünes Spektakel der eintönigsten Art und Weise, dem aber auch gar nichts mehr hinzuzufügen wäre. Einen Vorteil hat das Ganze. Karina muss nicht wirklich überlegen, welche Farbe den Tieren in der natürlichen Umgebung zukommt. Eigentlich eine geniale Vorstellung, oder nicht?

Heute ist der letzte Schultag für Karina in dieser fast durchgelesenen Woche. Immer ein Büchlein in ihrer grünen Mappe mitschleppend, macht sie sich auf den kurzen Weg zum Gebäude, in dem man unendlich viel lernen kann. Auch Schule genannt. Rechter- als auch linker Hand wird der Fahrdamm von grünen Bäumen gesäumt, die ihre aufblühende Pracht jedem Spaziergänger regelrecht kostenlos zur Verfügung stellen. Eine erfrischende Einlage und Augenweide, von Mutter Natur bereitgestellt als auch sinnig eingefädelt. Ein Angebot, dem die Menschen auch massiv nachkommen. Schon morgens um acht Uhr flanieren leicht bekleidete Touristen, in grüne trendgerechte Sommermode gezwängt, über den Gehsteig und unterhalten sich angeregt. Über Grünes im Allgemeinen. Spinat, grünliche Tomaten, Kiwi, grüne Bohnen, grüner Salat und auch Stachelbeeren sind ihr favorisiertes Gesprächsthema. Grüne Wiesen eher nicht. Denn hier stehen keine grünen Kühe, sondern Lämmer, die zweifelsohne nur ›mähen‹ und pausenlos ›blöken‹. Passt nicht ins Schema. Denn der Schafscherer hat sie zuvor geschoren, die Lämmer ihrer Kleidung beraubt. Demzufolge tragen sie keine Wolle und frieren erbärmlich. Klar, irgendjemand hätte sie grün tünchen können. Jedoch bedeutet dies einen viel zu immensen

Aufwand an Arbeitskräften, die der Schäfer nicht wirklich hätte entlohnen können. Jedenfalls kommt es Karina so vor.
Sie schaut auf die Kinderarmbanduhr, deren Zeiger und Zahlen natürlich ebenfalls grün sind. Die Zeit drängt. Kurz vor acht Uhr hopst Karina hastig die eine Treppe bis zum Gang hoch, von dem rechts und links die Klassenzimmertüren abgehen, stolpert ungehalten in die 4b und setzt sich keuchend. Vorsichtshalber wird schon einmal das Buch mit dem Titel ›Trichinen sind grün‹ aus dem Ranzen gezückt und aufgeschlagen unter der Tischbank deponiert. Natürlich bekommt es die Lehrerin, welche ein grünes Kostüm im nostalgischen Design trägt, nicht wirklich mit. Oder doch? Immerhin kennt Frau Grünspecht ihre buchbesessene Karina besser als sie sich selbst. »Ihr lieben Kinder«, beginnt die Lehrerin mit einer piepsigen Stimme. Ihre grün belegte Zunge und das Zäpfchen vibrieren dazu im Takt.
»Heute im Biologieunterricht werde ich euch etwas über die Pflanzen erzählen, die in unserer Region wachsen. Man nennt diese Welt im Allgemeinen auch Flora. Nehmt eure Bücher heraus und versucht, mir im Text zu folgen«.
Alle Kinder kramen in ihren ledernen grünen Mappen und entnehmen das passende Buch für den Unterricht, legen es aufgeschlagen auf die hölzernen Tischbänkchen und hören interessiert Frau Grünspecht zu. Sie werden regelrecht in eine Flora integriert, die für Karina immer noch grün daherkommt. Ihr wisst schon, grün ist total in. Denn Individualität ist gestern gewesen und gezielter vorgegebener ›Hauptstrom‹ ist heute angesagt. Frau Grünspecht erhebt bedeutungsvoll ihren Zeigefinger und schaut auf die Gefolgschaft von Schülern. Karina zählt sich nicht hierzu, denn sie liest währenddessen in ihrem sehr speziellen Kinderbuch eine Geschichte, die ihr mehr behagt als eben die zu erarbeitende regionale Flora. Vertieft in die zweite Seite, auf der eine Trichine in grün abgebildet ist, hat sich Karina mit weit geöffneten Kinderaugen in eine Art von Wurm - Liebesbrief vertieft. Ein Trichinerich schreibt an seine geliebte Trichine.
»Mein herzallerliebstes grünes Trichinchen. Seit ich dich gesehen habe, sind meine Gedanken ständig bei dir. Dein Grün hat mich umgehauen. Vom allerersten Moment an empfinde ich mich als Erleuchteten. Dein Körpergrün leuchtet so hell, dass ich nicht anders kann, als dich

anzuhimmeln. Selbst das Firmament ist grün. In meinem Gehirn bin ich von deiner grünen Farbe regelrecht beseelt, gleichwohl benommen von deinem betörenden immerwährenden grünen Duft, den dein Körper verströmt. Grüne Küsse für mein grünes Trichinchen.«

Karina möchte weiterlesen. Leider wird sie von Frau Grünspecht im unpassenden Moment unterbrochen.

»Karina, was kannst du zu den Pflanzen auf der Wiese sagen, die bei uns im Heimischen blühen?«

Verdattert blickt sie Frau Grünspecht in die dunkelgrüne Iris und hat die Frage nicht wirklich verstanden. Um nicht blöd da zu stehen, denkt sie auch nicht lange nach. Wie aus der Pistole geschossen kommt die prompte Antwort, die keinesfalls passt. Immerhin verwirkt Karina die Wiese in ihrer doch ziemlich bescheuerten Antwort. Hat ja etwas. »Die Trichine ist grün und lebt auf der Wiese!«

Freudestrahlend schaut sie ihrer Lehrerin entgegen und glaubt, tatsächlich mit dieser dubiosen Antwort gepunktet zu haben. Stille im Klassenzimmer. Was jetzt folgt, ist ein tierisches Gackern der Schüler als auch von Frau Grünspecht, die sich alle förmlich in die Hose nässen. Wie ein Tsunami schwappt es über des Ortes Stelle und erzeugt eine deutlich hohe Welle. Tja, mit Humor, sei er noch so aberwitzig und dumm, kann man eben Menschen auch verzaubern. Über die eigene Unfähigkeit ständig zu lernen und aufmerksam sein zu müssen kann man so hinwegtäuschen.

Die grüne Bank

Bibi Bellinda

Ein Blick auf die Uhr: Es ist neun. Langsam schlendert sie die Straße entlang. Ihr Blick enthält etwas von Erwartung, etwas von Stolz, aber auch etwas Traurigkeit.
An der Kurve steht eine grüne Bank in der Wiese. Sie erinnert sich, dass sie vor einem Jahr auf einer grünen Bank saß und wartete, aber gleichzeitig doch nicht wartete. Vielleicht war es sogar dieselbe Bank, nur stand sie nicht mehr genau am selben Platz. Ein Lächeln huscht über ihr Gesicht, nur ganz kurz, und einer, der nicht gerade zufällig hergesehen hat, würde nicht glauben, dass sie soeben gelächelt hat, wenn er sie jetzt sieht, so ernst, fast traurig. Ja, genau vor einem Jahr war es, als sie alleine in der Nacht auf der grünen Bank saß.
Jetzt ist sie wieder allein. Und heute wartet sie. Sie wartet auf einen, der ihr versprach, um neun Uhr zu kommen, und doch nicht sicher war, ob er kommen könnte. Das ist so eine Ungewissheit, die sie nicht leiden kann. Sie hat zwar bestimmt nicht damit gerechnet, dass er wirklich kommen würde, aber trotzdem tut es weh, dass er nicht kommt. Noch nie war jemand gekommen, der es ihr versprochen hatte. Was ist schon ein Versprechen? Wer nimmt es heute noch ernst? Nicht einmal er, den sie zu lieben glaubt, er, der vor drei Tagen abends so ›mozärtlich‹ zu ihr gewesen ist. Doch für ihn war es bestimmt nur ein Spiel, ein Spiel, wie jedes andere, wie mit so vielen zuvor. Hunderte hatte er schon in seinem Alfa Romeo gefahren. Viele hatte er durch seinen hellblau blitzenden Blick in seinen Bann gezogen. Was hätte sie sich schon erwarten können, wenn er wirklich gekommen wäre? Er hätte sie doch nur über einen Bach führen wollen! Das war es ja, was alle von ihr wollten. Weil alle die Wahrheit wussten. Es war ihr unklar, warum. Vielleicht stand es ihr ins Gesicht geschrieben, die teuflische Wahrheit, auf die sie stolz sein konnte, unter der sie aber manchmal – und in letzter Zeit immer öfter – litt. Nicht sie war es, die interessant war, sondern die Wahrheit, die an ihr haftete. Da nutzt es nichts, sich zu verstellen. Das taten die anderen für sie, jene, die alle ›mozärtlich‹ und ›beethövlich‹ zu ihr waren und es in Wirklichkeit gar nicht empfanden. Vielleicht – so kommt es ihr jetzt in den Sinn – war einer unter ihnen, der wirklich ›mozärtlich‹ zu ihr war,

weil er so empfand. Ob sie nun auf ihn voriges Jahr gewartet hatte oder nicht, es war zu spät. Ihr Stolz erlaubte es ihr nicht, zu spüren und zu wagen, was sie ersehnte. Was blieb, war die Traurigkeit, die sich immer mehr in sie fraß und tiefe Spuren hinterließ.
Ein weiterer Blick auf die Uhr, einer, der unzähligen vorigen folgt – zehn Uhr ist es bereits. Sie friert. Und jetzt ist sie sicher, dass sie nicht mehr wartet. Der Wind rauscht in den Bäumen. Es klingt so verdächtig nach einem Auto. Hoffentlich ist es keines! Ein Licht? Nein, nur kein Licht. Es ist so dunkel in ihr, so soll es auch um sie sein. Er, wenn er gekommen wäre, wenn er ›mozärtlich‹ gewesen wäre, wenn er geduldig und verständnisvoll gewesen wäre, er hätte das Licht in ihr wieder entzünden können, damit es wieder für kurze Zeit in ihr hell ist. Aber er hat seine Chance verpasst. Wenn sie sich wirklich wieder einmal sehen, vielleicht in einem Jahr, wer weiß, ob sie ihn überhaupt wieder erkennt? Dann ist er für sie ein Fremder, so nah ist er ihr jetzt gewesen.
Sie lacht und ihre Freundin lacht auch. Warm ist es im Bett und spät ist es. Hat sie schon geschlafen? Hat sie geträumt? Es war ein schöner Traum. Sie lächelt süß. Ja, es war nur ein Traum. Selbst, wenn sie es wirklich erlebt hätte, käme es ihr wie ein Theaterstück vor. Das Leben ist ernst und hart. Es gibt kaum einen Tag, der so schön und lustig ist, wie in ihren Träumen. Gute Nacht!

Die grüne Insel
Sandra Pulletz

»Ich weiß nicht, ob ich im Fasching als Prinzessin gehen soll oder als Fee«, versuchte Nelly ihr Dilemma darzustellen. Ihre Großmutter lauschte gespannt, schwieg aber vorerst.
»Auf jeden Fall will ich ein rosanes Tüllkleid haben!«, stellte Nelly fest. »Mit Glitzer!«
»So ein ausladendes Kleid würde dir bestimmt gut stehen«, stimmte Oma zu.
»Rosa ist meine Lieblingsfarbe und deine, Oma?«
Nelly sortierte gerade die Kleider ihrer Barbiepuppen. Fast alle waren in Pink- und Rosatönen gehalten.
»Grün«, lautete die einfache Antwort.
»Das ist aber keine typische Mädchenfarbe«, tadelte Nelly.
Ihre Großmutter lachte.
»Muss es doch auch nicht sein, oder?«
Nelly legte einen lachsfarbenen Barbie-Rock zur Seite und rubbelte mit dem Zeigefinger an ihrer Nase. Das tat sie immer, wenn sie länger nachdachte.
»Und wieso ausgerechnet Grün, Oma?«, wollte sie dann wissen. »Du hast ja fast nie etwas in dieser Farbe an!«
Großmutter schmunzelte.
»Da hast du aber gut aufgepasst!«, meinte sie. »Weißt du, ich verbinde die Farbe mit meinem Lieblingsland.«
Nelly kräuselte die Stirn.
»Welches denn?«
»Mit Irland. Das Land wird auch die ›Grüne Insel‹ genannt«, erklärte Oma.
»Wieso?«
Großmutter wippte im Schaukelstuhl hin und her.
»Irland liegt mitten im Meer, ist also wirklich eine Insel. Und soweit das Auge reicht, sieht man immer grüne Landschaft. Zu jeder Jahreszeit.«
»Ach so, ich glaube, ich habe das Land schon mal gehört …«, erwiderte Nelly. »In einem Märchen?«, fügte sie fragend hinzu.

»Das kann ich mir gut vorstellen!« Die Großmutter nickte. »Viele Märchen und Sagen drehen sich um Irland. Es ist schließlich das Land der Feen und Kobolde.«
Bei dem Wort »Feen« horchte Nelly auf.
»Warst du denn schon einmal dort?«, fragte Nelly neugierig.
»Ja, aber das ist schon viele Jahre her.«
Großmutters Augen begannen zu glänzen.
»Damals war ich ein junges Mädchen und durfte meinen Vater in den Sommerferien nach Irland begleiten. Er hatte dort geschäftlich zu tun.«
»Cool! Seid ihr mit dem Flugzeug geflogen?«, sprudelte es aus Nelly, die noch nie geflogen war, es aber gerne einmal ausprobieren würde.
Großmutter lachte kurz auf.
»Nein, so viel Luxus konnten wir uns nicht leisten. Wir sind mit dem Auto gefahren. Und anschließend mit dem Schiff.«
»Oh.« Nelly klang enttäuscht.
»Das war aber wirklich eine abenteuerliche Reise! Die langen Stunden im Auto verbrachten wir mit Singen und Witze erzählen. Manchmal bin ich vor Müdigkeit einfach eingeschlafen«, erklärte Oma.
»Braucht man denn da so lange hin?« Nelly konnte es nicht glauben.
»So ist es. Wir mussten auch zweimal am Wegesrand campen und schliefen unter freiem Himmel.« Großmutter schwärmte. »Es war herrlich!«
»Ich will auch mal campen!«, fügte Nelly sofort hinzu.
»Bestens! Wir wäre es in den nächsten Ferien? Du kannst auch deine Freundin Rebekka einladen, dann könnt ihr im Garten übernachten!«
Großmutter wusste, wie toll so ein kleines Abenteuer sein konnte.
»Au ja, das machen wir!« Nelly klatschte zufrieden in die Hände. »Jetzt erzähl weiter von Irland! Was hast du dort gemacht?«
»Meist war ich in der unberührten Natur unterwegs. Überall leuchten verschiedene Grüntöne«, erzählte Großmutter. »Soweit das Auge blickt, entdeckt man laubgrüne Wiesen, moos- und farngrüne Wälder und smaragdgrüne Hügel. Einfach unvergesslich«, sagte Oma berührt.
Für Nelly war die Sache klar.
»Wenn es dir so gut dort gefallen hat, wieso fährst du nicht wieder hin?«

»Oh, Sternchen«, seufzte Großmutter. »Mittlerweile bin ich viel zu alt, um über Wald und Wiesen zu laufen. Meine Beine machen das nicht mehr mit …«

Nelly nickte. Sie wusste, dass ihre Großmutter das Haus nicht mehr allzu oft verließ. Und draußen brauchte sie einen Rollator als Gehhilfe.

In den nächsten Tagen beschäftigte sich Nelly viel mit dem geliebten Land ihrer Großmutter. Nelly bat ihren Vater, mit ihr in die Buchhandlung zu gehen. Dort kauften sie ein irisches Märchenbuch. Vater las Nelly täglich ein Märchen vor. Mit ihrer Mutter surfte Nelly im Internet und begutachtete zahlreiche Bilder von Irland. Auch Nelly gefielen die gesättigten Grüntöne der Landschaft. Plötzlich kam ihr eine Idee. Sie würde ihrer Oma eine Freude machen!

»Mama, haben wir noch grüne Wolle?«, fragte sie.

Ihre Mutter nickte und holte mehrere Wollknäuel. Nelly klatschte begeistert in die Hände. Dann stellte sie ihren Schreibtisch auf den Kopf. Sie suchte grünes Papier. In den folgenden Tagen war Nelly oft draußen unterwegs. Sie sammelte Wiesenhalme, Farne und Moos. In kreativem Chaos versunken, vergaß Nelly beinahe auf die Faschingsfeier, die sie mit ihren Freundinnen bei sich zuhause veranstaltete. Sie hatte sich dieses Jahr etwas ganz Besonderes ausgedacht.

Kurz bevor die Feier begann, klopfte sie bei ihrer Großmutter an die Zimmertür.

»Herein«, rief das zarte Stimmchen ihrer Oma.

»Hallo, Oma!«, sagte Nelly und präsentierte sich ihrer Großmutter im Kostüm.

Großmutter hielt die Hand vor den Mund und staunte. »Wow! Ich bin beeindruckt!«

»Das habe ich mir gewünscht, dass ich dich überraschen kann!«, sprudelte es aus Nelly.

»Das ist dir wohl gelungen! Ich dachte, du wolltest ein rosa Kostüm?«, fragte Großmutter schmunzelnd.

»Grün ist auch eine schöne Farbe, Oma!«, meinte Nelly, zog den riesigen grünen Hut vom Kopf und verbeugte sich.

»Du bist wirklich ein schöner irischer Kobold!«, sagte Oma anerkennend.

»Danke! Und weißt du, Kobolde bringen Glück! Ich habe dir ein Geschenk mitgebracht.«
Nelly ging vor die Tür und holte es. Stolz überreichte sie es ihrer Oma. Die konnte gar nicht glauben, was sie sah.
»Nelly, das ist einmalig!«, sagte sie. Beinahe war sie sprachlos. Vorsichtig fuhr sie über das Kunstwerk. Nelly hatte einen großen Keilrahmen in den verschiedensten Grüntönen bemalt, dazu kleine Elemente miteingearbeitet. Gepresste Farne und Gräser, Moos, Wolle, sogar einen grünen Knopf entdeckte Großmutter.
»Damit du dich immer an dein Lieblingsland erinnerst!«, erklärte Nelly.
»Das werde ich, mein kleiner Kobold!«, sagte Großmutter sanft und umarmte ihre Enkelin. Das Bild würde einen Ehrenplatz bekommen!

Es gibt noch Wunder
Marianne Schaefer

Eine alte Frau wohnte abgeschieden in einer kleinen Kate am Ende des Dorfes, das in der Nähe einer Kleinstadt lag.
Im Ort wusste man nicht viel über sie. Jemand erzählte, sie habe früh ihren Mann und zwei Kinder verloren. Die Trauer darüber habe sie nie verwunden, deshalb lebe sie so zurückgezogen.
Die Frau sprach lieber mit Pflanzen als mit Menschen. Ihre größte Freude war ein kleiner Garten. Dort wuchsen ein paar Blumen, die sie gelegentlich in der Stadt als Zubrot verkaufte. Die Erde war jedoch karg, steinig und die Blumen gediehen manchmal nur kümmerlich. Darin glichen sie ihrer Rente, die vorn und hinten nicht reichte.
An den kommenden Winter durfte die alte Frau überhaupt nicht denken. Sie brauchte dringend einen warmen Mantel und dichtes Schuhwerk. Aber woher nehmen?
Auch heute stand sie wieder im Garten, schaute betrübt auf die Blumen, die nicht gedeihen wollten, dann auf die Steine, deren Anzahl täglich zuzunehmen schien, obwohl sie ebenso regelmäßig entfernt wurden.
Danach warf die Frau einen flehenden Blick zum Himmel hinauf.
»Du da oben!« (Den Namen Gottes nahm sie schon lange nicht mehr in den Mund) »Du da oben! Kannst Du nicht einmal einen Blick auf meine Blumen werfen oder mir ein Wunder schicken?«, murmelte sie.
Verzagt setzte sie sich auf die Bank vor der Kate und grübelte.
Plötzlich verdunkelte ein riesiger Schwarm grüner Vögel den Himmel.
Wie auf ein Zeichen regnete es - platsch, platsch, platsch - grünen Vogelkot. Er lag überall - auf dem Dach, im Garten; er klebte an der Kleidung und auf den Schuhen der Frau. Entsetzt floh sie ins Innere der Kate.
»Was war das?«, fragte sie sich verwundert.
Woher kamen diese grünen Vögel, von denen sie bisher niemals auch nur ein Federchen gesehen hatte? Wohin nun mit dem vielen Vogelkot? Er rutschte wie Seife vom Dach und schlängelte sich wie ein Bach um die Kate.
Die Frau holte einen großen Besen, eine Schaufel und einen Korb.

Den ganzen Tag war sie damit beschäftigt, das grüne Zeug zusammenzukehren. Und weil sie sich keinen anderen Rat wusste, verteilte sie den Kot im Garten auf den Blumenbeeten, deckte damit auch die Steine zu und fiel am Abend erschöpft ins Bett.

In ihren Garten mochte sie nun gar nicht mehr gehen, dort sah es wie in einem Schlammbad aus.

Doch eines Morgens traute sie ihren Augen nicht: In ihrem Garten blühten die Blumen in einer Pracht, wie sie es noch nie erlebt hatte.

Überall - selbst dort, do nur Steine gelegen hatten - wuchsen satte grüne Stängel mit kräftigen Blättern und Blüten, so bunt und leuchtend wie im Paradies.

War die alte Frau bisher nur gelegentlich in die Stadt gefahren, um ein paar Blumen zu verkaufen, so musste sie sich jetzt dreimal wöchentlich aufmachen. Das Zubrot verdiente seinen Namen nun zu Recht.

Der Winter durfte kommen, ihr war nicht mehr bange wegen des Mantels und der Schuhe.

Und sie ahnte, wem sie das zu verdanken hatte!

Nach vielen Jahren faltete sie wieder die Hände und sagte schlicht und einfach: »Ich danke dir für deine Hilfe – du da oben!«

Sunyva - Das versunkene Herz

Artur Belja

Ein schriller Schrei deutete Mala den Weg. Es war Sunyva.

Mala rannte. Je näher sie dem Geschrei kam, desto mehr von Sunyvas Getreuen schlossen sich ihr an. Es schien so, als ob Mala von einem Schwarm kleiner Lichtfunken verfolgt wurde, dabei versuchte die Traumwächterin lediglich die herabhängenden Spinnweben zu umgehen. Sie kamen immer näher. Vorne konnte Mala eine Gestalt ausmachen, die an der gewebten Spinnenwand herumzog und versuchte, sie irgendwie zu durchbrechen.

Die Gestalt blickte flüchtig zurück. Mala kannte diesen Spinoa. Sie wusste, dass von ihm keinerlei Gefahr drohte. Viel eher fürchtete sie sich vor der Vorstellung, was sich hinter der Spinnenwand abspielte. Sie kannte diesen Ort nicht, nur von Erzählungen. Es war zu der Zeit, als sie selbst noch eine junge Traumwächterin gewesen war. Unbewusst war sie damals zu nahe an den See geraten und war dem Bann der Nixe verfallen. Mala hatte großes Glück gehabt. Eine Frau hatte sie noch rechtzeitig aus dem Wasser gezerrt, bevor sie von der Nixe in die Tiefe gezogen werden konnte. Die Frau war sanft gewesen und hatte zu Mala gesagt:

»Du hast noch eine wichtige Aufgabe vor dir! Finde das Licht und bewahre es!«

Mala wusste in diesen jungen Jahren nicht, was die fremde Frau damit meinte. Es war erst der Augenblick von Sunyvas Geburt, an dem sich Malas Schicksal offenbarte. Sie musste Sunyva schützen und jetzt hörte sie ihre verzweifelten Schreie.

»Wo ist der Eingang!«, fragte Mala.

Der Spinoa rannte voraus und zog an einer Stelle das Spinnengewebe, welches die Kuppel bildete, auseinander.

Ohne zu zögern, zwängte sich Mala durch die schmale Lücke. Die Spinnweben waren dicht an dicht und so kämpfte sich die Traumwächterin, so schnell sie konnte, durch die einzelnen Lagen hindurch. Auf einmal verstummten die Schreie. Malas Herz blieb stehen. Mit einigen schnellen Hieben durchbrach sie die Barrieren und stand von Spinnweben bedeckt

am Ufer. Sunyva sowie drei fremde Gestalten lagen am Ufer verstreut. Mala eilte zu ihrer kleinen Prinzessin. Sunyva lag regungslos in Malas Armen.
»Komm schon Kind, wach auf!«, flüsterte Mala, als sich auf einmal hinter ihr eine Welle aufbäumte. Malas Haare schossen in Windeseile auf die Welle zu und schirmten alle Betroffenen ab.
»Traumwächterin, schön dass wir uns endlich wieder treffen!«, erklang Ladoras Stimme.
»Lass uns gehen, dann wird dir nichts geschehen!«, rief Mala wütend zurück.
Doch Mala war nicht in der Lage, Bedingungen zu stellen. Dieser Ort gehörte einzig und allein der Nixe.
»Schön, dich nach so vielen Jahren wiederzusehen, meine Kleine«, meinte die Nixe.
Mala ging auf die Provokation nicht ein und schwieg.
»Was ist los, glaubst du wirklich, du bist mir gewachsen? Dieses Mal ist keiner da, der dich retten kann«, sagte Ladora überheblich.
»Ich brauche niemanden, um dich zu besiegen!«, rief Mala und richtete sich auf.
»Armes kleines Traumwächtermädchen, glaubst du wirklich, du könntest dich mir entgegenstellen? Komm, versteck dich nicht hinter deinen schönen Haaren«, meinte die Nixe siegessicher.«
Mala zog ihren Pinsel aus ihrer Gurttasche und langsam zogen sich ihre Haare zurück, bis sie in ihrer Ausgangslage zurückgekehrt waren.
Die Nixe saß an ihrem Lieblingsfelsen und spielte mit ihrer Flosse im Wasser.
»Du weißt, dass es kein Entrinnen für euch gibt«, erklärte Ladora.
Mala hob ihren Pinsel.
»Das wird sich noch zeigen, Nixe!«
Ladora wellte die Wasseroberfläche mit rhythmischen Flossenbewegung auf. Die sanften Wellen breiteten sich ringförmig auf der Wasseroberfläche aus, bis sie am Ufer ausliefen. Es schien friedlich, wie die Nixe mit dem Wasser spielte, doch genau so plötzlich schlug sie mit ihrer Fischflosse auf die Wasseroberfläche und tausende kleine Tropfen erhoben sich in die Luft. Kaum fielen die Tropfen herab, war auch Ladora ver-

schwunden. Mala beobachtete, wie sich das Wasser beruhigte, bis keine einzige Regung mehr auf der Oberfläche zu sehen war.
Mala wartete ab. Es schien, als ob die Nixe sie aus der Reserve locken wollte. Doch Mala sah zu, dass sie Sunyva und die beiden Spinoakinder an den Rand der Kuppel brachte, wo sie vor dem Geschehen sicher waren. Den schmächtigen Jungen ließ sie liegen. Schließlich konnte er auch zu Ladoras Anhängern gehören. Keinerlei Bewegung war an der Wasseroberfläche auszumachen. Mala zögerte. Sie erinnerte sich nur dumpf an die Frau, die sie gerettet hatte, doch Mala wusste genau, dass Traumwächter eine eigene Art von Magie besaßen, die keine Einschränkungen kannte. Dafür musste Mala ans Wasser, doch ohne die Nixe im Auge zu haben, war dies eindeutig eine miese Idee. Auch wenn Traumwächter in ihrer Magie hier nicht eingeschränkt waren, hieß es nicht, dass sie der Nixe nicht verfallen konnten. Schließlich lauerte Ladora unter der Wasseroberfläche.
Mala hatte den Einfall schlechthin. Langsam ließ sie ihre Haare wieder wachsen. Sie krochen am Boden entlang, bis sie den fremden Jungen erreichten. Die Haare wickelten den Jungen in einen Kokon und richteten ihn auf. Mala bewegte sich parallel mit dem eingewickelten Jungen ans Wasser. Sie stoppten. Mala wartete auf eine Regung, doch nichts geschah. »Miese Hexe!«, flüsterte Mala und tauchte ihren Pinsel mit der Haarspitze ins Wasser. Die feinen schwarzen Pinselhaare breiteten sich wie feine Tentakel im Wasser aus. Es schien, als ob man einen Baum zuschauen konnte, wie er seine Wurzeln in der Erde ausbreitete. Die Haare des Pinsels wurden länger und länger, bis man ihren Anfang nicht mehr mit bloßem Auge ausmachen konnte.
Mala entfernte sich einige Schritte vom Ufer. Auch den eingewickelten Fremden ließ sie mit ihren Haaren nach hinten gleiten. Die Haare von ihrem Pinsel schienen das gesamte Wasser wie ein Netz zu umspannen. Immer noch gab es keine verräterische Regung an der Wasseroberfläche.
»Mala!«, flüsterte Sunyva.
Die Traumwächterin blickte zu ihrem Schützling, als plötzlich unzählige Wasserfontänen in die Luft schossen. Die Fontänen katapultierten weitere Gefangene Ladoras ans Ufer. Die entstandenen Wasserwellen ließen auch Taaz und die beiden Spinoakinder erwachen.

Taaz zuckte in Malas Haarkokon, während die beiden Kinder bei Sunyva Schutz suchten.
»Wer ist das?«, fragte Sunyva und deutete auf Malas riesiges Haarknäuel, welches am Boden zuckte.
»Ein Fremder, den ich nicht kenne«, erwiderte Mala und bereitete sich auf den bevorstehenden Kampf vor.
Sunyva schoss sofort Taaz durch den Kopf und dass Mala ihn jetzt als Gefahr einstufte. Gerade als Sunyva ihre Freundin darum bitten wollte, ihn frei zu lassen, sprang das Spinoamädchen auf.
»Er hat uns geholfen!«, erklärte sie.
Mala kam nicht dazu, etwas zu erwidern, da sich gerade drei der acht aus dem See geworfenen Wesen auf sie stürzten. Die Traumwächterin umging gekonnt den schwerfälligen Hieben, doch der Gefangene in ihrem Haar ließ ihr keinen großen Freiraum, um ihre Kampfkünste zu beweisen.
»Lass ihn los!«, schrie das Spinoamädchen.
Mala überlegte nicht lange. Auch wenn der Fremde gefährlich sein konnte, im Moment war er gefährlicher, da er sie behinderte.
Malas Haare zogen sich in Windeseile wieder zurück, bis sie Rückenlänge hatten. Die Traumwächterin drückte bei einem ihrer Abwehrschläge Sunyva ihren Pinsel in die Hand.
»Vertrau mir, es wird dir nichts geschehen!«, sagte Mala knapp, als sie von vier Angreifern zu Boden geworfen wurde.
Sunyva schrie panisch.
Die beiden Spinoakinder waren die Kuppelwand hochgeklettert und befanden sich außer Reichweite. Das glaubten sie, doch die Nixe hatte sie schon längst wieder ins Auge geschlossen. Eine neuerliche Wasserfontäne schoss auf die zwei Spinnenkinder zu.
Doch auch Sunyva hatte neue Kräfte getankt. Malas Pinsel begann zu leuchten und die Haare des Pinsels schienen zu flackern. Mit einem gewagten Sprung in die Tiefe entkamen die beiden Spinoakinder dem mächtigen Wasserschlag. Unten wurden sie gleich von drei Angreifern erwartet. Ladoras Handlanger schienen die beiden Geschwister erwischt zu haben. Doch unvermittelt sprang Taaz dazwischen und ein weiteres Gerangel entstand.

Das anfangs weißliche Leuchten der Pinselhaare wechselte immer mehr in ein zartes Grün über. Was Sunyva nicht wusste, war, dass sie gerade das Herz der Nixe gefunden hatte. Ladora hatte ihr gebrochenes Herz mit einem Zauber tief im See der Tausend Seen versenkt.
Die Pinselhaare pulsierten. Die Nixe selbst schien keine Kontrolle mehr über ihren eigenen See zu besitzen. Wie ein Anker zogen die Haare des Pinsels einen smaragdgrünen Kristall ans Ufer. Kaum hatte der Kristall das Wasser verlassen, begann auch er zu pulsieren. Ladora krümmte sich vor Schmerzen und schrie aus voller Kehle.
Sunyva und die Spinoakinder entfernten den kopfgroßen Kristall immer weiter vom Wasser. Ladoras Handlanger sowie auch Mala und Taaz hielten sich die Ohren zu. Der Kristall schien einen Herzschlag zu besitzen. Er flimmerte in allen erdenklichen Grüntönen. Sunyva umarmte ihn und ein gleißendes Licht blendete alle. Mit einem gewaltigen Knall zersprang der grüne Kristall und gab ein orangeleuchtendes Herz preis.
Ladora lag regungslos am Ufer. Die Wucht der Lichtexplosion hatte sie von ihrem Felsen geworfen. Sunyva hielt das orangene Herz sanft in ihren Händen und erhob sich.
»Pass auf, es ist sicher eine Falle!«, meinte Mala.
Doch Sunyva wusste, dass ihr nichts geschehen konnte. Eine Zuversicht breitete sich in ihr aus, die keinen Platz für Zweifel ließ. So ging Sunyva zu der Nixe und kniete sich neben sie hin. Behutsam hielt Sunyva das pulsierende Herz über Ladoras Brust. In der Stille der Kuppel schlugen alle Herzen im Einklang. Alle schauten gebannt, wie das Herz in Sunyvas Händen sich in ein warmes Licht verwandelte. Viele kleine Lichtfunken senkten sich in Ladoras Brustkorb und so war das Herz wieder an seinen ursprünglichen Platz zurückgekehrt.

»Es ist was passiert!«, meinte Metrion zu seinen Mitzauberern.
In den Zauberhochburgen herrschte Panik. Temulins Verrat war kein offenes Geheimnis mehr. Die Obersten aller Zaubergilden hatten sich zusammengefunden, um einen Weg zu finden, Temulin aufzuhalten.
»Wie konnte er das tun?«, fragte einer der ältesten Merlins.
Die neun Zauberer wussten keinen wirklichen Rat. Die Diskussion sprang hin und her, doch ohne ein wirkliches Resultat zu erzielen. Metrion hielt sich aus dem ganzen Geschehen zurück. Schließlich hatte

er die Oberen schon früher vor Temulin und seinen Ambitionen gewarnt, doch die Oberen sahen in Temulin einen ihrer Nachfolger und so verschlossen sie die Augen vor der Wahrheit. Jetzt hatte diese Blindheit acht Zauberern das Leben gekostet. Nur Metrion hatte fliehen können, schließlich hatte er weiter entfernt auf einem Baum Stellung bezogen und mit ansehen müssen, wie eine neue Macht seine Freunde in willenlose Wesen verwandelte. Der Verrat Temulins traf Metrion am stärksten, da die beiden seit frühester Kindheit ein unschlagbares Team gewesen waren. Es war zu diesem späten Augenblick, als Temulin Morianna kennenlernte und sich zu verändern begann. Zunächst war es Liebe und Glück, doch nach ihrem unglücklichen Tod wurde alles anders. Temulin verschloss sich und übte alleine, während die restlichen der Anwärter gemeinsam ihre Zauberkünste erprobten. Metrion ließ seinem Freund jeglichen Freiraum, den er brauchte und hoffte, dass dieser wieder zurück ins Licht finden würde. Doch die Schatten verdrängten jegliches Licht aus Temulins Seele und so war er nun zum selbsternannten Allmächtigen geworden.

»Wir müssen ihn aufhalten!«, rief Garra.

»Aufhalten? Wie sollen wir ihn aufhalten? Er hat gerade acht unserer besten Merlins vernichtet, ohne auch nur mit der Wimper zu zucken«, meinte Pirimia.

»Wir werden ihn aufhalten, schließlich sind wir keine Merlins!«, meinte Norkin.

»Wie sollen wir ihn aufhalten, wenn er acht von uns ohne jegliche Regung getötet hat? Da macht es auch keinen Unterschied, dass wir zu den Obersten gehören!«, meinte Labrell.

Weiter diskutierten die Zauberer durcheinander. Es schien, als ob jeder einen Meisterplan hatte, wie Temulin am besten aufzuhalten wäre. Metrion beobachtete weiterhin vom Rande des Saals das Getümmel und machte sich Gedanken über die neu aufgekommene Gefahr. Pirimia gesellte sich zu ihm.

»Na, wie sieht dein Plan aus?«, fragte die Zauberin.

Metrion schaute sie an. Pirimia und er kannten sich aus dem Zauberlager, wo sie aus zahlreichen Anwärtern als einzige in die engere Auswahl zum obersten Lehrgang ausgesucht wurden.

»Für einen Plan ist es schon zu spät. Er hält schon den Schleier in seiner Hand, jetzt wird er Evoluna in den Untergang stürzen«, meinte Metrion mit schwermütiger Stimme.
»Mag sein, doch den Schleier hat er noch nicht lang, was uns einen Überraschungsschlag ermöglichen sollte!«, entgegnete Pirimia hoffnungsvoll.
Während die ältesten Obersten weiter wild diskutierten, teilten sich die jüngeren Obersten ab und gesellten sich zu Pirimia und Metrion.
»Wenn jemand weiß, wie Temulin zu besiegen ist, dann bist du es!«, sagte Zobrael.
Er und Owel hatten Auria und Loic davon überzeugt, dass, auch wenn Metrion einer der jüngsten Obersten war, er doch genug Stärke in sich trug, um die nahende Gefahr abzuwenden. Metrion fühlte sich nicht wohl mit dem Gedanken, seinen alten Freund vernichten zu müssen.
»Habt ihr schon einen Plan?«, fragte Auria neugierig.
Die Diskussion der Ältesten wurde immer hitziger. Es war allen Obersten untersagt, den Saal vor Beendigung der Versammlung zu verlassen. So standen die sechs am Rand des Splittersaales und begannen, einen eigenen Plan zu entwerfen.

Genaue Beschreibungen unserer Autorinnen und Autoren finden sich in den Teilen 1-5 dieser Anthologieserie.

www.karinaverlag.at